ÁPORO ITABIRANO
EPISTOLOGRAFIA
À BEIRA DO ACASO

Áporo

ÁPORO ITABIRANO
EPISTOLOGRAFIA
À BEIRA DO ACASO
HERMÍNIO BELLO
DE CARVALHO E
CARLOS DRUMMOND
DE ANDRADE

imprensaoficial

itabirano

1 FOI MAIS OU MENOS HÁ DEZ ANOS 7

2 ANTES DE LEVAR MEUS POSSÍVEIS LEITORES 11

3 ABELHA, EU, ZOANDO AOS SEUS OUVIDOS? 45

4 QUANDO IRROMPEU O GOLPE DE 1964, 53

5 A LINDA FOTO DE CARTOLA E DRUMMOND, 65

6 SEMPRE ATENCIOSO, COM UMA SINOPSE NA CABEÇA, 99

7 ERA UM HÁBITO QUE A VELHICE, IMPIEDOSA, MISERÁVEL 135

8 QUEM HOJE PASSAR DIANTE DO EDIFÍCIO NÚMERO 5 DA RUA SANTO AMARO, 141

9 "O DRUMMOND JÁ ESTEVE AQUI DUAS VEZES TE PROCURANDO". 283

10 DRUMMOND FORA ESCOLHIDO ENREDO 301

11 SE HAVIA UMA CERTEZA QUASE QUE ABSOLUTA, 309

12 SOB A CHUVA DE PALMAS, BATEU A CLAQUETE: 319

ANEXOS

1. PROJETO PIXINGUINHA: UM OBITUÁRIO 337

2. TRANSCRIÇÃO DOS MANUSCRITOS 343

NOTA DO EDITOR 357

ÍNDICE ONOMÁSTICO 361

FOI MAIS OU MENOS HÁ DEZ ANOS

que pensei em fazer um livro sobre Drummond, tomando como base as cartas que a ele enviei e que dele mereceram resposta. Mas não tinha em mãos material suficiente, porque boa parte do que seria a matéria-prima do trabalho havia sido inconsequentemente deixada na Funarte — onde eu trabalhara no período de 1977 a 1990.

Período farto de projetos, aquele. E a maioria ligada ao registro, documentação e memória da nossa cultura — um vício adquirido nos ensinamentos de Mário de Andrade. E para alguns desses trabalhos procurei, e obtive, a cumplicidade do poeta. Mais especificamente, na edição de dois livros de um querido amigo comum, o grande Jota Efegê[1] — ele e sua gravatinha brabuleta, aqueles cabelos indecorosamente brancos, de uma brancura de anúncio de sabão em pó. E, aliás, de uma saliência verbal sedutora, que logo o tornava um namorado a quem se jura fidelidade eterna. Nosso namorado, dizíamos todos — homens e mulheres.

Mas foi Drummond a pedra fundamental no projeto comemorativo do nonagenário de Márioenorme. Até Zé Bentinho, secretário do homenageado, se deslocou para o Rio de Janeiro para recolocar a placa que indicava sua passagem pelo prédio número 5 da rua Santo Amaro, ali quase ao lado da antiga Taberna da Glória.

Com a recuperação de parte da minha correspondência e a descoberta, na Fundação Casa de Rui Barbosa, do lote de cartas a ele enviadas (credite-se a José Luiz Herencia, então no Instituto Moreira Salles, essa revelação), me animei a retomar o projeto. Tomei a decisão que julgo correta: não atá-lo aos festejos do centenário de Drummond, ocorrido em 2002.

Pedi inicialmente ao produtor Heron Coelho uma orientação para esse trabalho, já que sua área é a literatura — que o conduziu, paralelamente, a uma enorme experiência no trato de escritos alheios — além de operar nas mesmas áreas onde atuo: é também letrista, diretor de espetáculos, roteirista.

---

1 Os livros referidos são: *Figuras e coisas da música popular brasileira* — v. 1, Rio de Janeiro: Funarte, 1978, e *Meninos, eu vi*, Rio de Janeiro: Funarte, DMP, 1985, com poema-prefácio de Drummond. [N. do E.]

Procurei em meus guardados o que restava do projeto inicial, e acabei por constatar que do texto introdutório só restava a primeira página, sendo que o extravio das demais frustrou o desejo de recompor com absoluta fidelidade aquela única visita ao apartamento do poeta.

Explicitei a Heron Coelho que meu trabalho não tinha qualquer pretensão literária. A proposta afetiva era justamente colocar em relevo o quanto a atenção dispensada por um poeta consagrado, a um então jovem iniciante na vida artística, fora absolutamente fundamental.

De comum acordo, entendemos que a participação do jornalista Alexandre Pavan seria fundamental nesse processo de recuperação semimemorialística, e também para a construção do livro, que posteriormente me sugerira a Imprensa Oficial do Estado de São Paulo, quando então lhes encaminhei um novo conjunto de 12 textos que originaram a conceituação e estruturação desta edição. A Imprensa Oficial viabilizou um novo conceito para o livro editando-o, reunindo informações do dia a dia, além de vasta iconografia, e tomando o cuidado de inserir notas explicativas ou bibliográficas sempre que necessário. De alguma forma, este livro se contrapõe ao *Cartas cariocas para Mário de Andrade*[2], de caráter semificcional — a partir do momento em que eu escrevia para Mário como se vivo estivesse, fazendo-o personagem de episódios ligados à minha vida e a dos amigos que dele herdamos. Mário de Andrade, que supostamente não conheci pessoalmente, embora até hoje tenha colada em meus olhos sua figura sorrindo a um menino peralta na Taberna da Glória. Esse lugar frequentado por Mário seria mais tarde eleito como meu e de meus amigos.

---

2 CARVALHO, Hermínio Bello de. *Cartas cariocas para Mário de Andrade*. Rio de Janeiro: Folha Seca, 1999. [N. do E.]

2

ANTES DE LEVAR MEUS POSSÍVEIS LEITORES

ao apartamento do poeta Carlos Drummond de Andrade, em Copacabana, cabe contextualizar essa viagem regressiva aos meados da década de 1950 para que se alimente uma expectativa apropriada a respeito do conteúdo dessa epistolografia construída à beira do acaso — coisa que se esclarecerá mais adiante. Pois, tenho verdadeiro horror a qualquer tipo de propaganda enganosa.

Epistolografia é, aliás, uma designação que me incomoda para essa pequena coleção de cartas e bilhetes que caberiam folgadamente numa daquelas antigas caixas de papelão em que ainda se embalam sapatos. Esse troca-troca postal de amabilidades poderá despertar algum interesse pelo seu conteúdo literário, passando ao largo qualquer pretensão de crê-lo mais importante além do contexto em que cuidadosamente o coloco.

Por sorte, as cartas, bilhetes e poemas que me mandou, a grande maioria deles também os guardei. Mas sem rigores de arquivista, até meio desorganizadamente. Afinal, tinham a representação de autógrafos — eu que sempre os colecionei desde menino. Lembro daquele dia em que, a caminho da escola pública, pedi a Luis Carlos Prestes que me assinasse num caderno — e ele foi além: me deu bônus do Partido Comunista (PCB), logo destruídos por minha família. Comunistinha na família getulista? Nem pensar. E os continuaria buscando nos lugares mais inusitados: de Ella Fitzgerald, a bordo de um voo para São Francisco; de Ingrid Bergman, à porta de um teatro londrino, ela estrelando uma peça de Bernard Shaw; uns garranchos de Ava Gardner, em 1954, durante uma entrevista coletiva no Copacabana Palace, eu já investido na condição de repórter.

Obtidas as cópias das cartas ao poeta, tratei de organizá-las cronologicamente e, como num jogo de armar, fui encaixando-as para uma primeira leitura comparativa e, aí sim, me surpreender com as memórias que despertaram.

Mais interessantes do que as cartas são o que as cerca, e o primeiro sinal terá sido quando Drummond, numa extensa entrevista concedida por ocasião de seus 80 anos ao jornalista João Máximo[3], referiu-se literalmente

3 A entrevista "80 anos em flor" foi publicada no caderno especial *Drummond 80 anos* no *Jornal do Brasil*, 26 out. 1982. Reproduzimos o caderno da página 21 a 30. Hermínio se refere ao seguinte trecho da entrevista, página 8: "Bandeira tocava violão e piano. Sabia tudo sobre o violão, embora tenha perdido aquela discussão com o Hermínio Bello de Carvalho, pela revista do Lúcio Rangel (*Revista da Música Popular*)." [N. do E.]

a uma "contenda entre o Manuel Bandeira e o Hermínio Bello de Carvalho" — assunto que será tratado no devido momento. Mas não se referiu, por exemplo, ao intermediador de seu primeiro contato com Tom Jobim, numa noite em que os alcoóis foram consumidos além do bom senso — mas que rendeu uma bela amizade entre os dois. Fui eu esse intermediador por meio de telefonema invasivo, já altas horas da noite — e já não era eu o menino que uma década antes lhe fizera a visita inicial.

E o interesse desta publicação deverá estar em figuras tão díspares quanto Mário de Andrade e d. Neuma da Mangueira, esta provocando um telefonema de Drummond para mim a fim de que tentasse obstar um encontro que um jornal queria promover entre ambos. Mário sendo motivo de um claro exemplo de carinho à minha preocupação quanto ao sumiço de uma placa que consignava a sua presença ilustre, quando morador de um prédio na rua Santo Amaro. Drummond, por ter sido funcionário público, sabia-me permanente vítima da burocracia que tudo emperra e enferruja com sua crosta pegajosa. Afinal, era conhecedor de tudo que dissesse respeito à área de documentação, registro e preservação de bens patrimoniais físicos e imateriais. Fora, sabe-se, chefe de gabinete do então ministro Gustavo Capanema, e testemunha de um período riquíssimo que resulta na criação do Sphan[4], e vivera a dicotomia de tratar da cultura em pleno processo ditatorial de Getúlio Vargas. As acusações de adesismo a ele imputadas, como também a Villa-Lobos, já foram suficientemente ultrapassadas e esclarecidas.

Há que contextualizar a época em que o conheci, antes que eu batesse à sua porta: ele com pouco mais de 50 anos, eu ainda não chegado aos 20. Como se vê, a data precisa de nosso primeiro encontro foi apagada desse computador capenga e de poucos megas de memória que é a minha lembrança pessoal. Ela entra em convulsão quando, de repente, se vê diante de um fato que sempre descogitara: a permanência das cartas banais que o poeta zelosamente guardou em seu arquivo.

---

4   Sphan — Serviço do Patrimônio Histórico e Artístico Nacional, hoje IPHAN — Instituto do Patrimônio Histórico e Artístico Nacional. Vide: *Mário de Andrade: cartas de trabalho – correspondência com Rodrigo Mello Franco de Andrade*. Brasília : Ministério da Educação e Cultura, Secretaria do Patrimônio Histórico e Artístico Nacional, Fundação Nacional Pró-Memoria, 1981. [N. do E.]

A honra e o privilégio se reduzem à sempre recomendada modéstia diante da leitura de seu *Inventário*, publicado pela Fundação Casa de Rui Barbosa[5]. O poeta arquivava quase tudo que recebia.

Mas tenho que regressar exatamente a 1951 — porque foi um ano de mudanças em minha vidinha de menino que até há pouco, morando no subúrbio da Penha, trabalhava num escritório de navegação durante o dia, e à noite me abastecia da sensação de ter sido transferido para a Escola Amaro Cavalcanti, onde estudava contabilidade. Na flor perfumosa dos meus 16 anos, experimento o cheiro de uma redação, a chance de exercitar minha ágil datilografia, fruto de um curso na Casa Edison. Sim, a velha casa de Fred Figner, editora de preciosos fonogramas brasileiros. Já andava eu ostentando o galhardete de repórter e comentarista de discos numa revistinha, a *Rádio Entrevista*, que tentava então competir com a imbatível e mítica *Revista do Rádio*, que há anos colecionava avidamente. Eu, futuro *ghost-writer* de Linda Batista numa coluna, a "Cá entre nós" — e a única prova aparecerá num texto que fez sobre um futuro amigo meu, que encarnará Macunaíma no cinema. Grande Otelo, claro.

O ano de 1951 serviu de pré-vestibular intenso para o ano seguinte, consolidador das primeiras mudanças.

É necessário esclarecer que a grandeza dos versos de Drummond, eu a bebia dos lábios de um pequeno grupo que frequentava a casa-ateliê de Walter Wendhausen e Luiz Canabrava, na rua Dois de Dezembro. Eram, aqueles dois pintores, vizinhos de um outro mestre dos pincéis, o célebre Di Cavalcanti (que eu só iria conhecer pessoalmente em 1962, cumprindo mandado de Aracy de Almeida). Portanto, todos vizinhos meus, pois estava recém-aboletado numa vaga de um quarto na rua do Catete, número 214, uma vila[6] quase ao lado do lendário Cinema Azteca. Sofria de uma pobreza

---

5 VASCONCELOS, Eliane (org.). *Inventário do arquivo Carlos Drummond de Andrade*. 2ª ed. rev. e aum. Rio de Janeiro: Fundação Casa de Rui Barbosa, 2002. [N. do E.]
6 Por enquanto não descreverei o quarto da casa número 13 dessa vila, hoje ocultada por um prédio horroroso que ressurgirá na minha vida na década de 1990, eu procurando curar as mazelas de uma alma fustigada por maus tempos.
Se ressurgir ou não, que fique o registro de que este livro é dedicado ao usuário de um pequeno consultório no sétimo andar daquele prédio — o psiquiatra Monge de Lara, o qual vive numa quarta dimensão que me revelou existir quando começou a cuidar de minhas mazelas do espírito e descobriu todas minhas tibiezas e me retirou a fórceps de um calabouço onde eu mergulhara de cabeça. Ressurgirá essa vila, sim, tenho

crônica que obrigava meu pai a trazer-me as marmitas da única refeição diária, consumida às escondidas na loja do joalheiro Arsene Arsenian, patrão de meu irmão Eraldo. Foi lá que conheci d. Nair de Teffé, que aparecerá ou não neste livro (ainda não sei), negociando os restos das joias que seu pai, o Barão de Teffé, lhe deixara — sem falar nos parcos proventos que recebia como ex-primeira-dama da nação, casada que fora com o marechal Hermes da Fonseca. Registre-se que, depois, no mesmíssimo lugar, a Uisqueria Gouveia seria instalada — e lá voltaria não mais às escondidas, mas para beber gloriosos uísques nacionais na companhia de outro personagem de Macunaíma: o ogã batedor de atabaques Olelê Rui Barbosa, meu parceiro Pixinguinha.

A poesia do itabirano, eu a bebia de Walter, que as sabia de cor. Soavam-me novidadeiras, diferentes daquelas que eu me acostumara a recitar no Centro Cívico Carlos Gomes, do qual fui presidente mais ou menos em 1944. Localizemos: Escola Deodoro, bairro da Glória, quase vizinha ao prédio onde, muitos anos mais tarde, iria morar nosso amado Jota Efegê — que será motivo de uma das cartas ao itabirano[7], seu admirador. Perto do prédio do Elixir de Nogueira já devia morar o poeta-memorialista, dr. Pedro Nava — ele com sua lupa mapeando todo o bairro — onde localizará a casa assobradada de número 19 da rua Hermenegildo de Barros, "de platibanda, dois andares e térreo habitável. A porta que sai do rés da rua tem a altura do térreo até a linha superior das janelas. Lembram certos sobradões da Bahia."[8] Ali morei, naquele térreo. Já que estamos na companhia de Nava, que nos leve o memorialista à casa vizinha ao chalé rendado, na parte superior, por lambrequins: falo da casa de d. Otília — onde me flagrará lendo para ela poemas de Castro Alves, Bilac, Gonçalves Dias. Drummond? Nem pensar. Ainda não pusera suas pedras em meus caminhos[9], eu, dizedor inflamado do épico "Navio negreiro" e de um verso citado pelo poeta Affonso Romano de Sant'Anna que, recentemente, provocou uma turbulência em minha memória ao relembrá-lo numa entrevista: "Eu

a certeza. Revisitá-la agora seria levá-los, antecipada e imerecidamente, ao desconforto de um calor insuportável. Adiemos essa visita.
7 Hermínio se refere à carta de 30 de janeiro de 1981, reproduzida na página 105-106.
8 NAVA, Pedro. *Galo de trevas*: as doze velas imperfeitas, memórias 5. Rio de Janeiro: Livraria José Olympio, 1981, p. 14-15. [N. do E.]
9 Referência ao famoso verso do poema "No meio do caminho", do livro *Alguma poesia*, publicado em 1930. In: ANDRADE, Carlos Drummond de. *Poesia e prosa*. Rio de Janeiro: Nova Aguilar, 1988, p. 15. [N. do E.]

tinha um cão / chamava-se Veludo / magro, feio, asqueroso imundo..."[10] que eu sempre penso em lembrá-lo a meu amigo Gabriel o Pensador para que o transforme num *rap*, contrapondo uma criança famélica à do esquálido Veludo, ambos habitantes do planeta fome de que fala a Elza Soares[11].

Meu Deus, que voltas eu dei para explicar que aquele menino de nove anos, remunerado por d. Otília para limpar os vidros e os lustres de sua casa imensa, tinha sua primeira admiradora atenta ao seu talento dizedor de versos.

Quis apenas contextualizar em quantas pedras tropecei poeticamente, antes de topar com aquela, enigmática, que ele colocou em nossos caminhos.

Tropeçaria, metaforicamente, em muitas pedras no apartamento de Wendhausen e Canabrava, aonde fui levado por um jovem ator que se celebrizara recitando "O corvo" de Edgar Allan Poe — e posso afirmar que a monumentalidade de sua canastrice só era comparável ao Odir Odilon, que eu vira atuando ao lado de sua mulher, a grande Dulcina de Moraes, de voz magnetizante quase ofuscada diante de uma outra, de decibéis imensuráveis: o de d. Conchita de Moraes, que como Vicente Celestino era dona de pulmões poderosos, que remetiam aos foles portentosos dos órgãos que ainda encontramos, por exemplo, no Mosteiro de São Bento e na Escola Nacional de Música.

O tal ator canastrão me arrastara àquele apartamento para uma desastrada e fracassada aventura amorosa. Sua sedução ficou somente na declamação de Poe — e já passou da hora de falar daquele apartamento-ateliê que eu costumo lembrar como casa, tão charmoso era, sinalizador da minha curiosidade sobre Drummond, municiada sobretudo por Walter.

Porque não era apenas Walter e Luiz: havia o crítico, poeta e aspirante a autor teatral, Van Jafa[12]. Era da *Revista Carioca*, se não me

---

10 Versos do poema "História de um cão", de Luiz Guimarães Filho. [N. do E.]
11 Em outubro de 1953, tentando lançar-se como cantora, Elza Soares participou do programa *Calouros em desfile*, conduzido por Ary Barroso, na Rádio Tupi. Assim que a jovem entrou no palco, o radialista e compositor tentou fazer piada ao vê-la.
— De que planeta você está vindo, minha filha?! — indagou.
— Do planeta fome! — Elza respondeu.
Em seguida, interpretando "Lama" (Paulo Marques / Alice Chaves), venceria o concurso naquela noite, dando início à sua carreira artística.
12 A propósito, Carlos Drummond de Andrade escreveu o poema "A Van Jafa que me pro-

engano. Da safra de atores, lembro de Leonardo Villar, num período anterior ao sucesso de *O pagador de promessas*. Não sei se o poeta Mário Faustino frequentava a roda, à qual depois se integraria Lúcio Cardoso. Mas dela faziam parte Luiza Barreto Leite e, sobretudo, Eneida — já com seu epitáfio ("Essa mulher jamais topou chantagem") escandido entre uísques voluptuosos. Eneida, amiga especial de Drummond e também de Walter, nos anos da ditadura iria fazer vigília em seu prédio, ela que já fora presa na mesma cela onde engaiolaram a prof.ª Nilse da Silveira[13]. Eneida, frequentadora da livraria São José, situada na rua de mesmo nome, editora que acabaria publicando meu primeiro livro[14], porém financiado por mim, como era hábito na época. A profissão de livreiro a conheci por meio de Carlos Ribeiro, dono da livraria e do afeto de todos que lá batiam ponto nos finais de tarde.

Walter e Luiz trabalhavam na Mesbla como ilustradores de anúncios publicitários, num conflito brabo com seus ideais de pintores que amavam Mondrian, Klee, Modigliani, Chagall, Picasso. É importante dizer que em casa deles livros, peças e filmes surgiam com extrema facilidade, nos quais eu tropeçava aturdido. *O encouraçado Potemkin*, de Eisenstein (como se falava do filme, já tão antigo!); *Juventude transviada*, com James Dean; Actor's Studio, com Elia Kazan e Marlon Brando se incorporando à galeria onde reinavam, claro! Greta Garbo e a loura fatal do calendário, Marilyn Monroe; Marlene Dietrich e um diretor alemão que o raio da memória teimava em apagar (Erich Von Stroheim). E de Chaplin, sempre — e sempre lembrado no poema de Drummond[15]. E se ouvia muito Louis Armstrong e Nellie Lutcher, além de Aracy de Almeida, Noel Rosa, Chico Alves, Silvio Caldas, Orlando Silva.

---

pôs comprarmos uma ilha". In: ANDRADE, Carlos Drummond de. *Obra completa*. Rio de Janeiro: Companhia Aguilar, 1964, p. 384. Reproduzimos o poema na página 19. [N. do E.]

13 Durante a Intentona Comunista foi denunciada por uma enfermeira pela posse de livros marxistas. A denúncia levou à sua prisão, em 1936, no presídio da rua Frei Caneca, por 15 meses. [N. do E.]

14 CARVALHO, Hermínio Bello de. *Ária e percussão*. Rio de Janeiro: Edição do Autor, 1962. [N. do E.]

15 Drummond escreveu dois poemas a Charles Chaplin: "Canto ao homem do povo Charles Chaplin" publicado em A *rosa do povo*, em 1945, e "A Carlito", em *Lição de coisas*, em 1962. In: ANDRADE, Carlos Drummond de. *Poesia e prosa*. Rio de Janeiro: Nova Aguilar, 1988, p. 178-184, 322-323. Fragmentos dos poemas estão reproduzidos na página 20. [N. do E.]

E *diziam* Drummond. Importante: *dizer*, nunca declamar Drummond. Drummond é indeclamável.

Dito isto, e antes de chegarmos ao refúgio do Áporo itabirano, resta informar que éramos todos muito pobres e idealistas, e alguns prematuramente chegados ao álcool, sorvido voluptuosamente no Restaurante Lamas, então sitiado no largo do Machado. Ou no Bar Recreio — frequentado por Ary Barroso, Elizeth Cardoso e quem mais se possa imaginar — situado na hoje praça José de Alencar. Bebia-se de quase tudo: chope, por ser mais barato, Cuba-Libre ou Hi-Fi — e até Samba em Berlim, mistura quase suicida de Coca-Cola com cachaça, gelo e limão. Tudo conforme as finitas possibilidades financeiras de cada um, havendo noites em que até o Gordon's Dry Gin vinha generosamente à mesa — mas pago pelo Walter, de bolso pródigo, embora permanentemente furado. O grande Fernando, do velho Lamas, certa vez cortou-me o crédito — e amarguei uma abstemia cruel durante algumas semanas.

Drogas, só as conheceria quando flagrei Walter, já acometido de um derrame, fantasiado de mulher em plena segunda-feira de carnaval, puxando uma maconha e tomando muita cerveja. Mas aí já havia Maurício Tapajós como testemunha — e não vou antecipar a história, se é que, cabendo neste contexto, irá servir também ao enredo que se seguirá.

Os boizinhos de Chagall, as mulatas de Di Cavalcanti, um poema muito em voga de Jacques Prévert que eu lera na *Carioca* e mais tudo que se respirava na casa de Walter e Luiz, claro que isso traria uma enorme confusão à cabeça de um adolescente que estudava à noite na Escola Amaro Cavalcanti e atravessava turbulências sexuais próprias da sua idade. Se na Escola Deodoro eu fora colega de Claudette Soares, Anilza Leoni, Severino Filho, d'Os Cariocas, Maurício Azedo e do baterista Wilson das Neves, agora tinha como colega de carteira uma aspirante à atriz chamada Dorothy Faggin — que depois seria vedete do Carlos Machado (como a Anilza). Belíssima Faggin, que inscrevi num concurso da revisteca em que eu era frila — e só não me lembro se foi ou não finalista. Porém, eu só passava pela sala de sinuca do Lamas quando ia ao banheiro me aliviar. E a diferença de sete anos em nossas idades, não me permite afirmar ter sido testemunha das incursões de outro aluno da Amaro Cavalcanti naquele restaurante. Falo de Paulinho da Viola — beneficiário, muitos anos depois, dos poderes de futurologia de Walter, a quem o apresentei já na década de 1960: previu que seria um dos grandes da nossa música.

Contextualizada a cena, falta dizer que Walter fora pracinha da Força Expedicionária Brasileira (FEB) e colecionava fotos de Aracy de Almeida e tudo que era disco de 78 rpm. Walter Wendhausen, pintor vanguardíssimo para a época, meu guru, meu pré-Mário de Andrade moldado em álcool e na dialética de Karl Marx, devedor contumaz, transgressor por natureza, homossexual assumido, jamais deixara que engraxassem seu sapato porque não tolerava o ato submisso de alguém curvado aos seus pés.

No meio do caminho tinha uma pedra, e nela tropecei no dia em que, munido de uma enorme curiosidade, bati à porta do poeta itabirano autor daquele poema então enigmático para mim: "Áporo".

Antes que me acompanhem ao apartamento do poeta, um aviso final: não será um livro de cartas trocadas por amigos, porque sempre guardei respeitosa distância do poeta. Terei sido atrevido às vezes, mas dou como exemplo o fato de — e quantas vezes! — atravessar a rua quando o via caminhando na mesma calçada. Quando inevitáveis os casuais encontros ao longo da vida, não iam além de cumprimentos formais. Resguardava-o, resguardava-me — e nem o imaginem, aqueles que não o conheceram, como um desses galhos de secura extrema ou um ser inabordável. Qual o quê. Em primeiro lugar, não me verão praticando potoquices, na vaidosa tentação de proclamá-lo amigo. Isso se constituiria em profanação e propaganda enganosa.

Enfim, adentremos no apartamento do poeta. Melhor dizendo: em sua colmeia.

Não, não compremos a ilha,
Van Jafa: ter é perder.
No fim, resta-me a impressão
que a melhor ilha ainda é filha
do que, na essência do ser,
é terra e é água: escumilha
de pura imaginação.

[O poema "A Van Jafa que me propôs comprarmos uma ilha"]

No meio do caminho tinha uma pedra
Tinha uma pedra no meio do caminho
Tinha uma pedra
No meio do caminho tinha uma pedra.

[Estrofe do poema "No meio do caminho"]

E a lua pousa
Em teu rosto. Branco, de morte caiado,
que sepulcros evoca mas que hastes
submarinas e álgidas e espelhos
e lírios que o tirano decepou, e faces
amortalhadas em farinha. O bigode
negro cresce em ti como um aviso
e logo se interrompe. É negro, curto,
espesso. Ó rosto branco, de lunar matéria.
Face cortada em lençol, risco na parede,
caderno de infância, apenas imagem
entretanto os olhos são profundos e a boca vem de longe,
sozinha, experiente, calada vem a boca
sorrir, aurora, para todos.

[Estrofe do poema "Canto ao homem do povo Charlie Chaplin"]

Velho Chaplin:
as crianças do mundo te saúdam.
Não adiantou te esconderes na casa de areia dos setenta anos,
Refletida no lago suíço.
Nem trocares tua roupa e sapatos heróicos
pela comum indumentária mundial.
Um guri te descobre e diz: Carlito
c a r l i t o – ressoa o coro em primavera.

[Estrofe do poema "A Carlito"]

JORNAL DO BRASIL
DRUMMOND

Rio de Janeiro — Terça-feira, 26 de outubro de 1982

80 ANOS

Às vésperas dos 80 anos, Drummond concorda em vencer a timidez e quebrar o silêncio para dar a João Máximo a mais longa entrevista de sua vida: nove horas falando um pouco sobre tudo, poesia, Deus, natureza, arte, política, erotismo.

Páginas 6, 7, 8 e 9

Filha única, amiga e discípula, Maria Julieta Drummond de Andrade revela alguns conselhos literários que desde menina vem recebendo do pai. Um deles, usar o dicionário com prazer e sem preguiça. Outro: "Escrever é cortar palavras."

Página 10

Em Itabira — a cidade-natal que não o vê há 28 anos — o enciumado ressentimento dos mais velhos vai dando lugar ao orgulho que os jovens sentem de tão ilustre conterrâneo. Drummond não precisa ir lá para estar lá, dizem eles.

Página 4

Há 13 anos Drummond pode ser encontrado, três vezes por semana, no Caderno B. Às vezes numa coluna de alto a baixo, às vezes em página inteira. Mas sempre com a mesma atualidade. Josué Montello analisa o cronista.

Página 3

São sempre ternas as lembranças dos amigos, sobretudo poetas. Vinicius de Moraes, por exemplo. E Manuel Bandeira, que lhe dedicou, por ocasião dos 60 anos, em 1962, um poema que vale a pena lembrar. São votos de poeta para poeta.

Página 10

Em 1926, Villa-Lobos transformava em seresta *Cantiga de Viúvo*. Depois, muitos outros artistas beberam da poesia de Drummond. O próprio poeta relaciona todas as músicas, filmes, peças de teatro e TV realizados a partir de sua obra.

Página 9

Muitas são as leituras possíveis de Drummond. Incontáveis teses e artigos publicados sobre ele, no Brasil e no exterior, atestam sua pluralidade. Affonso Romano de Sant'Anna fala deste escritor plural.

Página 2

O poeta lamenta não ter conhecido J. Carlos. Um apaixonado do desenho, fez várias autocaricaturas, assinando-se sempre C.D.A. Drummond visto por ele mesmo (e por outros artistas) forma uma galeria de muitos e variados traços.

Página 5

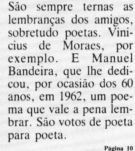

As pesquisas e os textos para este caderno são de João Máximo e Beatriz Bomfim. Fotos de Rogério Reis (o poeta hoje), Waldemar Sabino (Itabira) e arquivos de Carlos Drummond de Andrade, João Condé e JORNAL DO BRASIL. Diagramação de Antoninho de Paula. Apoio: Centro de Documentação JB.

Poesia como conhecimento do mundo

Affonso Romano de Sant'Anna

Drummond, o sorriso menos raro do que se imagina, registrado pela câmera de Luis Alphonsus, filho do poeta Alphonsus de Guimarães Filho

SE você é apenas um leitor das crônicas de Drummond no JB, onde aparece de quando em quando um poema avulso, então, seguramente, você não conhece um outro Drummond, que é aquele que construiu a mais sólida obra poética de nossa literatura e uma das mais importantes do séc. XX.

Para se entender o significado da poesia de Drummond, primeiramente, é necessário corrigir o conceito vulgar de poesia. Quando em geral se fala de poesia, pensa-se em qualquer coisa como: sentimentalismo, pieguismo, lamentação amorosa ou suspiros diante do crepúsculo. Mas poesia, a rigor, não é nada disto. Aliás, num texto antigo, Drummond já dizia: "Entendo que poesia é negócio de grande responsabilidade, e não considero honesto rotular-se de poeta quem apenas verseje por dor-de-cotovelo, falta de dinheiro ou momentânea tomada de contato com as forças líricas do mundo, sem se entregar aos trabalhos cotidianos da técnica, da leitura, da contemplação e mesmo da ação."

Por isto o conceito mais apropriado para se entender Drummond é aquele fornecido por Heidegger, para quem a poesia é a capacidade de fazer uma *reunião* reveladora através da linguagem. Quer dizer, o poeta seria aquele que reuniria metáforas e significados dispersos e acrescentaria a isto um novo sentido. Ele ajuda a revelar o mundo, a decodificar a realidade. E a linguagem é o instrumento básico desta operação. Diz Heidegger que, neste sentido, os poetas e os pensadores são indivíduos diferentes dos demais, pois conseguem entender o sentido oculto dos fenômenos e dos fatos na superfície da história. Significativamente se Heidegger chama a poesia de *reunião revelante*, Drummond, coincidentemente, chamou de *Reunião* à publicação conjunta de seus livros. Claro que Drummond não andou lendo Heidegger para fazer isto. E, por outro lado, foi uma lástima que Heidegger nunca tivesse lido Drummond, porque sobre ele poderia escrever ensaios ainda mais belos do que aqueles que compôs sobre Hoelderlin e sobre a relação entre poesia e verdade.

DESDE a adolescência que conheço e freqüento a poesia desse mineiro. No entanto, entre 1963 e 1969 é que a vim conhecer melhor. Durante este tempo redigi minha tese de doutoramento em literatura brasileira. Lembro-me que em 1965 estava lecionando na Universidade da Califórnia e já fazendo o levantamento para a redação da tese. Um professor americano, com aquele raciocínio geométrico e iluminista me advertiu: mas como é que você vai escrever uma tese sobre um poeta que ainda está vivo? E se ele mudar de repente? Na verdade, ouvi essa ponderação com espanto. Poderia ter respondido simplesmente em forma de blague: ora, não posso esperar que ele morra para ter meu doutoramento pronto; além do mais, tese é uma coisa, atestado de óbito é outra. Mas, na verdade, minha resposta foi outra: eu sabia que estava lidando com um poeta cuja obra é uma *reunião* não apenas revelante, mas uma obra-em-progresso. Ou seja: uma construção onde as peças se articulam sistemicamente. Seus versos e livros não são um amontoado. Aliás, Heidegger também diria que aqueles que não atuam como poetas em suas vidas, produzem um *amontoado* ou *entulho*. Ou seja, suas vidas não têm a harmonia do *cosmos*, mas o estremecimento do *caos*. Em Drummond um livro sai do outro dialeticamente. Ele não ajunta simplesmente uns 30 ou 50 poemas de cinco em cinco anos e publica. Não. Cada livro é a proposição e resolução, em nível de linguagem, de alguns enigmas existenciais.

POR isto é que não se pode entender a poesia desse jovem poeta de 80 anos sem se ter em mente a palavra *projectum*. Projeto aqui não é o projeto de uma casa. Não são planos e ideais vagos. Projeto aqui está sendo entendido num sentido mais sofisticado, como querem os pensadores existencialistas. Ou seja: é um constante construir e avançar da consciência para a compreensão da realidade. A palavra *projectum* é formada de duas partes: *pro*, que significa para frente, e *jectum*, que vem da idéia de lançar. Por isto é que insisto na idéia de que a obra-em-progresso desse poeta é um contínuo lançar-se a frente de si mesmo. E isto se poderia demonstrar fartamente caso isto aqui fosse um curso de literatura e não um rápido texto jornalístico. Se poderia exemplificar como as palavras "*procura*", "*indagação*", "*inquérito*" aparecem repetidamente nessa poesia como pré-requisitos para que se chegue ao *claro enigma*. Pois este é exatamente o nome de um dos livros mais intrigantes do pensador-poeta. E esclarecer o enigma da vida diante da morte, do instante face à eternidade, do amor frente ao desamor, é a tarefa a que ele se propõe em seus textos.

Mas estava eu dizendo que sua obra não é um amontoado de versos e textos. Realmente. Existe aí uma estrutura que se foi gerando consciente e inconscientemente, numa elaboração diuturna. Essa estrutura, como a vida, não nasce pronta, ela se constrói como aquele projeto dinâmico. Por isto é bastante ilustrativo perceber que, embora esteja fazendo uma poesia lírica, o poeta está dramatizando os grandes conflitos do homem de seu tempo. Neste sentido é que se pode ler a obra dele como sendo uma grande peça de teatro. Peça onde há atores e diversos atos encadeados.

Como assim? Muito simples. Os analistas de textos já estatuíram que, quando um autor fala, ele não fala necessariamente sempre e unicamente na primeira pessoa. Ou melhor: quando ele fala "eu" está compondo um ser imaginário que ele pensa que ele é. E isto fica mais claro se na poesia de Drummond percebermos o seguinte: desde o seu primeiro poema publicado em livro que ele se instituiu como um personagem dramático ao dizer:

"Quando eu nasci, um anjo torto
desses que vivem na sombra
disse: Vai, Carlos, ser *gauche* na vida."

No transcorrer de sua obra ele retoma esse tipo *gauche* (esquisito, descentrado, à esquerda dos acontecimentos) como paradigma. Ele não apenas se identifica com esse *gauche*, mas alicia o leitor para que veja projetado em cena aquilo que o leitor tem também de *gauche*. E eu diria que a primeira empatia do leitor com a obra desse poeta nasce exatamente disto: ao se perceber que ele está expondo aquilo que todos nós temos de desajuste diante das coisas mínimas e máximas da vida. No seu texto vamos então ver problematizado o *gauche* sentimental (sempre em conflito com o fogo e as cinzas da paixão), o *gauche* social (as lutas ideológicas entre partidos e homens) e o *gauche* metafísico erguendo sua vida entre a essência e a aparência e na dualidade da vida e morte).

ESSE personagem não é uma mera ilação literária. Ele ganha corpo e consistência em sua obra. Aliás, naqueles versos citados, já estão algumas de suas características essenciais. De um ponto-de-vista espacial ele está sempre à *esquerda* dos acontecimentos. E é sintomático que a obra desse poeta insista tanto em localizar o personagem no *canto* de Minas, do mundo, de si mesmo e que a palavra *quarto* represente sempre o refúgio do indivíduo diante da família e da sociedade. O quarto, o canto e o recolhimento são exemplo dessa atitude mineira, metafísica e desconfiada de ver as coisas. E, se quisermos ampliar isto, basta ajuntar um outro traço do tipo: como indivíduo espremido pelo mundo ele tem uma maneira muito característica de olhar a realidade. A rigor, ele não olha, apenas *espia*. E o verbo espiar é muito constante na primeira parte dessa obra. Será necessário que a obra evolua como o *projectum* de que falei, para que o personagem exercite o *olhar* e, finalmente, chegue a *contemplar* o mundo e a realidade mais maduramente.

MAS, já que, por enquanto, estamos caracterizando a figura do *gauche*, é necessário adicionar aqui outras características dele já expressas naqueles versos citados: ele está sempre à *sombra* e surgiu sob as ordens de um anjo *torto*. E aqui começa a despontar uma das coisas mais fascinantes da análise dessa poesia. Assim como aquele *gauche* não era um termo aleatório, mas se prendia sistemicamente ao sentido de quarto, canto, espiar, etc., também aquela *sombra* e aquele torto têm uma implicação estrutural em toda a obra. Pois os seus livros vão ser a exploração cromática do conflito entre o *claro* e o *escuro* e um retrato da alma barroca e torta de seu personagem. Quando eu fazia a análise de seus versos resolvi verificar poema por poema como se desenvolviam essas características. E assim a leitura de cerca de 50 anos de sua prática poética me levou a perceber que existe uma evolução ou metamorfose nessas metáforas. Assim como o personagem no princípio apenas espiava, e, ao fim, aprende a contemplar o mundo, a história e sua própria consciência, também existe um grande conflito entre a luz e as trevas. As metáforas da luz são sinal do esforço do indivíduo para vencer o enigma do tempo. As metáforas das trevas remetem para o desconhecido, para a incógnita, para a morte. E, curiosamente, ao princípio da obra não existe muito conflito entre o claro e o escuro, entre a vida e a morte, entre o instante e a eternidade. Claro. O poeta era ainda jovem, estava seguro em suas verdades provincianas, olhando o mundo de um canto. Ali, ele podia dizer coisas como essas:" A poesia é incomunicável/ fique torto no seu canto/ não ame". Ou então se comprazer no mundo fechado das montanhas: "Eu não vi o mar/ não sei se o mar é bonito/ não sei se ele é bravo/ o mar não me importa". Mas as coisas vão mudar. Um dia o poeta vai conhecer o mar. Biograficamente ele sairá das montanhas fechadas de Minas para o Rio de Janeiro e conhecerá não só o mar fisicamente, mas verá desdobrar-se na sua consciência o mar das agitações sociais e o grande mar metafísico das indagações históricas. E o que vai ocorrer, então? Uma coisa muito significativa, já nos títulos de seus livros. Sua visão ampliada do mundo estará registrada na evolução dos títulos de suas obras. Se o primeiro livro se chamava timidamente *Alguma Poesia* (1930) e o segundo, preso ainda à província falava do *Brejo das Almas* (1932), haverá um salto qualitativo e quantitativo quando ele chega ao Rio. Publica então o *Sentimento do Mundo* (1940) e *Rosa do Povo* (1945). Vejam só: do particular e psicológica dos primeiros livros para o social e humanista dos livros posteriores.

Por isto é que se pode dizer que as transformações sistêmicas de sua poesia demonstram que ela tem a estrutura de uma obra de teatro. Exatamente. Pois além de um personagem — o *gauche* (à esquerda, torto e sombrio) temos um drama em três atos, os quais mostram a metamorfose de sua consciência diante do mundo:

1º ato: Eu maior que o Mundo.
2º ato: Eu menor que o Mundo.
3º ato: Eu igual ao Mundo.

Mas, o que vem a ser isto, exatamente?

Vejamos. Mas antes reforcemos o que vem a ser o personagem *gauche*, para reforçar assim as características dramáticas dessa poesia. Pois esse personagem usa diversas máscaras no transcorrer do drama. Ora ele se chama a si mesmo de Carlos, ora se identifica com o Carlito criado por Chaplin, ora se chama José, ora se apresenta como o elefante desengonçado ou mesmo se assemelha à letra K — essa letra *gauche* que não existindo em nosso alfabeto, mesmo assim está presente nos nomes estrangeiros. Ou seja: uma letra que está e não está. Uma letra descentrada, semelhante ao José: enigmática, desgarrada no tempo e no espaço. Semelhante ao Carlito — desarticulado diante da realidade prosaica. Parente do Robson Crusoé referido em vários dos seus poemas. Aliás, Drummond num livro chamado *Passeios na Ilha* havia dito que, como Robson, queria também ter uma ilha para que dali pudesse contemplar ou freqüentar o continente, mas sem muitas obrigações de confraternização contínua. Vejam só: o mesmo espírito *gauche* em tudo. Até mesmo nessas comemorações de aniversário, onde ele é o José, o elefante, o Robson Crusoé, o Carlito e José num jogo de estar e não estar.

Mas eu havia falado da estrutura de sua obra dividida em três atos. O que vem a ser essa equação: Eu maior que o Mundo? Ela é extraída de um verso seu onde diz: "Mundo mundo vasto mundo/ mais vasto é o meu coração". E seu sentido mais profundo coincide com o que está inscrito nos versos da primeira fase de sua poesia: uma visão irônica, jovem, egocêntrica, provinciana da realidade. Nesta fase a consciência do poeta ainda não descobriu os grandes temas de seu tempo.

Contudo, ao descobrir o *sentimento do mundo* e a *rosa do povo*, significativamente o poeta passa da *janela* à *rua*. A *rua* é sinônimo da socialização do personagem. E vamos notar que aquele que estava antes no canto provinciano de si mesmo, se desloca para o meio da cena, pisa a rua de seu tempo até que comece a aparecer também em sua poesia a palavra *avenida*, sinônimo da confluência dele com a realidade cosmopolita de seu tempo.

ALIÁS, a entrada no segundo ato é marcado pelo poema que ilustrativamente se chama "Mundo Grande", no qual ele diz exatamente o contrário do que afirmara na primeira fase:

"Não, meu coração não é maior que o mundo.
É muito menor.
Nele não cabem nem as minhas dores".

Neste poema o tema da *rua*, das *ilhas*, do *mar* e etc. voltam a ser colocados, mas mostrando uma nova postura diante da realidade. O gauche psicológico da primeira fase cede espaço ao gauche social. Não estranha que neste período Drummond tenha até entrado para o Partido Comunista Brasileiro. E sobre este episódio de sua biografia, recentemente, ele publicou algumas crônicas onde relata suas experiências no partido e seus contatos com Prestes.

A esse respeito é importante apontar que os críticos afinados com a ideologia do "partidão" continuam a insistir que o melhor livro de Drummond é *Rosa do Povo* (escrito na época de sua confluência com o partido). Daí para frente consideram que o poeta entrou em decadência, assumiu, para usar um chavão que eles tanto prezam, a linguagem da alienação metafísica burguesa.

Nada mais equivocado que isto. E deste problema tratei detidamente no livro *Carlos Drummond de Andrade: Análise da Obra* (Ed. Nova Fronteira). É que essa poesia que se abre num *projectum* e caminha como uma peça de teatro intensifica uma visão metafísica da realidade. E só uma visão menor e mesquinha da realidade pode abastardar o conceito de metafísica como se isto fosse uma anemia do espírito. Acontece que o projeto-poético-pensante desse poeta extrapola as barreiras dos partidos, seu compromisso é com algo menos circunstancial e aparente. Assim, aquele que num certo momento de sua vida olhava o espetáculo de um canto e que depois mergulha no mar de seu tempo, passa, na última fase, a um equilíbrio dialético onde o Eu é igual ao Mundo.

Está lá no poema "Caso do Vestido" esse verso: "O mundo é pequeno e grande." E aceitar essa equação não significa que o poeta atingiu uma postura mística diante da realidade, como se não houvesse mais atrito entre ele e o mundo. Não. É que descobriu uma outra dobra do tecido existencial. Depois de ter dialogado com o *tudo* que o mundo lhe apresentava, começa a exploração do *nada*. Pode parecer bizarro isto. Mas é exatamente o que ocorre. Começa, a partir, sobretudo, de *Claro Enigma*, a procurar algo além das aparências do grande espetáculo, exposto do cotidiano e da história. Descobre atrás do aspecto físico e fácil das coisas a essência e a concretude do nada. Mas o nada, não como sinônimo de nihilismo. O nada como contraparte do tudo, a última lição que o *mundo grande* dá ao pequeno poeta *gauche*.

POR isto é que não se pode compreender bem essa poesia sem admitir que Drummond é um poeta metafísico. E metafísica não é um palavrão, nem deve ser uma palavra condenada simplesmente por argumentos que se querem realistas e objetivos. Drummond é metafísico, por exemplo, quando compreende o enigma do tempo. Quando concebe a vida como uma *viagem* que o corpo-consciência realiza no espaço que lhe é dado. A primeira descoberta metafísica sua foi perceber as inúmeras dobras que o tempo possui, além do presente, passado e futuro. Ele vai habitando o seu passado através da memória, recuperando Itabira, Minas, sua família, seu tempo histórico. Seus últimos livros são esse "caminhar de costas", essa reconstrução do "menino antigo" e um momento em que o poeta como o "boi-tempo" rumina todos os tempos e espaços acumulados no seu corpo-memória.

É de se observar também a modificação que a metáfora do *corpo* sofre em sua obra. Nos primeiros livros o corpo aparece desarticulado. O poeta se refere ora aos olhos ou às pernas. Não há o conjunto. À medida que ele mergulha em seu tempo, seu corpo-consciência se articula e aparece descrito inteiramente. Descobre o poeta, inclusive, que seu corpo está no tempo e sujeito à destruição. Começa a anotar as rugas, calvície e um certo frio na pele. Mas essa anotação não é puramente física, senão metafísica.

A destruição do corpo faz parte do aprendizado da vida. O poeta, então, começa a anotar a morte que o ameaça. Primeiramente anota os sinais da morte no seu corpo. Depois começa a anotar a morte dos amigos a quem dedica poemas onde, na verdade, está ensaiando a própria morte. Descobre-se, como diria Heidegger, como "um ser para a morte". E constrói a consciência de sua morte dentro de sua vida. E esse tópico da morte não tem nada de mórbido em sua obra, antes é um fascinante exercício existencial de aprendizado metafísico.

É vinculado ao tema da morte, por isto, que cresce a temática do amor. E é curioso isto. Pois enquanto um pooeta como Vinícius de Morais se entregou a cantar atributos objetivos de suas amadas, Drummond se aplicou a falar do próprio amor. Amor como sinônimo de Eros e vida. E assim como Eros não existe sem Tanatos, que é a morte, o amor em Drummond é sempre mostrado em sua contingência, em sua precariedade. O amor é um instante de luz que se acende na treva da não-vida. Aceitar, a precariedade do amor, vai ser igual a aceitar a precariedade da vida. O que não impede que estejamos todos condenados a amar, pois "este o nosso destino: amor sem conta/ distribuído pelas coisas pérfidas ou nulas/ doação ilimitada a uma completa ingratidão,/ e na concha vazia do amor a procura medrosa/ paciente, de mais e mais amor".

Finalmente é importante assinalar que muitas são as leituras possíveis da obra de Drummond. As dezenas de teses e milhares de artigos publicados sobre ele no Brasil e no exterior mostram a pluralidade de sua obra. Uns podem estudar tópicos isolados como: a ironia, a família, a repetição, a destruição, Itabira, o cromatismo, a província, a máquina do mundo ou podem dedicar-se à leitura cronológica de cada obra ou à análise estilística de cada poema. Eu me interessei em sondar a estrutura geral de sua obra e para isto corroboraram a estilística quantitativa e até o computador. Este é um poeta múltiplo na sua unidade.

Não só construiu sua obra sistemicamente como uma reunião e projectum, mas sua poesia é a síntese da poesia brasileira no século vinte. Por aí se entenderá melhor o modernismo de 1922, se compreenderá a geração de 1945, se verá ilustrada a vanguarda dos anos 50. Mas transpassando tudo isto a voz reunidora do itabirano, construindo numa linguagem própria a sua visão de mundo. Sua obra, enfim, confirma aquela frase de T. S. Eliot: "O grande poeta, ao escrever sobre si mesmo, escreve sobre o seu tempo".

Affonso Romano de Sant'Anna é escritor, autor de **Drummond, o "Gauche" no Tempo**, *livro básico para a compreensão da obra do poeta*

24/12/1970

24/4/1980

7/6/1982

9/9/1982

Em sua cidade ameaçada, na Copa perdida, no fim de Sete Quedas, o cronista atento a tudo

Treze anos no JORNAL DO BRASIL

Josué Montello

TRÊS vezes por semana, com a pontualidade do Sol surgindo no horizonte, Carlos Drummond de Andrade, desde 1969, publica a sua crônica no JORNAL DO BRASIL.

Quer isso dizer que, pela regularidade de sua presença e pela continuidade de sua colaboração, o grande poeta está de tal modo identificado com o JB, que é exatamente aqui que os leitores vêm procurá-lo, nos dias certos, sabendo que Drummond está à espera deles, dia sim, dia não, para lhes falar do mundo e da vida, com a originalidade de sua visão pessoal.

Em Carlos Drummond de Andrade, o prosador é tão grande, na graça e na limpidez da expressão literária, que o cronista, freqüentemente, parece querer suplantar o poeta na preferência de seu público. No entanto, quando bem refletimos sobre um e outro, chegamos à conclusão de que ambos correspondem — o prosador e o poeta — às duas faces da mesma medalha — e medalha de ouro puro, extraído dos mais ricos veios das montanhas mineiras.

Mário de Alencar, no prefácio a *A Semana*, de Machado de Assis, depois de acentuar que as crônicas do velho escritor se ajustavam admiravelmente às qualidades de seu gênio, recordou que foi como cronista que o futuro mestre de *Dom Casmurro* fez a sua iniciação literária.

Foi também como cronista que Drummond abriu caminho nas letras, à boa maneira machadiana. O poeta estreou com um poema em prosa, *Onda*, publicado em Itabira, no número único do jornalzinho *Maio*. Sinal de que o poeta e o prosador se confundiam, perfeitamente harmonizados, numa forma de expressão que já atendia ao cronista Carlos Drummond de Andrade, para quem a prosa da crônica de jornal é também o poema em prosa.

Com o rolar do tempo, ora o prosador se dissociou do poeta, ora ambos se confundiram, a serviço desta singularidade — o gênio do escritor.

Tenho bem nítido na memória o instante em que Drummond, com as iniciais de seu nome, iniciou no *Correio da Manhã* as duas colunas em grifo de sua obra contínua de cronista carioca. Carioca? Sim. Como Artur Azevedo, que veio do Maranhão. Como Urbano Duarte, que veio da Bahia. Como Medeiros e Albuquerque, que veio de Pernambuco. Como Álvaro Moreyra, que veio do Rio Grande do Sul. E Rubem Braga, que veio do Espírito Santo. Ou seja: a capacidade de surpreender o mundo, visto de Botafogo ou de Copacabana, de São Cristóvão ou da Tijuca.

Um desses cronistas, Medeiros e Albuquerque, recomendava, para a eficácia do texto de jornal, a sua composição na linha da peça teatral em três atos: no primeiro ato, a exposição do tema; no segundo, o debate; no terceiro, conclusão.

ORA, a crônica brasileira, até o advento da crônica de Machado de Assis, é, em essência, aparentada ao artigo de fundo de jornal. Mesmo as crônicas de Paulo Barreto e de Olavo Bilac ainda têm um ar composto e grave, à revelia da frase de espírito ou do episódio jovial.

Machado de Assis transformou a crônica a seu modo, no comentário lírico, no reparo risonho, no registro reflexivo. Dá a lembrar uma velha imagem de Sainte Beuve, que me teima na memória: a do cavaleiro que passa a galope, para ferir de surpresa com o leve raspão da ponta da lança.

Mas essa estocada de passagem sabia vir entremeada pela frase lírica, freqüentemente de sabor evocativo, em que o velho escritor esquivo e calado levantava o véu da confidência, como nesta recordação da lembrança de Friburgo para a Capital do país:

"Também há quem indique Nova Friburgo; e, se eu me deixasse levar pelas boas recordações dos hotéis Leuenroth e Salusse, não aconselharia outra cidade. Mas, além de não pertencer ao Estado (sou puro carioca), jamais iria contra a opinião dos meus concidadãos unicamente para satisfazer reminiscências culinárias. Nem só culinárias; também as tenho coreográficas..."

Esse tom risonho e confiante, a que se associa a reminiscência pessoal, já se entremostrara nalgumas das crônicas que José de Alencar reuniu em *Ao correr da pena*. E tanto Alencar quanto Machado de Assis escreviam para folhas graves, ao tempo da sisudez imperial.

Nosso Carlos Drummond de Andrade molhou a sua pena de cronista, primeiro no *Correio da Manhã*, depois no JORNAL DO BRASIL, na mesma tinta lírica e jovial, a que associou, à boa maneira daqueles dois predecessores, o pico da malícia apropriada.

Passam os anos, o país muda de regime político, surgem novos líderes, outros desaparecem, o mundo se transforma, novos valores despontam, outros encerram o seu périplo intelectual, e Drummond continua na sua coluna, fiel a si mesmo, fiel aos seus leitores, e é hoje, como será sempre ao longo da vida que Deus lhe der, o mestre de todos nós, com a juventude da palavra viva, o encanto da prosa límpida, o cabedal de sabedoria que ele soube acumular ao longo do caminho percorrido.

Ele próprio, num dos livros que compôs com o florilégio das páginas publicadas no JB, nos deu a receita de seu ofício, ao reconhecer, no título do volume, que *De notícias e não notícias faz-se a crônica*.

Faz-se? Sim, de pleno acordo. Mas a crônica de Drummond é única na sua feição diáfana. Esvoaça na página, à feição do colibri que ele festejou há dias, na sua coluna. Mas também sabe ser firme, e duro, e viril, quando é preciso. Não é uma pluma — é uma bengalada rija, desferida por mão certeira, a serviço da inteireza moral do cronista, modelo de companheiro, exemplo de homem de bem.

Quando se anunciou o nascimento do brasileiro que perfaria os cem milhões de nossa população, Drummond comentou o fato numa crônica, pretexto para esta digressão evocativa: "Olho para esse brasileiro cem-milhões, nascido ontem ou por nascer daqui a algumas semanas, como se ele fosse meu neto... bisneto talvez. Pois quando me dei conta de mim, isto aí era um país de vinte milhões de pessoas, diluídas num território quase só mistério, que aos poucos se foi desbravando, mantendo ainda bolsões de sombra. Vi crescer a terra e lutarem os homens, entre desajustes e sofrimentos. Os maiorais que dirigiam o processo lá se foram todos. Vieram outros e outros, e encontro nesta geração o novo rosto da vida, que se interroga. Há muita ingenuidade, também muita coragem, e os problemas se multiplicaram com o crescimento desordenado. Somos mais ricos... e também mais pobres."

Já se observou que a palavra escrita, quando concebida esteticamente, com o valor e o sentido da obra de arte, é um privilégio, porquanto traz consigo o poder de sobrepairar ao tempo. Realmente, o efêmero, no comentário de um Drummond, tende a perder a perecibilidade, e a adquirir perdurabilidade, convertida em substância do verso ou da prosa literária.

SOU inclinado a admitir que, ao examinarmos, no seu conjunto, a vasta obra de Drummond, dificilmente demarcaremos, em muitas de suas crônicas, a fronteira em que se dissociam o poeta e o prosador. Não necessitarmos recordar o velho reparo segundo o qual o pássaro, mesmo andando, deixa sentir que tem asas. A poesia de Drummond, como instrumento de criação na captação do mistério da vida circundante, recorre também à prosa lírica. E é quase verso. Ou é verso genuíno, que surge dos olhos de uma criança, do homem que parou para olhar a nuvem de poeira, ou a pedra que nos estorva no meio do caminho.

As crônicas compõem o verdadeiro diário de Carlos Drummond de Andrade. Bastará reuni-las, obedecendo à ordem cronológica, para daí resultar o diário monumental do escritor, mesmo nas ocasiões em que ele parece deixar de lado o comentário da vida corrente, para nos dar o conto, a anedota, o pequeno ensaio crítico. É o seu espelho ao longo do caminho, consoante o símile que Stendhal foi buscar em Saint-Réal.

Ouço dizer que Drummond está fazendo oitenta anos. Oitenta? Eis aí um belo tema para uma crônica do próprio Drummond — como só ele poderia escrevê-la. Qualquer coisa como o cronista diante do espelho. Ou o espelho diante do cronista.

O grande escritor incorporou-se ao JORNAL DO BRASIL na hora da maturidade gloriosa. Combativo — porque afirmativo — Drummond já havia alcançado aquele altiplano em que a restrição alheia só pode ser um equívoco ou uma forma de desencontro lamentável.

Ao publicar aqui as suas crônicas, o poeta insigne, nosso mestre, fez deste jornal o traço de união entre a sua mesa de trabalho e o seu novo livro. O JB tem dado em primeira mão, no seu Caderno B, os sucessivos livros de crônicas e de pequenos contos de Carlos Drummond de Andrade, nos últimos anos. Quer isso dizer que, assim como o JORNAL DO BRASIL faz parte da biografia de Carlos Drummond de Andrade, também Drummond faz parte da biografia do JORNAL DO BRASIL. E daí o ar de festa com que o vemos chegar aos oitenta anos — fiel ao seu espírito jovem — saudado pela unanimidade de nossos aplausos.

Josué Montello é escritor, membro da Academia Brasileira de Letras e colaborador do JORNAL DO BRASIL

As datas do poeta

Belo Horizonte, 1930

1902 — O poeta nasce em Itabira do Mato Dentro, Minas Gerais. Nono filho do fazendeiro Carlos de Paula Andrade e de D Julieta Augusta Drummond de Andrade.

1910 — Começa o curso primário no Grupo Escolar Dr Carvalho Brito.

1915 — Trabalha alguns meses como caixeiro e, em retribuição, a casa comercial Randolfo Martins da Costa lhe oferece um corte de casimira.

1916 — Por problemas de saúde interrompe os estudos no segundo período escolar do Colégio Arnaldo, em Belo Horizonte, onde era interno e conhecera Gustavo Capanema e Afonso Arinos de Melo Franco.

1918 — Depois de receber aulas particulares do professor Emílio Magalhães, em Itabira entra como aluno interno no Colégio Anchieta, da Companhia de Jesus, em Nova Friburgo. Colabora na **Aurora Colegial**, ganha em "certames literários" (provas parciais) postos de "coronel" e "general". Seu irmão Altivo, que o estimula na criação literária, publica no jornalzinho **Maio** o poema em prosa **Onda**.

1919 — É expulso do colégio, após incidente com o professor de Português.

1920 — Passa a morar em Belo Horizonte, para onde se transferiu com a família.

1921 — Seus primeiros trabalhos são publicados no **Diário de Minas**, na seção **Sociais**, após contatos seus com o diretor, José Osvaldo de Araújo.

1922 — Em concurso da **Novela Mineira**, obtém o prêmio de 50 mil réis pelo conto **Joaquim do Telhado**. Escreve a Álvaro Moreyra, diretor de **Para Todos**... e **Ilustração Brasileira**, no Rio de Janeiro, que publica trabalhos seus nas revistas.

1923 — Entra na Escola de Odontologia e Farmácia de Belo Horizonte, após exame vestibular.

1924 — Carta a Manuel Bandeira, quando manifesta, cerimoniosamente, sua admiração ao poeta.

Conhece, no Grande Hotel de Belo Horizonte, Blaise Cendrars, Mário de Andrade, Oswald de Andrade e Tarsila do Amaral, que regressam de excursão às cidades antigas. A partir daí, corresponde-se com Mário de Andrade.

1925 — Casa-se com Dolores Dutra de Morais.

Funda **A Revista**, órgão modernista do qual saem três números, com Martins de Almeida, Emílio Moura e Gregoriano Canedo.

1926 — Seu interesse pela profissão de farmacêutico, e não se adaptando à vida de fazendeiro, Drummond leciona Geografia e Português no Ginásio Sul-Americano de Itabira. Volta para Belo Horizonte por iniciativa de Alberto Campos, como redator, e depois redator-chefe do **Diário de Minas**. Sem conhecê-lo, Villa-Lobos compõe uma seresta sobre o poema **Cantiga de Viúvo**.

1927 — Nasce e vive alguns instantes seu filho Carlos Flávio.

1928 — Nascimento de sua filha Maria Julieta. Com a publicação, na **Revista de Antropofagia** de São Paulo, do poema **No Meio do Caminho**, "gera" um escândalo literário.

1929 — Deixa o **Diário de Minas** para trabalhar no **Minas Gerais**, órgão oficial do Estado. Passa de auxiliar de redação a redator.

1930 — Publica **Alguma Poesia** (500 exemplares), com a ajuda da Imprensa Oficial que desconta o que foi gasto na folha de vencimentos do funcionário. O selo, imaginário, é de Edições Pindorama, criado por Eduardo Frieiro.

1931 — Morre seu pai, aos 70 anos.

1933 — É redator de **A Tribuna**. Acompanha Gustavo Capanema nos três meses em que este foi Interventor Federal em Minas Gerais.

1934 — Volta às redações: trabalha em o **Estado de Minas**, **Diário de Minas**, **Diário da Tarde**. Publica **Brejo das Almas** (200 exemplares) pela cooperativa Os Amigos do Livro. Transfere-se para o Rio, como chefe de gabinete do novo Ministro da Educação e Saúde Pública, Gustavo Capanema.

1937 — Colabora na **Revista Acadêmica**, de Murilo Miranda.

1938 — Sofre um acidente de automóvel.

1940 — Publica **Sentimento do Mundo**. Distribui os 150 exemplares entre os amigos e escritores. Assina sob o pseudônimo de O Observador Literário a seção **Conversa de Livraria**, em Euclides, revista de Simões dos Reis.

1941 — Colabora no suplemento literário de **A Manhã**.

1942 — A Editora José Olympio publica **Poesias**.

1943 — **Uma Gota de Veneno** é o título de sua tradução de **Thérèse Desqueyroux**, de François Mauriac, que publica.

1944 — Surgem **Confissões de Minas**, por iniciativa de Álvaro Lins.

1945 — Publica **A Rosa do Povo** e **O Gerente**. Colabora no suplemento literário do **Correio da Manhã** e na **Folha Carioca**. Deixa a chefia do gabinete de Capanema. A convite de Luiz Carlos Prestes é o co-diretor de **Tribuna Popular**, diário comunista, juntamente com Pedro Mota Lima, Álvaro Moreira, Aydano do Couto Ferraz e Dalcídio Jurandir. Discordando da orientação do jornal, afasta-se meses depois.

1946 — Pelo conjunto de sua obra, recebe o prêmio da Sociedade Felipe d' Oliveira.

1947 — Data de publicação de sua tradução de **Les Liaisons Dangereuses**, de **Laclos**.

1948 — Publica **Poesia até Agora**. É colaborador de **Política e Letras** de Odylo Costa, filho. Enquanto acompanha o enterro de sua mãe, em Itabira, é executado no Teatro Municipal, do Rio, o **Poema de Itabira**, de Villa-Lobos, composto sobre o seu poema **Viagem na Família**.

1949 — Volta a escrever em o **Minas Gerais**. É ano também do casamento de sua filha Maria Julieta com o escritor e advogado argentino Manuel Graña Etcheverry, que passa a morar em Buenos Aires.

1950 — Vai a Buenos Aires para o nascimento de seu primeiro neto, Carlos Manuel.

1951 — Publica **Claro Enigma**, **Contos de Aprendiz** e **A Mesa**.
Em Madri, aparece o volume **Poemas**.

1952 — Publica **Passeios na Ilha** e **Viola de Bolso**.

1953 — Deixa o cargo de redator do **Minas Gerais**. Vai a Buenos Aires conhecer o segundo neto, Luís Maurício. É publicado o volume **Dos Poemas**, em Buenos Aires.

1954 — Publica **Fazendeiro do Ar** e **Poesia até Agora**, a tradução de **Les Paysans**, de Balzac. Inicia na Rádio Ministério da Educação, em diálogo com Lya Cavalcanti, a série de palestras **Quase Memórias**. No **Correio da Manhã**, as crônicas **Imagens**, mantidas até 1969.

1955 — É editada a **Viola de Bolso Novamente Encordoada**. O livreiro Carlos Ribeiro publica **Soneto da Buquinagem**, como presente aos amigos.

1956 — Surgem **50 Poemas Escolhidos pelo Autor**. Além da tradução de **Albertine Disparue**, ou **La Fugitive**, de Proust.

1957 — **Fala**, **Amendoeira** e **Ciclo** são publicados.

1958 — Na Coleção **Poetas del Siglo Veinte**, de Buenos Aires, é editada uma pequena seleção de seus poemas.

1959 — Ano de publicação de **Poemas**. Encenação de **Doña Rosita la Soltera**, de Garcia Lorca, baseada em sua tradução, pela qual recebe o prêmio Padre Ventura, do Círculo Independente de Críticos Teatrais.

1960 — A Biblioteca Nacional edita sua tradução de **Oiseaux-Mouches Orthorynques du Brésil**, de Descourtilz. Nasce seu terceiro neto, Pedro Augusto, em Buenos Aires.

1961 — Colabora no programa **Quadrante**, da Rádio Ministério da Educação.

1962 — Publicados **Lição de Coisas**, **Antologia Poética**, **A Bolsa & a Vida**. Além das traduções de **L'Oiseau Bleu**, de Maeterlinck e **Les Fourberies de Scapin**, de Molière; pela segunda, que O Tablado encena, recebe o prêmio Padre Ventura.

1963 — Publica-se, em Santiago, do Chile, o opúsculo **Poesia de Carlos Drummond de Andrade**. E, no Brasil, a tradução de **Sult**, de Knut Hamsun. Ganha os prêmios Fernando Chinaglia, da União Brasileira de Escritores e Luísa Cláudio de Sousa, de Pen Club do Brasil, por **Lição de Coisas**. É também o ano em que participa do programa **Vozes da Cidade**, da Rádio Roquette Pinto e dá início a **Cadeira de Balanço**, na Rádio MEC.

1964 — Edição da **Obra Completa**, pela Aguilar.

1965 — Publicação de **Antologia Poética**, em Portugal; **In the Middle of the Road**, Estados Unidos; **Poesie**, Alemanha; **Rio de Janeiro em Prosa & Verso**, em colaboração com Manuel Bandeira, no Brasil. Colabora em **Pulso**.

1966 — Edição de **Cadeira de Balanço** e **Natten och Rosen** (este na Suécia).

1967 — Ano fértil: saem do prelo **Versiprosa**, **José & Outros**, **Uma Pedra no Meio do Caminho**, **Minas Gerais** (Brasil), **Mundo, Vasto Mundo** (Buenos Aires) e **Fyzika Strachu** (Praga).

1968 — Publicação de **Boitempo** e **A Falta que Ama**.

1969 — Deixa o **Correio da Manhã** e passa a colaborar no JORNAL DO BRASIL. É o ano em que sai **Reunião**.

1970 — **Caminhos de João Brandão**, poemas e crônicas, chegam às livrarias.

1971 — Ano de **Seleta em Prosa e Verso**, textos de C.D.A. escolhidos por ele mesmo.

1972 — É editado **O Poder Ultrajovem**.

1973 — Publicadas as crônicas reunidas em **Impureza do Branco** e as poesias de **Menino Antigo**.

1974 — Publicação de **Notícias e Não-Notícias faz-se a Crônica**. Ganha o prêmio de poesia da Associação Paulista de Críticos Literários.

1975 — Em edição de luxo, da Alumbramento, são publicados poemas em **Amor, Amores**. Ganha o Prêmio Nacional Walmap, de poesia e recusa, por "motivos de consciência" (a premiação era do Governo) o Prêmio Brasília de Literatura da Fundação Cultural do Distrito Federal.

1977 — Ano de uma edição particular — **A Visita** — de **Os Dias Lindos**, crônicas e da edição búlgara de **Sentimento do Mundo**.

1978 — São publicados poemas em **O Marginal Clorindo Gato**.

1979 — Ano de poesia em **Esquecer para Lembrar**.

1980 — Sai **A Paixão Medida**, poesia.

1981 — Ano de **Contos Plausíveis**, edição JB. Em preparo: a edição de **A Lição do Amigo**, cartas recebidas de Mário de Andrade.

ITABIRA/ Em lugar do filho ilustre (que não vê há 28 anos), um canteiro em forma de coração

Nairo Almeri

ITABIRA — Os contemporâneos de Carlos Drummond de Andrade sempre foram minoria na tentativa de defender o poeta das críticas que lhe fazem os conterrâneos de gerações mais novas, por não querer ele voltar à sua terra natal. Agora, porém, as posições se invertem, e no dia 31 de outubro — quando Drummond completa 80 anos — entre 40 e 50 mil folhetos com poesias suas serão espalhados pelas ruas da cidade.

Em setembro, fez 28 anos que Drummond aqui veio pela última vez (traslado dos restos mortais de sua mãe, Julieta Augusta Drummond, para Belo Horizonte). Desde então os itabiranos só puderam homenageá-lo a cada aniversário. Ausência é justificada pelo poeta com o argumento de que lhe seria doloroso rever a cidade, cada vez mais desfigurada pelo progresso que a mineração da Companhia Vale do Rio Doce trouxe para cá.

Entre os mais velhos itabiranos, são poucos os que retornam, como foi o caso do Embaixador Antonio Camilo de Oliveira, falecido recentemente aos 93 anos, delegado do Brasil na conferência de São Francisco, um dos que elaboraram a Carta da Organização das Nações Unidas. Vinha sempre passar a Semana Santa na cidade, mas limitava-se a ficar recolhido ao sobrado que a família mantém no começo da Rua Tiradentes, das poucas onde ainda existe alguma coisa intacta do tempo em que dominavam as construções de pau-a-pique.

Dona Zoraida Diniz, 89 anos, pertence à família itabirana de músicos e era quem emprestava revistas ao Carlito (como chamava Drummond), então um adolescente.

— Ele lia revistas velhas que nos enviava uma prima portuguesa que morava no Rio. Gostava muito de ler *A Careta* e *Fon-Fon* revelou Dona Zoraida, que ainda guarda o bilhete de uma amiga — a Ninita Castilho, filha do padrinho de batismo de Drummond, que diz: "Zoraida, o Carlito, em confiança, levou suas *Caretas*.

Essas e outras lembranças, como a época em que Drummond foi caixeiro no armazém do Randolfo Martins da Costa, como recorda Caio Martins da Costa, seu ex-colega de francês no mestre Emílio, figuram no rol de justificativas de Drummond, das quais não abre mão, para não mais voltar à cidade que o viu nascer. Isso lhe valeu, por parte da maioria dos itabiranos frustrados por sua ausência nas homenagens prestadas, quase três décadas de antipatia, mesmo que velada.

Itabira segue hoje um ritual, que se repete sempre em outubro, quando o poeta é discutido até nos bares da periferia. Drummond começa a ser estudado e analisado na Semana da Paz, que antecede ao dia 9 de outubro, data de fundação da cidade, e que se prolonga com maratonas, jogos e concursos culturais até o dia 30, véspera do aniversário do poeta. Sua presença, pelo menos no encerramento dos festejos, já foi pedida por dezenas de caravanas de itabiranos, que sempre voltam frustradas do Rio.

A última grande tentativa de trazer Drummond foi em 1972, quando ele completou 70 anos. O poeta mandou em seu lugar uma gravação em cassete, agradecendo as "generosas homenagens à minha pessoa, pelo fato de eu estar fazendo anos". Passados cinco anos, recusaria a inaugurar uma avenida com seu nome. Mais tarde, uma comitiva regressara do Rio com a notícia de que também recusava o convite para escolher o lugar onde gostaria de ver remontada a casa-sede da fazenda do pontal, porque lá teria apenas passado alguns dias, que não lhe deixaram muitas lembranças. ("Oh que saudades não tenho/de minha casa paterna" — Edifício Esplendor). As justificativas do poeta não convenceram seus conterrâneos, que então intensificaram suas críticas ao poeta.

Três anos depois, em 1980, surgia um tablóide mensal, *O Cometa Itabirano* — dizendo-se "independente" e disposto a pôr fim à cobrança da presença física de Drummond. Sua linha de ação: a divulgação das obras do poeta, intercaladas de entrevistas. Sabiamente, os editores do jornal deram destaque a uma entrevista com o Bispo de Itabira, Dom Mário Gurgel, que atacou o desprezo da população pelos valores culturais, culpando por isso, em parte, o fato de a cidade receber muitos forasteiros.

Conseqüentemente, o que menos Itabira tem é itabiranos. E os itabiranos não tem mais como último ideal ser Prefeito de Itabira, mas ser superintendente da Vale do Rio Doce, de modo que a companhia se tornou mais importante do que a cidade. Isso faz com que Itabira fique cercada de um marcante desinteresse coletivo, o que é um ponto negativo.

A entrevista, para surpresa de muitos, despertou a comunidade jovem para um questionamento sobre os motivos do afastamento unilateral do poeta.

— Seria um desrespeito à sua inspiração querer sua volta aqui. A vinda de Drummond é questão fechada para nós, pois achamos que ele está sempre presente em Itabira, com suas preocupações pelo futuro da cidade — afirma Carlos Cruz, 26 anos, de *O Cometa Itabirano*, que está promovendo o I Salão Nacional de Humor de Itabira — prêmio Carlos Drummond de Andrade.

Quando esteve na casa de Drummond no Rio, ficou impressionado:

— O poeta está atualizado sobre os problemas da cidade, a destruição das casas coloniais e a exaustão da mineração.

— Hoje, minha geração já não sofre, como a anterior, os traumas dessa ausência. Acho que o Carlos não vem porque tem muitos motivos, porque sofreria muito, já que as coisas belas do seu tempo de Itabira estão só na sua memória, na sua lembrança. Elas não existem mais — justifica Marbel Araújo Andrade, 19 anos, sobrinha-neta de Drummond, primeira colocada na maratona *Vida e Obra do Poeta Carlos Drummond de Andrade*, realizada este ano pela Escola Mestre Zeca Amâncio.

Mabel não acha difícil falar sobre a obra do tio-avô.

— Acho que o sangue ajuda um pouco — comenta em tom de brincadeira.

Para ela o poeta não tem raiva dos itabiranos. Se ele já tinha muitos motivos para não voltar, a doença da esposa, dona Dolores, é mais um.

Carlos Cruz garante que hoje Drummond já está mais presente nas escolas de Itabira.

— Já tive preconceitos contra ele, porque na escola, pelo menos de 1968 a até bem pouco tempo, os professores de Português não achavam Drummond digno de ser lido. Hoje a mentalidade dos professores é outra.

Raimundo Macedo, dono do Bar Mundico, atesta o que Carlos Cruz afirma.

— Hoje as coisas mudaram bastante. Tenho três filhas que são professoras e a criançada do grupo é fanática para conhecer Drummond.

Uma das netas de dona Quininha (Evantina Pereira Guerra), de 88 anos — que em 1948 comprou a casa onde Drummond morou, na antiga Praça Municipal, atual Praça do Centenário — chegou a telefonar para o Rio, para saber de viva voz a razão do afastamento. A Ludmila Martins da Costa Guerra, 17 anos, o poeta disse que não voltava mais "porque todos já se foram embora para o Cruzeiro (cemitério), mas você é muito jovem para entender isso".

Dona Quininha, cujo marido comprou em 1948 a casa que foi de Carlos Paula de Andrade, pai do poeta, ainda se lembra da última visita que Drummond fez à cidade. Ele foi levado à casa paterna pelo irmão, Altivo Drummond de Andrade, e ficou menos de meia hora.

Hoje a casa é muito visitada, como se fosse atração turística, e todos pedem para ver o quarto em que viveu Carlos Drummond e o canteiro do jardim, em forma de coração, deixado por ele.

Itabira mudou muito, o progresso (e a Vale do Rio Doce) modificaram-lhe a paisagem. Mas ainda está lá o coração do poeta

Desenho-recorte feito por Beatrix Sherman, em 1923

Duas palavras sobre o poeta

"Drummond é o poeta da nossa nacionalidade, é o norte, a nossa luz, a nossa nau. Lamento que todo o país, independente da vontade do próprio poeta, não viva esta data na sua plenitude através de todos os meios de comunicação, nas universidades, nas fábricas, nos hospitais, nas associações de bairro, nas comunidades de base, nos parques, nos morros, nas lojas, na igrejas, nos colégios, enfim, nos campos, nas cidades e nos mares brasileiros."

(Fernanda Montenegro, atriz)

■

"Grande poeta, grande caráter, grande amigo: para mim o mundo não seria o mesmo sem Carlos Drummond de Andrade."

(Otto Lara Rezende, escritor)

■

"Antigamente eles morriam na casa dos 20 anos, como Castro Alves ou mal chegados aos 40, como Gonçalves Dias. Neste nosso novecentos um Manuel Bandeira, apesar de "tísico profissional", chegou aos 82. E Carlos Drummond de Andrade, nos seus enxutos e luminosos 80 anos, promete chegar pelo menos aos 102. É, Deus tem sido bom para nós."

(Rachel de Queiroz, escritora)

"Considerando-se homem de ferro, Drummond dá nova associação de ferro a um tipo superiormente humano. Ele é um poeta triunfalmente de ferro".

(Gilberto Freyre, sociólogo)

■

"Djavan quer um lugar ao sol. Por merecimento, vai ter. / Ultimamente Djavan, dia e noite, vive a ler. As poesias completas de Carlos Drummond, Sugeridas como por encanto no horizonte do seu apetite / De poesia vivida, poesia provada, palavra dita em alma / Surdinada, solene, exata, clara, vera, vívida. Ai que saudades que eu tenho do tempo em que, Djavan, / Jovem discípulo procurando o Mestre, / Encontrei não a pedra na estrada / Mas a estrada de pedra que vai à fonte de tudo / Ou nada, mas vai sem medo palmilhando poeira e esperança."

(José Carlos Oliveiri, escritor)

■

"Drummond é a maior figura intelectual do Brasil contemporâneo e uma das maiores da história do Brasil. De uma humildade que se aproxima da humildade de São Francisco de Assis."

(Alceu de Amoroso Lima escritor)

"A poesia de Drummond é o produto raro do equilíbrio entre a inteligência e a emoção. Mas uma inteligência que é sobretudo ética — crítica e autocrítica — e que bebe na generosa fonte da solidariedade, da fraternidade, do inconformismo. Tudo isso expresso recatadamente, com mais ironia que alarde. Clara, densa e sempre jovem, a sua poesia lembra a água."

(Ferreira Gullar, escritor)

■

"Eu pediria à juventude brasileira que, no dia 31, dedicasse algumas horas de leitura à obra de Drummond. Estou certo de que os nossos jovens se sentiriam orgulhosos de ser contemporâneos desse grande poeta e prosador."

(Cyro dos Anjos, escritor)

■

"Drummond é lindo!".

(Caetano Veloso, compositor)

■

"Deixei de ser ateu para acreditar num deus que é o Carlos Drummond de Andrade."

(Mário Lago, ator)

■

"Acho Drummond o poeta brasileiro mais importante não só entre os contemporâneos como entre os do passado."

(Pedro Nava, escritor)

■

"Extraordinário poeta e grande prosador, Drummond representa um dos pontos mais altos da literatura brasileira de todos os tempos."

(Afonso Arinos de Mello Franco, jurista)

■

"Toda obra de Carlos Drummond de Andrade é amparada pelo bom gosto e pela alta musicalidade que ela contém."

(Francisco Mignone, compositor)

■

"Desde que me vivo, convivo com a sua obra, por íntima afinidade. Sei de muitos que, como eu, se nutrem dela, para sobreviverem na contenção e força, na esperança sem ilusão, na bondade e beleza. Que o poeta continue por muitos e muitos séculos!"

(Antônio Houaiss, escritor)

■

"Glória da literatura brasileira ao lado de Machado de Assis, um dos maiores poetas de nosso tempo em todo o mundo, padrão de dignidade intelectual e extraordinária figura humana — é um dos meus grandes orgulhos ser seu amigo e admirador desde os 18 anos."

(Fernando Sabino, escritor)

■

"Eu não sei como seria a minha vida sem o Drummond. É o maior poeta e é meu amigo."

(Tom Jobim, compositor)

■

"Eu espero que, como um bom fazendeiro do ar, ele continue arando nuvens de imaginação e fantasia durante outros tantos 80 anos."

(Fernando Torres, ator)

■

"Considero Carlos Drummond de Andrade um dos homens importantes já nascidos em nosso país. Homem com H maiúsculo. Orgulho-me e me desvaneço de nossa amizade de perto de meio século."

(José Olympio, editor)

CDA visto pelos outros e por ele mesmo

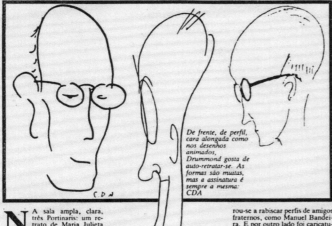

De frente, de perfil, cara alongada como nos desenhos animados, Drummond gosta de auto-retratar-se. As formas são muitas, mas a assinatura é sempre a mesma: CDA

Drummond no traço de Sábat, caricaturista uruguaio

CDA visto por Augusto Rodrigues

Na sala ampla, clara, três Portinaris: um retrato de Maria Julieta adolescente, um negro "cheio de dignidade" e um desenho a lápis em que o pintor deixou registrada carinhosa dedicatória. E mais quatro Binachis, um Lúcio Cardoso, um Heitor dos Prazeres. Presentes de amigos ("Eu não teria dinheiro para comprá-los...") que o poeta guarda não apenas por isso, mas sobretudo porque, homem plural que é, tem muita sensibilidade também para as artes plásticas. Adora desenhos. E chega mesmo a considerar-se "um desenhista frustrado", que nem o contorno de uma mão sabe traçar direito. Mesmo assim, tenta. Autocaricaturou-se algumas vezes. Aventurou-se a rabiscar perfis de amigos fraternos, como Manuel Bandeira. E por outro lado foi caricaturado por uma infinidade de artistas, profissionais ou bissextos: Di Cavalcanti, Gilberto Freyre, Ribeiro Couto, Augusto Rodrigues, Moura, Alvarus, Emílio Moura, Sábat, Chico Caruso, Luís Jardim, Lan, Luís Martins.

— Adoro caricaturas. E como lastimo não ter conhecido pessoalmente este artista notável que foi J. Carlos.

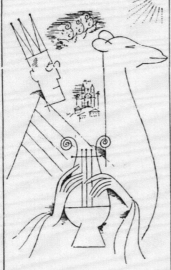

Embaixador, o poeta Ribeiro Couto fez de memória o traço a pedido de Eneida

Perfil a traço fino assinado pelo sociólogo e escritor Gilberto Freyre

Um Drummond mais informal nasceu da caricatura de Di Cavalcanti

De Moura, o caricaturista mineiro, Drummond recebe anualmente um cartão de Natal

Ao alto (D), o mais magro entre Mario Neme, José Lins do Rego, Ayres da Mata Machado Filho, Alvaro Moreira e Di Cavalcanti, perfilados por Luís Martins

---

Joana Fomm, a admiração recíproca (e antiga)

Citada pelo poeta, quando este se referia às novelas, Joana Fomm emocionou-se, disse que tinha uma hora a contar, pediu alguns minutos para escrever suas linhas sobre os 80 anos de Drummond. Depois, informou ter feito quase uma carta.

— Não estou falando para os leitores, mas com ele.

"Drummond foi onde comecei a ler e continuo. Meu ponto de referência desde adolescente. Esperávamos o mesmo ônibus na Central do Brasil pra voltar pra casa. Ele voltava no ônibus e eu voltava nele, que nem sabia. Era a 'minha viagem'. Eu tinha 15 anos nessa época. Depois descobri numa crônica sua — Dr Rodolfo — que tinhamos o mesmo médico e o mesmo sentimento a respeito dele. Dr Rodolfo morreu, Drummond, mas lembra-se do perfume que vinha dos cabelos dele quando encostava a cabeça no peito de você para auscultar? Agora você me cita e eu desabo toda. Mas valeu. Meu amor foi retribuído."

(Joana Fomm, atriz)

"Anos atrás, repórter do Diário de Notícias, fui fazer uma entrevista com o dramaturgo espanhol D Jacinto Benavente, que viajava para Buenos Aires. Perguntei-lhe: — Qual o escritor brasileiro de seu conhecimento?". Indeciso, não soube me responder de pronto. Mas a certa altura lembrou-se de que havia lido e gostado de um poeta chamado D Carlos... Completei: — D Carlos Drummond? — Sí, sí, Don Carlos Drummond, mui grande poeta de su país". Digo eu: se um Prêmio Nobel de Literatura opinou sobre nosso D Carlos Drummond, o que poderá acrescentar este pobre homem de Caruaru?"

(João Condé, jornalista)

"Ser amigo do nosso poeta maior é um privilégio. E eu tenho este privilégio."

(Alvarus, caricaturista)

"Nada posso acrescentar sobre Carlos que todo mundo já não saiba. Para mim é um cara bacana, jovem e consequente, qualidades muito difíceis de se encontrar. Somos grandes amigos e ele está sempre me ensinando coisas. É bom aprender com ele. Que avoção que eu tenho!"

(Pedro Augusto, 22 anos, neto de Drummond)

"Desfrutar da amizade de Drummond, que eu tenho há longos anos, é uma das grandes alegrias da minha vida."

(Plínio Doyle, bibliófilo)

"A pedra do meio do caminho se tornou monumento.
Uma flor brota do asfalto carioca para saudar-te.
Minas ainda há e já não dói porque és eterno,
Fazendeiro do Ar e da Arte."

(Dom Marcos Barbosa, escritor)

"Drummond é um mineiro carioca do Brasil universal. É poeta moderno primitivo e acadêmico quando quer. Pra mim ser poeta não é só saber transar com a palavra. O importante é o conteúdo e as opiniões indiscriminadas, descomplexadas e comprometidas como as do Drummond que, corajosamente, se expressa na hora certa como uma vez escreveu: "Não prendam Nara Leão". Ele é uma das rosas do povo."

(Martinho da Vila, compositor)

"Carlos Drummond de Andrade ocupa no Brasil de hoje um principado na poesia que ele mesmo considera que não merece. Mas na verdade é seu pelo alto valor da obra realizada e que ficará como testemunho do prestígio da vida literária nacional no tempo que vivemos."

(Austregésilo de Athayde, presidente da Academia Brasileira de Letras)

"É uma criatura de uma delicadeza e sensibilidade incomparáveis, uma grande ternura e paciência com a admiração da gente. O amigo mais doce e um dos meus orgulhos de ser mineira."

(Maria Lúcia Godoy, cantora)

"O Carlos Drummond cria nos seus admiradores uma grande dificuldade é saber se é maior o poeta, o prosador ou o homem de caráter que é um exemplo de integridade e de interesse pela causa da coletividade."

(Barbosa Lima Sobrinho, jornalista)

80 anos em flor

João Máximo

Se dependesse do poeta, os 80 anos nem seriam notados, as comemorações muito discretamente vividas, em casa, na intimidade, ou em qualquer outro lugar, mas sempre sem festas, sem saudações efusivas, sem homenagens. De um ou outro amigo mais antigo e chegado poderia vir um cartão, um telegrama, um abraço. E só. Que ninguém se incomodasse com presentes. Reportagem em jornal? Inútil tentar. Quanto mais um caderno.

Isso se dependesse do poeta, que prefere as coisas como ele mesmo, tímidas, discretas. A idéia de ser o centro das atenções o apavora. Daí ter deixado, por tanto tempo, que se criasse à sua volta a imagem de homem difícil, inacessível, impossível de entrevistar. Apenas imagem. No fundo, além do artista elegante e sensível que todos sabem, é alguém em quem se pode encontrar a todo instante, no convívio diário ou numa entrevista, esta combinação rara de delicadeza e humor.

E como não dependia do poeta — "Acho que talvez seja inevitável..." — concordou em cooperar. Não com a feitura de um caderno, que na certa o colhe de surpresa, presente antecipado (o aniversário é no domingo, dia 31). Mas com uma ou duas matérias que abordassem as relações de sua obra com a música, o cinema, o teatro, artes outras que não a de versejar. Mas a entrevista acabou virando três. As conversas, num total de quase nove horas, não só se alongaram mais do que o esperado (para prazer do entrevistador), como também tomaram, inevitavelmente, outros rumos (para preocupação do entrevistado): "Não estarei falando bobagem demais?"

Música, cinema, teatro, E também a vida, longa e rica. Suas lembranças, seus amigos, os fantasmas expulsos em forma de verso. A Minas distante, o Rio adotivo. Assuntos vários como a literatura, o jornalismo, a política. Uma volta ao passado para reviver o menino oprimido e o adolescente anárquico que explicam o homem cético. Crer ou não crer em Deus, valer ou não a pena a poesia, ser ou não ser imortal. O poeta conta histórias de sua vida literária e burocrática. E também pessoal, ele que não gosta de falar de si mesmo.

É um homem extremamente gentil. De uma mente ágil e brilhante como a de um menino mineiro do seu tempo — um tempo em que cada menino mineiro parecia destinado a ganhar o mundo ("Não eu, que não tenho importância alguma..."). Duas coisas, entre tantas outras, impressionam: a modéstia e a juventude desse octogenário em flor. E não se pense que a modéstia seja apenas aparente ou simulada. Ao negar sua importância, mesmo como escritor, lança mão de toda sorte de argumentos. O mais forte deles é de que, afinal, nenhuma pessoa é mesmo importante, todos nós não passando de meras formiguinhas, insignificantes e transitórias.

— Importante é a vida — costuma dizer.

Uma vida a que se entregou por inteiro nesses 80 anos, ao impulso de sonhos e desencantos, desejos e inquietações, esperanças e [illegible]. E acima de tudo embalad[illegible] muita poesia.

Rogério Reis

O sorriso jovem do poeta às vésperas do octagésimo aniversário: "... a vida tem sido muito generosa comigo."

O homem preocupado com a justiça: "Sabe que já fui jurado? Que angústia!"

AQUI entre nós, envelhecer não é bom.

As palavras do poeta não contêm o menor vestígio de pena ou queixa. São antes uma reação bem-humorada, um fingimento de zanga de alguém um pouco cansado de ouvir dizer que está muito conservado, que nem aparenta a idade que tem (a empregada diz que ele não parece ter mais de 19). Brincadeiras à parte, o poeta diz:

— Positivamente, a vida tem sido muito generosa comigo. Nunca fiz projetos, grandes projetos. Sendo pessoa de poucas ambições, posso dizer que tive tudo que quis. E sempre vivi cercado de muito carinho.

Um homem de hábitos simples, metódicos. Tem dia e hora certos para escrever, passear pela cidade, fazer visitas. Aos sábados, por exemplo, costuma ir às reuniões na casa de Plínio Doyle, os já famosos *sabadoyles*, em que escritores se encontram para falarem de tudo, inclusive de literatura. Uma espécie de réplica ao chá da Academia, só que bem mais aberta e bem menos solene. Hábitos simples e metódicos, que no entanto o obrigam a acordar sempre antes das sete, tendo dormido lá pelas duas da manhã, depois de ler um livro ou de ver um filme na TV.

— Meu pai costumava dizer: mocidade que não dorme e velhice que dorme demais são sinais de doença.

Escreve geralmente pela manhã, assim que termina a lenta e atenta leitura dos jornais. À tarde, uma volta talvez pelo bairro, talvez pelo Centro, cujo encanto, admite, perdeu-se há muito tempo.

— Já não há os cafés sentados, os antiquários, as livrarias onde os escritores se encontravam no fim da tarde.

Anos atrás, era possível vê-lo quase todos os dias na Livraria São José, na rua do mesmo nome ("... esta rua é também uma praia, onde vão dar os volumes de bibliotecas que naufragaram."). Volumes que podiam ser encontrados no grande sebo da esquina de Quitanda, desaparecido para que ali se instalasse uma casa de roupas para homens.

Sendo um pedestre convicto, que nunca teve carro, faz todos esses passeios a pé, ouvindo coisas, vendo, observando, anotando mentalmente tudo aquilo que poderá transformar-se em crônica.

VIRÁ dessas observações sua propalada sabedoria?

— Minha única sabedoria consiste em recorrer sempre aos dicionários, às enciclopédias. Não há um só dia em que eu não vá ao dicionário para saber se tal palavra se escreve ou não com dois esses. Considero-me, principalmente, um arquivista, um colecionador de informações. Trabalhando em jornal há 62 anos, sempre tive a idéia de que deveria saber de tudo, guardar tudo. Abrir pastas, armazenar recortes sobre todos os assuntos. Hoje sei que é impossível. Nem tenho espaço para isso.

Muita gente o procura, de estudantes a amigos escritores, na certeza de receber dele a informação desejada. O que geralmente se confirma, embora, modestamente, o poeta diga que não é bem assim. E quase sempre o tratamento que os desconhecidos lhe conferem é de doutor.

— Doutor? Em coisa alguma. Certa vez vi meu nome na lista telefônica com um dê-erre na frente. Telefonei reclamando, pedindo que no próximo ano fosse feita a correção. Assim, fui doutor por algum tempo, diplomado pela Telerj.

Nos passeios, o pior mesmo é a timidez. Morre de vergonha ao ser indentificado na rua, o que explica em parte o seu ar fechado, sisudo, que tem afugentado tanta gente. Considera uma injustiça o classificarem de inacessível, de homem difícil de se achar e falar.

— Vivo dando sopa por aí, na rua, nas livrarias. E nunca me recusei a falar com ninguém. Você acha que quem pretenda se isolar vai ser membro dos conselhos da ABI e da SBAT, ou da comissão fiscal do Sindicato dos Jornalistas, comparecendo às reuniões?

As entrevistas à imprensa são outro assunto. Foge delas, em primeiro lugar, por achar que tudo que tem a dizer já o faz em suas crônicas. Mas — sem ressentimentos — lembra algumas experiências vividas com jornalistas tão empenhados em entrevistá-lo que acabaram cometendo pequeninas traições: o fotógrafo que lhe pediu para fazer uma foto dele e da mulher, apenas para sua "coleção particular", e publicou-a no dia seguinte, ou a repórter que se apresentou como estagiária de jornalismo, conseguindo assim entrevistá-lo. Uma outra, por ocasião dos 75 anos, rondou sua casa, falou com sua mulher, a empregada, o porteiro do edifício, mas não com ele. A matéria resultante dessa expedição saiu com inúmeras imprecisões.

— Nem mesmo o meu porteiro se chamava Manuel.

Conta essas passagens sem mágoa, com o ar de que, por compreender, aceita. É um homem extremamente preocupado com justiça, palavra que ao longo das entrevistas será repetida algumas vezes. Fica aterrorizado com a simples possibilidade de cometer uma injustiça:

— Sabe que já fui jurado? Que angústia! Veja você, sabendo que os inquéritos policiais são tão falhos, tão precários, ter de julgar alguém apenas pela frieza dos autos e pela lábia dos advogados.

Acredita ter herdado esse senso de justiça. O pai era fazendeiro, decidiu dividir ainda em vida todos os seus bens, um pedaço de terra para cada filho. Mais tarde, achando que cometera um equívoco, em prejuízo de um deles, refez tudo. Sustentava a família — mulher e 13 filhos — criteriosamente. Quando um dos rapazes lhe pedia dinheiro para algo supérfluo, um passeio, uma diversão, debitava na respectiva conta. Quando morreu, alguns dos filhos deviam ao espólio.

— Notei ali o seu espírito igualitário.

COM tanto senso de justiça, nada mais natural do que jamais esquecer uma injustiça. É o caso de sua expulsão do Colégio Anchieta, em Nova Friburgo. Os jesuítas podiam ser tolerantes com alunos ruins e até degenerados, mas não foram com ele no dia em que um professor deu-lhe uma nota maior do que achava merecer. Drummond reclamou, o professor disse:

— E só lhe dei essa nota por pena.

Escreveu uma carta exigindo que o professor lhe abaixasse a nota, dando-lhe a que realmente fosse justa. A carta foi classificada de desrespeitosa. E Drummond acabou expulso do colégio, num ato público, como os soldados desonrados:

— Levei tempo, muito tempo para superar aquilo.

Mas acha que as amofinações desse tipo foram muito poucas nesses 80 anos. Oitenta anos — e aqui o lugar-comum cabe — bem vividos.

— Quem não tomou os seus pileques, quem não fez suas farras, quem não se meteu em briga? Claro, sem guardar rancor. Quem não fez nada disso não viveu. Como diz o poeta: "Quem passou pela vida em branca nuvem..." Pileques, farras, mulheres, fiz tudo isso no devido tempo.

Recorda, divertido, alguns pileques memoráveis em que se fez acompanhar por amigos boêmios ilustres. Augusto Meyer, por exemplo.

— Posso dizer que nunca levei uma trombada da vida.

Nunca ou quase. Admite que uma doença na família por pouco não o desmorona. Problema hoje inteiramente superado.

TRÊS netos, nenhum bisneto, o que o poeta não deixa de lamentar. O neto mais velho é advogado, o segundo dedica-se à Matemática, o caçula trabalha na Editora José Olympio. Suas palavras para com os três — para com os jovens em geral — são de ilimitada compreensão, atitude natural em quem, renovando-se a cada instante, rejuvenescendo permanentemente, não conhece barreiras etárias, choques entre gerações, ou algo parecido. Não é à toa que as pessoas o procuram, amigos e estranhos, velhos e jovens, pedindo conselhos e sugestões. A ele que, humildemente, não se considera sábio em coisa alguma.

Mas, se cabe dar conselhos, os dá. Como ao jovem desencantado de tudo, entregue a uma vida de autodestruição, que lhe disse:

— Eu não pedi para nascer.

Drummond ponderou:

— Não é assim que você deve encarar a coisa. De fato, você não pediu para nascer, mas foi-lhe dado esse direito, o direito de viver, de conhecer a vida, de descobrir-lhe as belezas, os encantos. Por que abrir mão de tudo isso?

Beija-flores, flores, animais, plantas. "Não creio em Deus, mas também não tenho motivo para não crer"

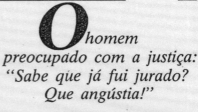

DRUMMOND pede desculpas pela desarrumação do escritório, uma espécie de santuário onde exerce religiosamente o seu ofício. Mas não há desarrumação. Apenas a máquina de escrever aberta, à espera de que as mãos magras do poeta venham passar para o papel seus versos, sua prosa. O toca-discos fica meio escondido a um canto. Os discos, separados de dez em dez e devidamente numerados, são protegidos entre livros grandes e pesados. Tudo é muito simples e organizado, como o próprio Drummond. Uma cerâmica de Antônio Poteiro, um nu de Bianchi, um quadro de Rafael Alberti, a chave de ferro que abria a porteira da já extinta fazenda o pai. No quarto ao lado, outra estante, igualmente repleta (hoje, a maioria dos livros que recebe lê e passa adiante, por absoluta falta de espaço). Aí está, cuidadosamente guardada, a coleção encadernada da *Careta*. Abre, deliciado, um dos volumes:

— Veja como o Hermes da Fonseca era castigado.

A época era a que antecedia o casamento do Marechal com Nair de Teffé. A revista mostra inúmeras *charges* sobre o assunto, o Presidente desfolhando a margarida, o Presidente vestido de noiva.

— Isso, naturalmente, foi antes de a censura obrigar a *Careta* a se comportar, a trocar a política por coisas inofensivas.

E mostra a capa de um número mais adiante, um inocente banho de mar ocupando o lugar que antes seria destinado a uma crítica ao Marechal. O poeta parece saber de tudo, daquele e de outros tempos. Mas insiste que não. Diz que é absolutamente verdadeira a história que contou outro dia, numa crônica. Queixava-se de não ver há muito tempo um beija-flor, o que provocou protesto da vizinha de baixo:

— Não vê porque não quer.

E a vizinha informou-o de que todos os dias, ali mesmo, em sua janela, pousava um beija-flor.

— Ora, se eu não sei o que se passa aqui, na minha janela, como posso saber o que se passa no mundo?

Beija-flores, flores, animais, plantas, Drummond revela ter um profundo interesse pela natureza, pelo ser vivo. Qualquer ser vivo.

— Outro dia um bichinho começou a voar sobre o papel em que eu escrevia. Voava por ali, em torno da luz, perto de mim. Senti-me tomado de grande emoção. Como se uma corrente inconsciente ligasse todos os seres do Universo. E essa sensação não acontece só comigo. É muito conhecido o episódio que se passou com Goeldi. Certa vez, ele viu uma barata sem perna caminhar sobre o pó da madeira em que cravava uma de suas gravuras. Goeldi sentiu-se ligado à barata, identificado com o bicho. Uma criatura vil, mesquinha, e no entanto o artista tornou-se amigo dela.

Essa corrente inconsciente ligando todos os seres do Universo não teria algo a ver com Deus? O poeta acredita em Deus?

— Sou agnóstico. Não creio em Deus, mas também não tenho nenhum motivo para não crer. Na verdade, não tenho meios para discutir o assunto. Há muitos deuses espalhados pelo mundo. Os chineses têm um deus, os hindus outro, os antigos vários outros. E todos funcionam. Deus existe na medida em que acreditamos nele. Sei que há pessoas que, no sofrimento e no desespero, apelam para Deus. E são atendidas. Já a mim a explicação divina não convence. E as religiões? Veja a Católica: santos cassados, padres discutíveis. Há muito folclore em torno de tudo isso. Embora saiba que, para inúmeras pessoas, a religião é importante. Pessoas que crêem. E que, em nome dessa crença, tentem praticar todas as virtudes. Eu, porém, não consigo acreditar em nenhuma religião. Não me gabo disso, porque, afinal, não é uma constatação científica. Sou um indivíduo que perdeu o senso do divino, mas que o respeita.

DRUMMOND confessa que às vezes é levado a gostar mais dos animais do que das pessoas. Os animais, segundo ele, não têm defesa. Da mesma forma, as plantas o sensibilizam muito. A reflexão que se segue parece ter muita relação com um poema de mais de 40 anos atrás ("Por que fiz o mundo? Deus se pergunta e se responde: Não sei..."):

— Que coisa bonita as plantas! Indago-me por que terá sido criada a beleza. A resposta de que ela existe para que o homem a aprecie não me serve. E a sublime beleza das selvas, das matas virgens, de locais aonde o homem ainda não chegou e, portanto, não pode apreciá-la?

O poeta gosta muito das pessoas que conversam com bichos e plantas, vê nelas uma natureza afetiva, uma grande capacidade de amar.

— Não é verdade que essas pessoas não gostam de outras pessoas. Elas apenas estendem aos bichos, à plantas, seu amor pelo ser humano. Só lamento não ter chegado antes a esse profundo respeito, a esse amor pela natureza.

JORNAL DO BRASIL — terça-feira, 26/10/82 □ DRUMMOND □ 7

Greta Garbo e Chaplin, dois de seus ídolos. Drummond constatou, ao rever um velho filme, que nem ela nem ele próprio são mais os mesmos. Em Carlito, acima de tudo, a ternura com que trata as mulheres e a sociedade

Cinema
teatro, TV, literatura, em tudo a pornografia ocupa o lugar do erotismo, "que é santo!"

"O povo toma pileques de ilusão com futebol e carnaval. São estas as suas duas fontes de sonho."

UM pouco pelo desconforto de sair de casa, um pouco porque os espetáculos raramente o atraem, Drummond quase não vai ao cinema ou ao teatro. Prefere os filmes tardios da televisão, reprises muitas vezes reveladoras como aquela em que, na pele de Cristina da Suécia, Greta Garbo veio dizer-lhe que nem ela, nem ele eram os mesmos de antigamente.

— Ah, essas reprises... — diz entre nostálgico e divertido.

Não é segredo sua velha paixão por Greta Garbo. Uma paixão que já o fez manter dois Vinicius de Moraes — ele pelo *Correio da Manhã*, Vinicius por *Última Hora* — uma polêmica em torno de dois mitos do cinema.

Vinicius era fã de Marlene Dietrich, de modo que, em nossas crônicas, defendíamos cada qual sua favorita. Um dia ele falava das qualidades que faziam de Dietrich a maior, no outro eu reivindicava esse primado para Garbo. Até que numa de suas crônicas Vinicius narrou um episódio que teria presenciado, num bar nos Estados Unidos, envolvendo Garbo de maneira bastante desabonadora. Eu, que nunca tinha saído daqui, não pude refutar. O mais que fiz foi convocar muita gente para uma imaginária Sociedade dos Amigos de Greta Garbo para desagravá-la. Só muito depois Vinicius confessaria que a história era pura invenção.

Mas inventar, tratando-se de Greta Garbo, não chega a ser pecado mortal. Nem privilégio de Vinicius. O próprio Drummond escreveria uma crônica (*Garbo: Novidades*, incluída em *Fala, Amendoeira*), para contar o severo e incógnito passeio da atriz sueca por Belo Horizonte, em 1929, da qual só ele e Abgar Renault foram testemunhas. Os dois saíram com Garbo pela cidade (ela de óculos escuros, disfarçada), seguiram-se em seus passeios, naturalmente emocionados, e depois guardaram a sete chaves — por 26 anos — o segredo do qual nem Capanema, nem Emílio Moura, nem Milton Campos tiveram conhecimento. O amigo acompanhava minha idolatria "aquela relação estranha", os dois dizendo tratar-se de uma certa Miss Gustafsson, naturalista em férias na capital mineira. Na crônica que enfim revelava o segredo, Garbo é descrita com absoluta fidelidade, a figura feminina, estranha e seca, "pisando duro em sapatões de salto baixo" a repetir, com a voz grave e inesquecível "I want to be alone..."

— Ora, o povo só quer saber do Fla-Flu Ou da Beija-Flor do Joãozinho Trinta. Não que eu tenha alguma coisa contra. Pelo contrário, gosto do Fla-Flu e do Joãozinho. Mas o povo toma pileques de ilusão com futebol e carnaval. São estas as suas duas grandes fontes de sonho.

De volta à poesia, Drummond acentua que ela sempre foi, mesmo, uma solução, uma forma de resolver todas as suas inquietações.

— Minha filha, mostrando meus poemas a uma amiga, psicanalista argentina, ouviu dela o comentário de que eu tinha realmente me europeizado através da poesia. Concebei, escrevendo, minha índole conflitante e a minha vocação literária. Com o tempo, fui-me integrando ao mundo, embora sem fazer concessões, nem ir à sua sarna bobas. Mas, aqui entre nós, o que eu gostaria mesmo é de atirar uma bomba. Não uma bomba como a do Rioscentro, abjeta. Mas uma bomba decente, geral.

Nada toca mais Drummond do que receber carta de um leitor desconhecido, de uma pessoa que diz ter encontrado, em seus versos, algo que a reconforte num momento de angústia.

— Teme nota: só vale expressa em literatura uma vivência real, o que você escreve acaba tocando qualquer pessoa que esteja passando pela mesma vivência. Confortar não é dizer: "Não se aborreça, isso passa..." A expressão literária de um estado de inquietação, amargura, tristeza, desalento, a que pessoa que sente a mesma coisa, trai a esta pessoa a certeza de que ela não está só. Nossas experiências mais são iguais. Esta afirmativa de que quem está triste deve ler coisas alegres para se distrair é falsa.

DRUMMOND volta aos seus poemas como forma de catarse. Observa que grande parte deles — justamente os que nasceram de forma desalentada, decrescente, amarga — começa de uma forma e termina de outra. Os primeiros versos traduzem o estado de espírito do poeta, seu criticismo, sua negação das coisas, mas a medida que o poema avança escorre uma espécie de libertação, para terminar, sempre, numa abertura.

— Veja o caso de *José*.

De fato, a releitura do famoso poema confirma: "E agora, José? A festa acabou...", dizem os primeiros versos. Para terminar: "Você marcha, José! José, para onde?"

Mais tarde, Afonso Penna Jr se tornaria seu amigo, inspirador mesmo de um de seus sonetos (". . . o dom de compreender, que é dom de amar..."), mas na época, Ministro da Justiça, reagiu com uma frase: "Praga de urubu magro, naturalmente, era Drummond.

Um anarquista que, não sendo político nem religioso, acabou chegando ao exercício da probidade, na correção dos gestos e pensamentos. Mas discordo dos meios de que a sociedade dispõe para resolver seus problemas. Eu também não sei como o resolver, mas acho que, além disso, a sociedade brasileira repousa sobre equívocos. É uma sociedade egoísta. Ainda que existam nelas, isoladas ou em pequenos grupos, pessoas notáveis, capazes de realizar grandes obras de sentido social. Ainda outro dia recebi carta de uma senhora amiga que, em tom veemente, falava-me de sua estranheza pelo fato de sermos 120 milhões de brasileiros e não caiar um movimento nacional para protestar contra o fim de Sete Quedas. Como é espantosa a flacidez da opinião pública brasileira! Não há firmeza em nossas posições coletivas. Nossa consciência do povo brasileiro parece ter feição literariamente concentrada nas idéias e ações de um só homem: o Dr Heráclito Fontoura Sobral Pinto. Só ele protestaria, escrevendo cartas ao Governo, reagindo, gritando.

E o povo?

— Ora, o povo só quer saber do Fla-Flu Ou da Beija-Flor do Joãozinho Trinta. Não que eu tenha alguma coisa contra. Pelo contrário, gosto do Fla-Flu e do Joãozinho. Mas o povo toma pileques de ilusão com futebol e carnaval. São estas as suas duas grandes fontes de sonho.

HOUVE quem acreditasse que o episódio era verdadeiro. Pompeu de Souza, diretor do *Diário Carioca*, procurou-me para perguntar por que ele não lhe vendera a história com exclusividade. Na crônica eu dizia que Greta Garbo, ao ver no Grande Hotel de Belo Horizonte um menino de dois anos, recém-chegado da Bahia com a família, apontara para ele, dizendo: "É poeta". E que o menino, agora, era nada menos do que Vas Jafa. O vaticínio, portanto, se confirmara. Jafa ficou muito feliz. Veja você o que uma mentira escrita em jornal pode causar.

Como explicar o fascínio por Greta Garbo?

— Uma mulher fabulosa. Sua figura física já era estranha: longilínea, sorriso misterioso. E por isso que digo que essas reprises de televisão são uma coisa dolorosa. Ao reencontrá-la em *Rainha Cristina*, nem a vi como era, nem a vi a mim mesmo como era.

Drummond confessa que, mesmo considerando o comodismo, a dificuldade de condução, a violência das ruas e o desconforto dos cinemas, o principal motivo de ficar em casa é outro:

— O cinema mudou muito. Tudo, hoje, são efeitos especiais, a tecnologia produzindo grandes catástrofes, incêndios, naufrágios, terremotos. Quer dizer o ator como para ver catástrofes? Sei que hoje em dia se dá muita importância aos diretores. Não nego essa importância, mas no meu tempo o que se cultuava era muito do ator. Lubitsch podia ser um excelente diretor, mas quem íamos ver, mesmo, era Pola Negri. Além de Garbo e Negri, a preferência pelas comédias.

— A que mais se agradavam eram as de dois rolos. Sabe do que se trata? Bem, havia os filmes de longa metragem, de cinco rolos. Entre um rolo e outro, fazia-se um intervalo, acendiam-se as luzes. Mas era das comédias de dois rolos que eu mais gostava, o Gordo e o Magro, Carlito.

TANTO o Gordo e o Magro como Carlito, além de outros personagens do cinema silencioso, Chico Bóia, Asta Nielsen, já mereceram versos de Drummond ("E lá se foi o Gordo, enquanto o Magro circula e esmo...") Em Carlito, então, está presente em mais de um poema, um muito antigo ("Meu bem, adeus chorei, hoje tem filme de Carlito!"), outro de *A Rosa do Povo* ("O meu crente, Chaplin, a nossos olhos feridos do espedido cotidiano..."), um terceiro mais recente ("O Carlito, meu e nosso amigo, teus sapatos e tua bitola caminham numa estrada de pó e esperança.")

— Carlito é um símbolo tão velho. A atitude de anarquista, a negação dos valores constituídos, a política, a autoridade. É que riqueza lírica! Como era amoroso, que culto admirável às mulheres! No cinema, é claro, pois na vida real sabemos que ele muito diferente. Havia ternura em sua forma de tratar tanto a mulher como a sociedade

Sinceramente, estes Woody Allens de agora são uns chatos.

Um poeta capaz de escandalizar leitores puritanos que não lhe entendem a poesia — o futuro secretário de um ministro a pro nunciar — sejamos pornográficos (docemente pornográficos)"! — não chega a se escandalizar, mas discorda da pornografia no cinema, nas artes em geral.

— Os cinemas exibem cartazes anunciando: "Filme pornô". Como se isso fosse uma qualidade. Não é. Sei que a pornografia está inserida na vida social de hoje. Mulheres e crianças tornaram-se íntimas dos palavrões, a nudez desfila pelas ruas. Contudo, acho que a pornografia está tomando o lugar do erotismo, que é santo. A pornografia está no teatro, no cinema, em todo lugar, inclusivamente na literatura. Hoje em dia, qualquer escritor que se preza (ou não se preza) tem de recorrer à pornografia.

No caso específico do cinema Drummond cita o exemplo de *Cabaret Mineiro*, cuja música-título foi composta por Tavinho Moura sobre poemas seus ("A dançarina espanhola de Montes Claros dança e redança a sua mestiça...") Drummond escreveu que era pornográfico e estranhou que a Embrafilme o tivesse financiado. Não gostaram, negaram que fosse pornográfico, lembraram os inúmeros prêmios ganhos pelo filme em festivais.

— Ora, o próprio folheto que acompanha o disco com a trilha sonora (mostra a capa) classifica o filme de pornográfico.

NÃO se trata de moralismo, apressa-se o poeta em esclarecer:

— Todos nós temos a nossa fase pornográfica, geralmente na adolescência. Eu mesmo até hoje gosto de ouvir ou contar uma anedota, de dizer um palavrão. Acho. Deve haver alguma coisa de errado com quem não gosta. Mas prefiro o erotismo à pornografia. Já leu *A Ilha dos Pinguins*, de Anatole France? Era uma ilha onde todos andavam nus. Um dia, apareceu por lá uma mulher vestida. E os homens, loucos, saíram correndo atrás. Acho que, se uma freira pisasse as areias de Copacabana nua mais ali de sol, faria o maior sucesso com os rapazes. Para mim, isso é que dão o nome de "abertura sexual" é pura safadeza.

Já o erotismo, garante Drummond, é outra coisa:

— Uma tradição da literatura. Paul Verlaine escreveu lindos poemas eróticos. A portuguesa Natália Correa, a quem o salazarismo tanto persegiuiu, organizou uma notável antologia. Também escreveram poemas eróticos Theóphile Gautier, Pierre Ronsard, tantos outros, o próprio Bandeira. Conhece *O Pente*?

Drummond também poderia incluir-se em tão ilustre galeria, autor que é de poesias eróticas, uma ou outra já publicada esparsamente na imprensa. Mas o que poderia saber-se é que ele já tem muitas delas escritas, datilografadas, revistas, idealizadas e reunidas sob o título *O Amor Natural*, prontas, portanto, para virarem livro. Quando?

— Nunca. Não pretendo publicá-las. Antes, são ficas bem, era coisa impróspria. Agora, todo mundo escreve ou pensa escrever sobre erotismo, virou moda.

COMO se prevendo que dissessem: "Puxa, depois de velho o Drummond deu para isso!" Mas a crescente fama como autor de pornografia ou obra de velhice. Escritas ao longo dos anos, têm uma mocidade e uma delicadeza que tornam injustificada a preocupação do poeta. O que não escapará aos leitores, também por estas amostras aqui contidas, é uma aguda consciência desse amor — paralelo Drummond, sabendo-se de tocante nobreza. Mais que poemas eróticos, são, na verdade, cantos de amor: "Amor, amor, amor — braseiro radiante que me dá, pelo prazer do orgasmo, a explicação do mundo". Líricos às vezes, arrebatados outras, um humor sempre dosado: "Para repousar do amor, vamos à cama."

— Nestes poemas — tenta, desnecessariamente, explicar — procuro tratar a relação física com a maior dignidade.

No teatro e na televisão, não são os efeitos especiais ou a violência do quadro o que mantém a distância.

— O teatro brasileiro atual não me como. Pelo pouco que vejo e pelo muito que leio, principalmente o que escreve o Yan Michalsky. Não é um teatro dos mais criativos, dos mais fecundos. Não aborda conflitos humanos profundos, não se ocupa de andâncias sociais sérias. E a quantidade literária, esta, então, como deixa a desejar!

Quanto à televisão, Drummond adverte logo não ser um escravo do vídeo, desses que ficam sentados diante do aparelho aguardando que apareça qualquer coisa. Prefere ler ou escrever, escrevendo, lendo, ouvindo música. Só quando há alguma coisa que o interesse, um programa humorístico, determinada entrevista, música clássica pela TVE, aí sim, aí ego ligo a televisão. Mas o que mais vê, mesmo, são os filmes.

— Talvez seja coisa de velho, não sei. Depois que comecei a escrever a resistência inicial à dublagem (o racionalismo em arte, definitivamente, é uma bobagem), passei a ver os filmes da televisão. *Morte em Veneza*, por exemplo. *O Anjo dos Desesperados*. Gostei muito desses filmes. Novela? A não ser por uma ou outra cena, um daqueles dos do peito de Fernanda Montenegro, ou uma passagem em que aparece Joana Fomm (que mulher interessante!), não tenho paciência para ver novelas.

Um leitor obsessivo de tudo, jornais, revistas, livros, muitos livros. É um artista que acredita na interligação entre as artes, poesia, cinema, teatro, música

"A poesia é a música das grandes almas", disse Voltaire (talvez adivinhando que um dia haveria Drummond)

UM apaixonado pelas músicas barroca e medieval, cujo gosto pelos clássicos vai até Brahms ("Daí em diante meus ouvidos não acompanham mais") e pelos populares se afina, principalmente, pela arte de um Cartola, um Paulinho da Viola, Drummond sentencia.

— A música é uma forma de sensibilidade poética.

Mais do que uma definição, a afirmativa talvez contenha a própria explicação do poeta para o fato de serem tão estreitas e freqüentes as relações da música — erudita ou popular — com a sua poesia.

Foi em 1926 que Villa-Lobos, sem conhecer Drummond, compôs uma seresta sobre os versos de *Cantiga de Viúvo* ("A noite caiu em minh'alma, fiquei triste sem querer..."). Desde então, vários compositores de Frutuoso Viana e Francisco Mignone a Milton Nascimento e Tavinho Moura, têm seguido o exemplo do autor das *Bachianas*. Ao contrário de outros poetas maiores — Manuel Bandeira, por exemplo, que fez com Ari Barroso o fado *Portugal, Meu Avozinho* — Drummond nunca escreveu *letra*, isto é, poesia especificamente para música. Os compositores é que lhe têm musicado os versos, atraídos pelo ritmo e pela melodia que há neles.

Respondendo a um questionário que lhe foi feito, meses atrás, pela publicação paulista *Caderno de Música*, o poeta esclarece.

"Nunca tive entendimento com músicos sobre aproveitamento musical de poesias minhas. Por temperamento, sou avesso a solicitar ou sugerir a conversão de trabalhos meus em composições musicais. Por sua vez, os compositores que me honraram com suas escolhas jamais me consultaram a respeito. Devo confessar que, se consultado, não teria condições de prestar colaboração valiosa, pois me falta imaginação bastante para conceber o texto poético em outro invólucro sonoro que não o da simples palavra pronunciada vulgarmente".

ALÉM disso, acrescenta agora, é ele um ser muito pouco musical, no sentido de jamais ter sido capaz de transformar em algo mais concreto — composição, execução de algum instrumento, estudo teórico — o seu gosto pela música. Uma incapacidade, segundo ele, de família, pois em casa, mesmo havendo dois pianos, ninguém aprendeu a tocar.

— Era um piano para cada irmã — lembra ele. — Vivíamos então o tempo da pianolatria. Aliás, Olavo Bilac escreveu uma crônica maravilhosa a respeito. O som que hoje vem do rádio ou da televisão, antigamente vinha do piano.

Música e poesia:

— Desde cedo fui levado a ouvir a melodia do verso. Eu me perguntava: "O que é que me encanta na poesia?" Descobri que os elementos rítmico e melódico eram fundamentais. Não há poesia sem ritmo. O fato de um poema não obedecer a métricas tradicionais não quer dizer nada. Um verso, mesmo sem sentido algum, pode ser bonito, desde que as palavras estejam harmoniosamente combinadas. A beleza tanto pode estar nessa harmonia como nos sons que ela produz. Ou mesmo na monotonia da repetição. A função do poeta é justamente achar as palavras certas e combiná-las de forma que produzam um efeito agradável aos ouvidos.

O agenciamento das palavras, segundo o poeta, pode de fato produzir efeitos extraordinários.

— Não creio que a poesia se aprenda nos compêndios. A todo poeta jovem que me pede uma sugestão, um livro que o ajude a começar, aconselho a leitura de *A Arte do Poeta*, de Murilo Araújo, infelizmente há muito esgotado. De qualquer forma, os livros ajudam só até certo ponto.

Drummond acredita que continue muito difundida a idéia de que qualquer um pode escrever versos.

— Todo mundo pensa que pode fazer poesia. Hoje mais do que antes. O modernismo foi um pouco responsável por isso, à medida que, ao lado da liberdade que passou a dar aos poetas, criou nas pessoas, de um modo geral, a impressão falsa de que ficara mais fácil escrever poesia, agora que a métrica, a rima, as regras acadêmicas tinham sido postas de lado.

Mas em todas as épocas — antes e depois do movimento modernista — fazer versos é mania de quase todo mundo, aquela história de "músico, poeta e louco...". Drummond volta no tempo para antes de 1922.

— Havia o soneto, esta forma admirável. No entanto, muito de ruim se produziu em matéria de soneto. Claro, só os bons ficaram. E os bons sonetistas não têm culpa da existência dos maus sonetos. Com a trova passa-se o mesmo. A redondilha é o verso natural justamente por sua musicalidade. Todo mundo faz, ou pensa que faz. Mas poucos têm a qualidade, por exemplo, das trovas satíricas de Djalma Andrade.

E recita:

"Não te casas por amor;
Só te casas por dinheiro,
Tu pensas como teu pai,
Que morreu velho e solteiro".

DRUMMOND diz nunca ter feito letra para música porque prefere fazer versos espontaneamente, sem obedecer a nenhuma exigência prévia, o que não lhe seria possível se tivesse de seguir uma fórmula imposta por determinada linha melódica. Mesmo assim, lá estão seus versos vestidos de melodias várias, independente de sua vontade. Só para *José* ou *No Meio do Caminho* há três ou quatro composições musicais diferentes.

— Isso me permite avaliar a diversificação que meus poemas produzem nos compositores. De qualquer forma, o fato de alguém musicar um poema meu me deixa feliz. Vejo que minha poesia tocou o compositor. E se ele via em meus versos matéria transformável em música, eis aí algo muito confortador.

Novamente música e poesia.

— Acho formidável o que conseguiu Vinicius de Moraes, um poeta culto, aristocrático, que conseguiu atingir o povo, ser cantado por todo mundo. O trabalho que ele realizou com Tom Jobim e depois com Toquinho me parece o ideal, músico e poeta integrados, música e poesia nascendo ao mesmo tempo.

Além de Vinicius, Cartola, Paulinho da Viola, as preferências de Drummond, em música popular, não se prendem a um só estilo. Há a já confessada identificação com Chico Buarque, a admiração por Martinho da Vila (que transformou *Sonho de um Sonho* no melhor samba-enredo do carnaval de 1981), Tom Jobim, Caetano, Gil, Noel. Volta a falar em Cartola.

— Que sujeito delicado, que poeta espontâneo. Grandes são estes compositores do povo, semi-alfabetizados, incultos, instintivos, capazes de produzir coisas lindas. A música e a poesia habitam neles.

MAS Drummond faz questão de dizer que tais opiniões não são as de um *expert*. Como seriam, por exemplo, as de três grandes poetas que realmente podiam falar de música com conhecimento: Manuel Bandeira, Murilo Mendes e Mário de Andrade, este, além de tudo, professor.

— Bandeira tocava violão e piano. Sabia tudo sobre o violão, embora tenha perdido aquela discussão com o Hermínio Bello de Carvalho, pela revista do Lúcio Rangel (*Revista da Música Popular*). Murilo chegava a ser um obcecado. Ouvia Mozart com a cabeça entre as mãos, imóvel, como se meditando profundamente. Mário de Andrade teria sido um grande pianista. Ficou muito abalado com a morte de um irmão, as mãos tornaram-se trêmulas, e isso afetou irremediavelmente a sua técnica.

Música, poesia, as artes interligadas.

— Sempre acreditei na formação artística global, nada comum no meu tempo. É importante a integração entre as artes, a poesia, a literatura, a música, as artes visuais. É possível encontrar-se poesia numa sonata, música num poema, plástica em qualquer obra literária.

Os anos de vida burocrática ficaram para trás, guardados entre as colunas do MEC. É daquele tempo o convívio com muitos artistas, um deles Portinari, que o retratou admiravelmente em 1936

Onze anos de vida burocrática, Getúlio, Capanema, Rodrigo. Tempos complicados e divertidos

— AQUELE foi um tempo entre complicado e divertido.

É assim que Drummond se refere aos onze anos passados como chefe de gabinete de Gustavo Capanema, Ministro da Educação e Saúde de 1934 a 45. Não tendo nascido para a vida burocrática — e sendo dono de um temperamento inquieto, anti-institucional por natureza — teve de se dobrar um pouco para ser um fiel e eficiente colaborador de Capanema, amigo de juventude. Ao lembrar aquela época, aproveita para fazer dois reparos. Um, àqueles que falam da "grande influência" por ele exercida junto ao amigo Ministro em benefício das artes. Portinari, Villa-Lobos, Bruno Giorgi, Celso Antônio, importantes artistas estiveram ligados ao Ministério da Educação e Saúde durante aqueles onze anos.

— Mas eu tive muito pouco a ver com isso. Minha função, na verdade, era estritamente burocrática. O próprio Capanema cuidava da parte cultural. E se incumbia de suportar minhas impertinências em relação ao serviço público. Eu havia trazido de Minas uma noção um tanto rígida de dever. Levava as coisas a sério, achava que devia trabalhar e os outros também. Só que nem todos pensavam assim, nem todos trabalhavam. Capanema, muito flexível, cordato, sabia lidar com tudo isso.

Que se lembre, apenas uma missão ligada às artes: a compra de um quadro de pintor nosso para ficar em lugar de destaque no salão de uma representação diplomática brasileira nos Estados Unidos.

— Fui à casa de Portinari e comprei um de seus quadros. Dez contos, muito dinheiro na época. Capanema gostou muito, era uma pintura representando o café. Mas o pessoal da representação diplomática ponderou que, no quadro, só havia negros. E que isso talvez não ficasse bem num país como os Estados Unidos. O quadro acabou não indo. Ironicamente, tempos depois, seria premiado numa exposição em Pittsburg.

O outro reparo diz respeito às suas ligações com o Estado Novo, volta e meia lembrada, ranzinzamente, por um ou outro biógrafo.

— Não tive ligações com o Estado Novo. Quer dizer, meu trabalho no Ministério, por amizade a Capanema, nada teve a ver com a política. Eu apenas carregava o peso pesado da burocracia, não tinha de substituir o Ministro, nem de despachar com Getúlio. Minhas ligações com o Catete se faziam através de Queirós Lima, diretor da secretaria da Presidência, também meu amigo. Nada de política. Fui chefe de gabinete de Capanema desde 1934, de modo que, quando se deu o golpe de 37, Capanema continuou, e eu com ele. Não me parece que o fato de alguém ter trabalhado para o Governo, por exemplo, durante os anos Médici, signifique necessariamente que esse alguém tenha servido à ditadura.

Com Getúlio, apenas dois ou três encontros. Um deles na Livraria São José, no lançamento de um livro de discursos do Presidente. Quando este o viu, sorriu e cumprimentou-o:

— Olá, Drummond, não o tenho visto ultimamente.

E ele, sempre muito desligado:

— Eu também não o tenho visto ultimamente, Presidente.

Havia a *Revista de Cultura Política*, publicada pelo DIP. Drummond faz questão de acentuar que jamais colaborou nela. Embora procurasse manter-se afastado da política, nem sempre foi possível. Recorda a concorrência aberta por Capanema para a construção do novo edifício do Ministério. O vencedor foi o arquiteto Arquimedes Memória. Mas Capanema não gostou do projeto, achou-o muito acadêmico. Foi até Getúlio e este o apoiou na decisão de pagar o prêmio sem usar o projeto. Foi então que Capanema contratou a equipe que realizou o atual Palácio da Cultura, Lúcio Costa, Oscar Niemeyer e outros. Arquimedes Memória, integralista, ficou indignado. Escreveu uma carta a Getúlio dizendo que, por ter o Ministério contratado aqueles arquitetos, Capanema e Drummond eram "comunistas e negocistas".

— Mais tarde, uma revista chamada *Nação Armada*, veja você que título, publicou um artigo dizendo que o edifício era obra de uma arquitetura comunista. Que visto de cima tinha a forma de uma foice e um martelo. Capanema teve de se explicar com o Dutra, Ministro da Guerra.

Os problemas da vida burocrática nem sempre foram tão graves. Às vezes, Drummond tornava-se vítima de pequenos mal-entendidos que só a ele aborreciam. Como no dia em que apareceu em seu gabinete um deputado do Espírito Santo, querendo ser atendido na frente dos outros. O funcionário que o recebeu disse-lhe que teria de aguardar sua vez.

— Pois mande dizer ao Dr Drummond que sou um representante da nação.

O funcionário transmitiu o recado, ao que Drummond, pensando tratar-se de um repórter de *A Nação*, respondeu.

— Faça o favor de dizer a ele que nem que fosse do *Correio da Manhã* eu o deixaria furar a fila.

O deputado retirou-se furioso, fazendo ameaças, e só graças à interferência de um amigo comum, Francisco Gonçalves, o caso foi contornado.

Afastado do Ministério por motivos políticos — com a queda de Getúlio, caiu todo o Ministério — Capanema arranjou-lhe um lugar junto a Rodrigo Melo Franco de Andrade, no Serviço de Patrimônio Histórico e Artístico Nacional. Com o mesmo salário que recebia no Ministério, o que significa dizer um salário superior ao de Rodrigo, que não aceitou.

— Rodrigo, outro grande amigo. Ensinou-me a ser mais tolerante e paciente com a inépcia de certos setores do serviço público. Ele não dava ordens, não se perdia em exigências. E se os outros não faziam o seu trabalho, Rodrigo fazia-o por eles.

OS funcionários chegavam com documentos — memorandos, avisos, requerimentos — que eles mesmos tinham redigido. Rodrigo lia-os, dizia "muito bem" e depois, ou fazia profundas correções, ou simplesmente os redigia de novo, de ponta a ponta. Luís Jardim, que na época também trabalhava no Patrimônio, um dia confidenciou a Drummond:

— Quando leio os ofícios que entreguei para o Rodrigo assinar, vejo que, de meu, mesmo, só tem o "excelentíssimo senhor" e as "respeitosas saudações".

Rodrigo, lembra Drummond, tinha um jeito elegante, formal, sofisticado de falar. Não importava o assunto ou a circunstância, não perdia o *aplomb*. No dia em que os alemães invadiram Paris, um funcionário do Patrimônio chegou com a edição extra de um jornal, as manchetes falando de uma França dominada, "as botas de Hitler marchando sobre os Champs Elisée". Rodrigo, Jardim, Drummond, outros funcionários, inclusive uma diretora muito educada, com a qual todos tinham certa cerimônia, ficaram tristes, abatidos, em silêncio. Até que Rodrigo virou-se para a funcionária, sério, grave, e disse:

— Colenda diretora, estamos f...

— Como, doutor? — espantou-se a funcionária.

— É o que eu lhe digo: estamos f...

Drummond sorri ao recordar outras passagens ligadas a Rodrigo.

— Guardo dele uma profunda saudade

"Como cronista procuro apenas amenizar um pouco o aspecto trágico, sinistro, do mundo em que vivemos"

PREFERE que o chamem de poeta ("Não sou um escritor na acepção literária da palavra, mas alguém que fez da poesia a sua saída..."), mas que o vejam como jornalista, dos mais antigos em atividade no Brasil. Sobre essa antigüidade, diz:

— Somos os mais antigos, o Alceu Amoroso Lima escrevendo para jornal há 64 anos, eu há 62, Barbosa Lima Sobrinho há 61, e o Austregésilo de Athayde... há quantos?

Mais do que um jornalista, é um leitor obsessivo de jornal, daqueles que lêem literalmente todos, da primeira à última página, sem saltar nada, o noticiário da cidade, a internacional, a política, as cotações da bolsa, o esporte, as colunas especializadas. De tudo está informado, de tudo guarda uma opinião. Aliás, faz questão de dizer que seu gosto pela literatura começou com a leitura dos jornais. Especificamente a velha *Gazeta de Notícias*, que durante o tempo da campanha civilista era consumido pelo pai e toda a família com grande interesse, os discursos de Rui, os fatos ligados ao Marechal Hermes.

— Tinha apenas sete anos e já me inteirava desses episódios, que todos comentavam com entusiasmo. Defendia-se a República... coisa curiosa, hoje ninguém fala em República, que é uma coisa precisa, definida. Fala-se muito em democracia, coisa vaga, informe.

Drummond diz-se rigorosamente convencido de que a notoriedade que possui hoje diminuiria muito se deixasse de escrever em jornal. Seria o caso de recordar que poucos poemas seus tiveram a repercussão do que ele publicou no JORNAL DO BRASIL, há seis anos, falando de seu desencanto em relação à cidade de sua juventude ("Sossega, minha saudade. Não me cicies outra vez o impróprio convite. Não quero mais, não quero ver-te meu Triste Horizonte e destroçado amor...") Cópias do poema foram distribuídas nas ruas de Belo Horizonte, a cidade quase parou para que a população, versos de Drummond nas mãos, tomasse conhecimento de que no desencanto do poeta estava a própria consciência mineira de que Belo Horizonte, afinal, decaia.

— Sinto em mim uma vocação de jornalista que não se realizou plenamente.

UMA vocação que o levou a ensaiar os primeiros passos na profissão no *Diário de Minas*, do qual chegaria a redator-chefe. São ternas as lembranças daquele tempo, dos amigos que fez, dentro e fora do jornal, Gustavo Capanema, Mário Casassanta, Milton Campos, Pedro Nava, Martins de Almeida, Gabriel Passos. Amigos que foram — praticamente todos — homenageados em prosa e verso por Drummond. Como Alberto Campos ("... a criatura injusta que há em mim amava em Alberto Compos o homem cuja balança era desigual, mas cujos pesos eram incorruptíveis, porque ele pesava com o espírito."), ou Abgar Renault ("... sente-se que, como a vida, ele está em movimento, mesmo no escuro deste amargo *black-out*."), ou Emílio Moura ("... consegue extrair de todos, os mais secos e os mais indiferentes, um imenso amor.").

Amigos como Afonso Arinos, que em suas lembranças daqueles dias, em *Diário de Bolso Seguido de Retrato de Noiva*, se queixa de seu redator-chefe: "O severo Drummond me oprimia, obrigando-me a improvisar rodapés assinados".

— Mas não era bem assim. De fato eu exigia muito dele. Primeiro, porque era filho de um homem importante, Afrânio de Melo Franco, e eu não queria que os outros colegas da redação imaginassem que ele tinha privilégios. Depois, e principalmente, porque o Arinos já era muito brilhante, e nada mais lógico que as melhores matérias fossem parar em suas mãos.

No *Diário de Minas*, Drummond, Arinos, Emílio, João Alphonsus aproveitavam para fazer a campanha modernista.

— A parte política, tendenciosa, apoiava, naturalmente, a Aliança Liberal.

Sempre gostou muito de jornal, do ambiente das redações, da vibração de viver a notícia intimamente. Mesmo na Belo Horizonte daqueles dias pacatos, em que muito pouca coisa acontecia. Os jornais, para quebrar a monotonia, inventavam histórias, como aconteceu com *O Estado de Minas*, responsável pela lenda da moça-fantasma, que Drummond também transformou em poesia ("Eu sou a moça-fantasma que espera na Rua do Chumbo o carro da madrugada...")

NO Rio, começou escrevendo em *O Jornal*, levado por Peregrino Júnior. Crônica, principalmente ("O poeta Carlos Drummond de Andrade estava destinado, *par un decret des puissances*, a escrever crônicas..."). Depois, Álvaro Lins convidou-o para o suplemento literário do *Correio da Manhã*, onde, em 1954, Paulo Bittencourt transformou-o em cronista diário.

Nele, a combinação rara de delicadeza e humor

São muitas — como acontece com todos os que passaram pelo velho *Correio da Manhã* — as lembranças dos Bittencourt.

— Primeiro, o Edmundo. Contava o Prudente de Moraes, neto, que um dia entrou na redação, sério, e surpreendeu o Bastos Tigre sentando sobre uma mesa, contando piadas obscenas. Quando Bastos Tigre, muito sem jeito, ia-se desculpar, Edmundo tranqüilizou-o: "Fique à vontade, fique à vontade. Isto aqui é uma casa americana!" De outra feita, Edmundo entra de novo na redação e encontra Bastos Tigre na mesma posição. Amarra a cara, sai zangado e bate a porta de sua sala. Minutos depois, abre-a para uma explicação: "Tigre, nem sempre isto aqui é uma casa americana!"

Em certa época Drummond se correspondia com um leitor muito especial, um sujeito que cumpria pena na penitenciária, e se jurava inocente. Valendo-se de sua amizade com Milton Campos, então Ministro da Justiça, Drummond pediu-lhe que fizesse algo pelo sujeito.

— Dias depois Milton me informou que se tratava de um caso difícil. O homem, condenado por crime continuado, tinha uma teoria complicada: achava que praticar vários delitos idênticos era como espirrar várias vezes numa só gripe. E, portanto, só merecia uma pena.

SEM saudosismo, apenas por constatação, Drummond acha que o jornal é muito subestimado hoje em dia.

— Injustamente subestimado. Enquanto a televisão nos transmite uma impressão instantânea, o jornal prolonga o espetáculo, dá continuidade ao fato. Você pode ir ao jogo no Maracanã e rever os lances à noite na televisão, mas nunca dispensa o comentário dos jornais, no dia seguinte. É assim com tudo, o fato policial, a política, tudo.

Mas também em relação ao jornalista que é, há 62 anos, Drummond não se dá muito importância. Ao contrário do que pensa dos artigos de Tristão de Ataíde:

— O Alceu, um jovem de 89 anos, é que escreve sobre coisas sérias. Quanto a mim, dou cambalhotas.

Partilharia o poeta da opinião dos que vêem na crônica um subgênero?

— Nem tanto. Mas há quem exagere na importância que confere à crônica. Não se trata, propriamente, de um gênero literário, mas de um gênero litero-jornalístico. É evidente que, vez por outra, o cronista pode ter lampejos literários. Mas, de 100 crônicas que escrevo, no máximo 20 merecem chegar a livro. O resto são fatos do dia, coisas de circunstância, efêmeras. No meu caso, como cronista, sou apenas alguém que procura amenizar um pouco o aspecto trágico, sinistro, do mundo em que vivemos.

Mas também não está exagerado afirmar que muito de sua notoriedade se deva às crônicas em jornal? O que dizer do fato de seus poemas serem conhecidos de cor, de merecerem o carinho ficarem guardados em lugar de destaque de toda sorte de gente, inclusive emoldurados e pendurados na parede, como o quadro de um pintor famoso?

— ISSO acontece com todo mundo. Não vê o Vinicius com aquele seu famoso verso: "Mas que seja infinito enquanto dure". O Nélson Rodrigues teve muitas de suas frases consagradas. O Ledo Ivo inventou o "chato de galocha". Acontece com todos. Pensando bem, do que fiz só duas coisas pegaram. Uma, *No Meio do Caminho*. Outra, *José*. A primeira se deve ao fato de as pessoas acharem o poema muito chato, inusitado, coisa de débil mental como chegou a ser dito. A outra talvez se deva a um famoso crime que ocorreu em Belo Horizonte, há alguns anos. Um homossexual foi encontrado morto no Parque Municipal. As suspeitas recaíram sobre um poeta. Foi preso, julgado, absolvido. Na hora em que o juiz pronunciou a sentença, levantou-se e declamou todo o poema: "E agora, José?" No dia seguinte, os jornais deram destaque ao fato. Republicaram o poema, trouxeram-no à tona. Nada mais.

"Anarquismo, Estado Novo, comunismo, oposição desde 64 e agora Sandra. Como se define, politicamente, o poeta?

PRIMEIRO, o jovem de tendências confessadamente anarquistas. Depois, nos primeiros anos de maturidade, o aplicado e fiel servidor de um ministro do Estado Novo. Simultaneamente, o namoro, ainda que curto, com o comunismo. Mais adiante, o ceticismo permanente que jamais o permitiu apoiar, incondicionalmente, nenhum partido ou candidato. Nos últimos dezoito anos, o opositor declarado — embora sempre sutil — do regime militar que ainda hoje se mantém no poder. E agora, o eleitor consciente de Sandra Cavalcanti, por mais que se procure identificá-la com esse mesmo regime. Como definir o pensamento político de Carlos Drummond de Andrade nesses 80 anos de vida ativa e participante?

Pode parecer, mas não há qualquer contradição nas diferentes posições que ele vem assumindo desde os tempos de rapaz em Belo Horizonte. Elas apenas refletem o seu temperamento independente, o "individualismo exacerbado" que Mário de Andrade já anotara ao falar de *Alguma Poesia*, o compromisso acima de tudo com si mesmo.

— Outro dia estiveram aqui o Plínio Doyle e umas moças colhendo material, fotos, desenhos, partituras, para as exposições que pretendem realizar na Biblioteca Nacional e na Casa de Rui Barbosa. Duas exposições. Não bastaria uma? Acho que está havendo um generoso exagero em tudo isso. Depois, fico pensando: não sou, nunca fui a favor do Governo, o que tenho deixado claro no que escrevo. Agora, me prestam não uma, mas duas homenagens. Fico comovido, mas estou inclinado a concluir que meus escritos de oposição não tiveram a menor importância.

MAS como se define, politicamente, o poeta?

— Sou absolutamente apartidário. Fiz uma tentativa de experiência política engajada, mas logo me desencantei. Fui um dos cinco diretores de um jornal comunista, *Tribuna Popular* (os outros eram Álvaro Moreyra, Pedro Mota Lima, Aydano do Couto Ferraz e Dalcídio Jurandir). Nenhum de nós dirigia coisa alguma, o que escrevia não era publicado, minhas idéias eram violentadas. Demiti-me. Hoje, voto no candidato que me parece melhor, independente de partido. Na minha opinião, só a educação para a democracia pode trazer algum resultado em benefício do país. Não que eu seja um apaixonado pela democracia. Há sempre, por trás de cada partido, por mais democrático que seja, o regime, toda sorte de interesses econômicos! A quase totalidade dos candidatos que aí estão não tem condições de financiar as campanhas que estão empreendendo.

Drummond é categórico quando fala dos partidos atuais:

— Partidos? São meros ensaios de partido. Vai demorar o dia em que se forme entre nós um partido realmente confiável. A meu ver, o ideal para a sociedade brasileira, hoje, seria a coexistência de quatro partidos: um conservador, um liberal, um socialista e um comunista. Os trabalhadores, rurais ou urbanos, poderiam fechar com um desses dois últimos. A sociedade, assim, estaria mais equilibrada. Mas eu não me filiaria a nenhum dos quatro. É o meu temperamento. A primeira coisa que eu faria era meter o pau no sujeito que se elegesse com meu voto.

DRUMMOND admite que o Brasil viva, hoje, um momento difícil.

— Um dos motivos é a crise internacional. O outro, a incompetência dos homens que administram o país. Eles não foram preparados para isso. O que temos é um punhado de tecnocratas alheios a tudo aquilo que diz respeito ao povo. Reúnem-se a portas fechadas, o povo cá fora, alijado das decisões. No Brasil, os órgãos que decidem são o Estado-Maior, a Seplan, o Planalto, quando deviam ser os poderes Legislativo, Judiciário e Executivo.

Por que Sandra Cavalcanti?

— Não a conheço pessoalmente, mas sei que ela tem um passado de administradora que considero digno de todo o apreço. É inteligente. E mulher. Acho esse dado muito importante num país onde as mulheres, por preconceito, raramente têm acesso aos cargos decisórios. Como membro da equipe de Carlos Lacerda, de quem discordei inúmeras vezes, foi de grande competência.

E a oposição?

— Não me deixo levar por essas ingenuidades das esquerdas que acham deva a oposição se unir em torno de um candidato. Na verdade, não creio que exista esse candidato ideal.

Helena Ignez e Paulo José em O Padre e a Moça

Heitor Villa-Lobos já sentia, em 1926, à melodia dos versos de Drummond

Drummond na música

Os poemas de Drummond e os compositores que os musicaram

Abril, Surpresas Mil? — Henrique de Curitiba Morozovicz
A Federico Garcia Lorca — Ricardo Tacuchian
A Federico Garcia Lorca (sob o título de *O Canto Multiplicado*) — Marlos Nobre
Água-Cor — José Penalva
Anedota Búlgara — Ernst Widmer
Anoitecer — Bruno Kiefer
O Boi — Osvaldo de Lacerda
Brasin — Lycia de Biase Bidart
Cabaré Mineiro — Tavinho Moura
Canção Amiga — Milton Nascimento
Canção Amiga — Guerra Peixe
Canção para Álbum de Moça — Guerra Peixe
Cantiga de Viúvo — Martin Brauwiesen
Cantiga de Viúvo — Francisco Mignone
Cantiga de Viúvo — Villa-Lobos
Cantiga de Viúvo — Osvaldo Lacerda
Cantiguinha — Carlos Coqueijo
Canto Esponjoso — Guerra Peixe
Carmo — Dinorah de Carvalho
Carmo — Henrique David Korenchendler
Caso do Vestido — Camargo Guarnieri
Céu Vazio — Osvaldo Lacerda
Cidadezinha Qualquer — Ernst Widmer
Cidadezinha Qualquer — Guerra Peixe
Declaração em Juízo — Eugênia Falcão
Desafio — Edino Krieger
Desperdício (sob o título de *Madrigal*) — Edino Krieger
Drama Seco — José Penalva
Episódio — Gilberto Mendes
Esplendor e Decadência da Rapadura — Guerra Peixe
Estâncias — Brasílio Itiberê
Os Fazendeiros do Ar — Ernst Widmer
Festa no Brejo — Guerra Peixe
Festa no Brejo — Ernst Widmer
Hotel Toffolo — Henrique David Korenchendler
Hotel Toffolo — José Penalva
Insistência — Camargo Guarnieri
Isso é Aquilo — Cirlei Moreira de Holanda
José (E Agora José?) — Ernst Mahle
José (E Agora José?) — Villa-Lobos
José (E Agora José?) — Paulo Diniz
Lagoa — Francisco Mignone
Lagoa — Gilberto Mendes
Legado — Dulce Nunes
Massacre — Ernst Widmer
Memória — Alcyvando Luz
Memória — Capiba
Memória Prévia — Breno Blauth
Mercês de Cima — Henrique David Korenchendler
Museu da Inconfidência — Henrique David Korenchendler
No Meio do Caminho — Ernst Widmer
No Meio do Caminho — Francisco Mignone
No Meio do Caminho — (sob o título *Uma Nota, Uma Só Mão*), Osvaldo de Lacerda.
Nova Canção do Exílio — Lycia de Biase Bidart
Papel — Eugênia Falcão
Paredão — Lycia de Biase Bidart
Parêmia de Cavalo — Lycia de Biase Bidart
Perguntas em Forma de Cavalo Marinho — Guerra Peixe
Poema da Necessidade — Osvaldo de Lacerda
Poema da Purificação — Carlos Alberto Pinto da Fonseca
Quadrilha — Francisco Mignone
Quadrilha — Osvaldo de Lacerda
Qualquer (sob o título *Qualquer Tempo* — Guerra Peixe
O Que Fizeram do Natal — Francisco Mignone
Quero me Casar — José Penalva
Quero me Casar — Ricardo Tacuchian
Quero me Casar — Willy Correia de Oliveira
Resíduo — Eduardo Gudin, Paulo César Pinheiro
Romaria — Osvaldo de Lacerda
São Francisco de Assis — Dinorah de Carvalho
São Francisco de Assis — Henrique David Korenchendler
Toada da Musa — Ernst Widmer
Tristeza no Céu — Renzo Massarani
Viagem na Família (sob o título de *Poema de Itabira*) — Villa-Lobos
Viola de Bolso — Luís Cláudio

No cinema

- *O Padre e a Moça* — Longa-metragem de Joaquim Pedro de Andrade, baseado no poema "O padre, a moça", com Helena Ignez, Paulo José, Fauzi Arap, Mário Lago e Rosa Sandrini. 1966.
- *O Fazendeiro do Ar* — Documentário de Fernando Sabino, David Neves e Mair Tavares. 1974.
- *O Anjo Torto* — Documentário de José Américo Ribeiro. 1968.
- *Crônica da Cidade Amada* — Filme de episódios de Carlos Hugo Christensen, incluindo o texto "Luzia", do livro *A Bolsa e a Vida*. 1965.
- *Enigma Para Demônios* — Longa-metragem de Carlos Hugo Christensen, inspirado no conto "Flor, telefone, moça", do livro *Contos de Aprendiz*, com Monique Lafond, Mário Brasini e Rodolfo Arena. 1975.
- *A Bolsa e a Vida* — Curta-metragem de Bruno Barreto, inspirado em texto de CDA, com Suzana de Morais e Paulo Neves. 1971.

Na televisão

- *Flor, Telefone, Moça* — Adaptação do conto de igual título, do livro *Contos de Aprendiz*, por Pascoal Longo. Direção de Alfredo Souto de Almeida. Com Glauce Rocha, Napoleão Muniz Freire, Sebastião Vasconcelos, Roberto de Cleto e outros. Produção de Jason César na TV-Rio, 1956. O programa fazia parte de uma série que não prosseguiu porque a direção da empresa achou que os telespectadores ficaram apavorados com o tema de morte e mistério.

No teatro

- *Caso do vestido* — Adaptação do poema do mesmo título, por Carlos Murtinho. Espetáculo do "Studio 53", no Teatro de Bolso de Ipanema, com Virgílio Valli, Hilda Cândida, Helena Furtado e Liliane Meneses. 1953. Também apresentado no 5º Festival de Inverno, em Ouro Preto, 1971, com direção de Amir Haddad.
- *Reencontro Drummond Todo Dia* — Peça-montagem de textos de CDA, com Maria Pompeu, Aldomar Conrado, Suzana Faini, Roberto de Cleto, Érico de Freitas e Marcos Waimberg. Música de Chico Buarque, Toquinho, Taiguara e Paulo Guimarães. Teatro Gláucio Gill. 1973.
- *Cidadezinha Qualquer* — Peça-montagem de poemas de CDA, direção de Márcio Aurélio, apresentada pelo Centro de Arte Banespa, de São Paulo, com música de Milton Nascimento, Ricardo Tacuchian e outros. 1980.
- *O Elefante* — Inspirado em poema do mesmo título. Espetáculo do Grupo Mixirico no Teatro do Sesc da Tijuca. 1980.

Peças traduzidas por CDA e levadas à cena no Brasil:

- *Malandragens de Escapino (Les Fourberies de Scapin)*, de Molière. Direção de Roberto de Cleto, no Teatro da Praça, com Carmem Sylvia Murgel, Paulo Padilha, Cláudio Correia e Castro e outros. 1962. Em São Paulo, no Teatro Sérgio Cardoso, direção de Maurice Vaneau. 1982.
- *Dona Rosita, a Solteira*, de Federico García Lorca. Teatro do Tablado, com Maria Clara Machado, Rosita Tomás Lopes, Isolda Cresta e outras. 1960.
- *O Pássaro Azul (L'Oiseau Bleu)*, de Maeterlinck, com projeto de montagem para 1983.

Conselhos literários de Carlos, meu pai

Maria Julieta, filha única, amiga, discípula, fala de um Drummond cujas lições jamais são esquecidas

Maria Julieta Drummond de Andrade

PELA vida afora, meu pai, que nunca teve intenção de ser professor de nada, me tem dado, quase sem querer, alguns conselhos, que me são de utilidade cada vez que improviso alguns pensos na literatura. O primeiro e antigo, de quando eu tinha quatro ou cinco anos e, um dia, sentada no chão, comecei a cantar:

"Dei rosa, dei rosa,
Dei cravo, dei cravo,
Pra que que eu hei dar
A rosa mais linda
Do meu coração?"

Meu pai gostou da brincadeira e, quando soube que eu mesma a inventara, anotou minhas palavras e explicou-me, de maneira singela, que eu acabara de compor um poema. Fiquei surpreendida, porque, até então, nessa matéria, só conhecia os versinhos que decorava no jardim de infância.

— Então poesia era isso, essa repetição cadenciada, essa ida e volta rítmica. Esses nomes de flor que diziam muito mais do que significavam?

Naturalmente não formulei, na época, nenhuma dessas perguntas. Mas acho que aprendi difusamente, e para sempre, a identificar o fenômeno poético onde quer que ele se esconda. A prova é que até hoje me lembro com nitidez do episódio.

Mais tarde, já no colégio, quando tinha que fazer as primeiras redações e colava um cromo cheio de purpurina no caderno, ele me aconselhou a descrever primeiro a cena ilustrada (uma galinha rodeada de pintinhos, uma casa de campo) e só depois construir a história que quisesse. Fiquei sabendo, assim, que o primordial numa página escrita é a objetividade.

Estando no curso de admissão, escrevi, certa vez, que, assustada, eu me deitara "escolzelinha como uma bola". A leitora professora modificou a frase para "enrijecida como um feixe", e, como essas palavras não faziam parte do meu vocabulário de 10 anos, tive a sensação de que escrever direito era sinônimo de escrever difícil. Meu pai, a quem mostrei a correção, desfez-me a ilusão, indicando-me que é exatamente o contrário: no caso, minha comparação, simples e natural, era bem mais expressiva do que a de dona Mirtes. A lição foi dupla, pois descobri também que os professores não são infalíveis.

Já moça, tentando burilar um conto, embatuquei de repente num qualificativo para Lua. Meu pai veio em meu auxílio e me fez ver como era inútil pretender apresentar mais atributos a todos os que se acham implícitos nessa palavra, tão cheia de poder evocativo: Ela já é em si branca, de prata,

misteriosa, leitosa, bela, convocadora, tudo — e qualquer adjetivo só pode empobrecê-la. As coisas têm um nome pelo qual devem ser chamadas: é o substantivo que importa e que necessita ser preservado em todo o seu valor. Mas, se eu insistisse em mostrar minha Lua sob um ângulo diferente, então teria que lançar mão de outras formas inesperadas, capazes de produzir um impacto no leitor. Sugeriu-me "Lua de abril", que aceitei imediatamente.

Por outro lado, e sem entrar em contradição, mostrou-me que é pela escolha dos adjetivos que se reconhece um escritor. Comentando certa frase, em que eu mencionava um "fino agradecimento", elogiou a combinação: esse fino modificava sutilmente a qualidade do agradecimento, indicando que quem o escrevera gostava de cultivar os bons autores.

Nesse ponto meu pai orientou-me de forma ecléctica, mas no fundo sempre tive a impressão de que, segundo ele, se eu me limitasse a ler Machado de Assis, não necessitaria de outra aprendizagem. Acostumei-me, assim, a contos que têm começo, meio e fim, a romances em que a linha argumental é secundária e nos quais interessa, sobretudo, a inquietante análise psicológica dos personagens; a crônicas em que o tema supostamente fundamental serve apenas de ponto de partida para as divagações, pois é no mínimo que se encontra a essência do acontecimento.

Também a seu conselho, li e reli o *Journal*, de Jules Renard, e os *Carnets*, de Joubert, dois catedráticos do pensamento cético e condenado. Em Flaubert meu pai chamou-me a atenção para a frequência do emprego da terceira pessoa do singular, em vez do eu revelador. Fez-me meditar sobre o início de parte VI de *L'Éducation Sentimentale*, quando, falando de Frederic Moreau, desiludido, Flaubert se limita a anotar: *Il voyagea. Il connut la mélancolie des paquebots...* E dessa maneira lenta, discretíssima, transmitir o sofrimento e a solidão do homem, durante os anos em que esteve longe de Mme. Arnoux, aprendi que economia de palavras e de emoção são indispensáveis para quem tenciona escrever.

Ensinou-me também a usar o dicionário sem preguiça e com prazer, a não dispensar um dicionário de verbos e regimes, a colecionar todos os dicionários, a fugir da tentação de fazer literatura epistolar e a só escrever cartas para dar e pedir notícias, a não ter exigências demais comigo mesma e admirar humildemente certas repetições de palavras e de sons, das quais os escritores franceses abusam, sem preocupação. E sobretudo a evitar a profundidade.

— Escrever é cortar palavras — ele me vem repetindo sem cessar e com razão.

É por isso que, na esperança de ser capaz, pelo menos hoje, de seguir este conselho difícil, vou ficando por aqui.

Drummond: se você estivesse começando hoje e quisesse publicar alguma poesia, o Programa Cultural Integrado do Credireal lhe daria todo o apoio.

Programa Cultural Integrado Credireal
Credireal — BANCO DE CRÉDITO REAL DE MINAS GERAIS
o banco de hoje

DRUMMOND fala de todos os amigos, presentes e ausentes, com grande ternura. Vinicius de Moraes, por exemplo. O poeta é homem apaixonado que ele era, acima das convenções, livre como um pássaro e de trato muito carinhoso, é lembrado sempre com emoção. O mesmo em relação a Manuel Bandeira, a quem Drummond homenageou em versos: "Manuel, a estrela matutina e a da tarde brilham igual? Viver em luz é tua sina."

Há exatamente 20 anos, quando Drummond comemorava seus 60, foi a vez de Bandeira homenageá-lo. O poema — de um grande poeta para outro — caberia perfeitamente, nesta festa em que seu autor, morto em 1968, é um dos muitos e mais sentidos ausentes.

BALADA LIVRE EM LOUVOR DE CARLOS DRUMMOND DE ANDRADE

Louvo o Padre, louvo o Filho,
O Espírito Santo louvo.
Isto feito, louvo aquele
Que ora chega aos sessent'anos
E no mais de seus pares
Prima pela qualidade:
O poeta lúcido e límpido
Que é Carlos Drummond de Andrade.

Prima em Alguma Poesia,
Prima no Brejo das Almas,
Prima na Rosa do Povo,
No Sentimento do Mundo,
Lírico ou participante,
Sempre é poeta de verdade
Esse homem lépido e limpo
Que é Carlos Drummond de Andrade.

Como é fazendeiro do ar,
O obscuro enigma dos astros
Intui, capta em claro enigma.
Claro, alto e raro. De resto
Ponteia em viola de bolso
Inteiramente à vontade
O poeta diverso e múltiplo
Que é Carlos Drummond de Andrade.

Louvo o Padre, o Filho, o Espírito
Santo, e após outra Trindade
Louvo: o homem, o poeta, o amigo
Que é Carlos Drummond de Andrade.

Manuel Bandeira

DRUMMOND:
NO MUDO ENTENDIMENTO DOS QUE SE AMAM SEM ESTARDALHAÇO, FESTEJAMOS SEU ANIVERSÁRIO DESEJANDO CONTINUE SEMPRE SENDO O QUE É: UMA ILHAITABIRA EM QUALQUER LUGAR DO MUNDO. ABRAÇOS PELOS 80 ANOS!
A COMUNIDADE ITABIRANA
ADMINISTRAÇÃO MILTON DIAS DOS SANTOS

ITABIRA-OUTUBRO/82

ANILZA LEONI (DE PERFIL)
ACERVO: HERMÍNIO BELLO DE CARVALHO

CAPA DE *GALO DAS TREVAS: MEMÓRIAS 5*. **RIO DE JANEIRO: LIVRARIA JOSÉ OLYMPIO EDITORA, 1981**
ACERVO: HERMÍNIO BELLO DE CARVALHO

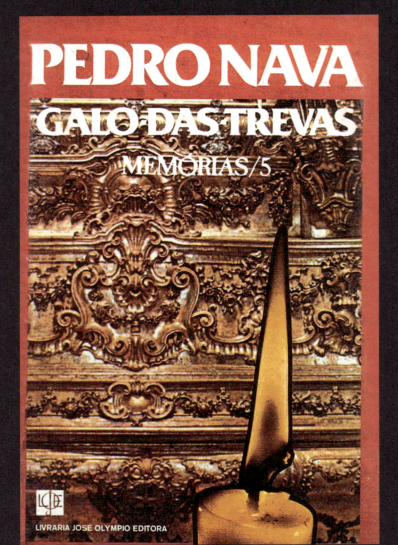

CONTINUAÇOËS

EU PRIMEIRO FILM,ENTRE MUITOS FOI "NOITES CARIOCAS".
OGO APOZ ESTRELOU "MOLEQUE TIAO".....

EU UNICO DEFEITO E'SEER SENTIMENTAL DEMAIS......

UANDO SOFRE DESCONTROLA-SE ,O QUE MUITA DAS VESES PREJUDICA SUA CARREDRA,
??? FORA;DESSAS;FAESE;EUM;ARTISTA;EXEMPLAR. FORA DESSAS FASES E'UM ARTISTA
EMPLAR.
ELO NO MOMENTO ESTÁ MAIS EM FORMA DO QUE NUNCA.
S BOBAGENS QUE FES O ARTISTA NEM TEM LEMBRANÇA...SAÕ PEDAÇOS NEGROS NA VIDA
E QUALQUER UM.

OMO ARTISTA NA MINHA OPINIAÕ...E'UM PONTO ALTO NA CONSTELAÇÃO BRASILEIRA,
UMA LINHA SEM PARALELA.

FOTO QUE ILUSTRA ESTA RAPIDA CRONICA "OTELO" ESTA'COM AR DE DOIDO...MAS E'SO'
SE POIS O "GRANDE " GRANDE OTELO ESTA ' PRA CABEÇA.

PÁGINA ANTERIOR, ACIMA, TOM JOBIM E CARLOS DRUMMOND DE ANDRADE
NO LANÇAMENTO DO DISCO *MATITA PERÊ*, NO CLUBE CAIÇARAS,
MAIO DE 1973. NA OCASIÃO, DRUMMOND FOI UM DOS HOMENAGEADOS
FOTÓGRAFO NÃO IDENTIFICADO
ACERVO: JOBIM MUSIC

ABAIXO, TOM JOBIM, CARLOS DRUMMOND DE ANDRADE
E SUA ESPOSA, DOLORES MORAES DRUMMOND DE ANDRADE,
AO LADO DE MARIA JULIETA DRUMMOND DE ANDRADE,
NO LANÇAMENTO DO LIVRO *O VALOR DA VIDA*, DE
MARIA JULIETA, 29 OUT. 1982
FOTÓGRAFO NÃO IDENTIFICADO
ACERVO: JOBIM MUSIC

CAPA DA *REVISTA DO RÁDIO*, COM CARLOS GALHARDO
ACERVO: HERMÍNIO BELLO DE CARVALHO

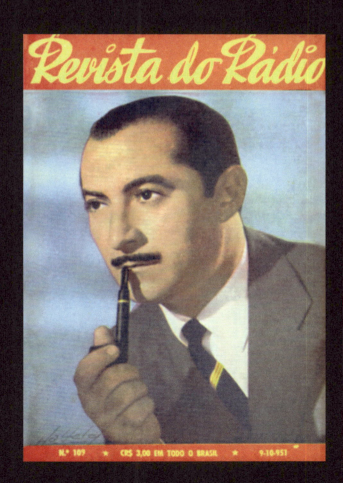

NO MUNDO DOS DISCOS

Por HERMÍNIO B. DE CARVALHO

PARADA DE SUCESSOS

1 — *No mundo do baião* — baião — Carmélia Alves — H. Teixeira, L. Gonzaga, L. Maia Sinuca.
2 — *Canção de Dalila* — bolero — Zezé Gonzaga — de Victor Young e Climaco César.
3 — *Cartas de amor* — fox — Heleninha Costa — de Victor Young e Lourival Faissal.
4 — *Panchito no mambo* — samba-mambo — Marlene — de Murilo Vieira e S. Campello.
5 — *Nem coberta de ouro* — samba — Nelson Gonçalves — de Nelson Gonçalves e A. Elias.
6 — *A grande verdade* — samba — Dalva de Oliveira — de Marlene e Luiz Bittencourt.
7 — *Estranho amor* — samba — Dircinha Batista — de Garôto e David Nasser.
8 — *Copacabana* — baião — Trio Madrigal — de Lúcio Alves e Haroldo Barbosa.
9 — *Não se aprende na escola* — baião — Aracy de Almeida — de Haroldo Barbosa.
10 — *Rumba no Paraná* — rumba — Neusa Maria — de Roskilde e Manuel de Carvalho.

★ ★ ★

Dircinha Batista, na Odeon, já levou à cêra as músicas com que irá brilhar no carnaval de 52. Trata-se da marcha «Por desaforo» e do samba «Estou com Deus» ambas de Paquito e Romeu Gentil, autores de «Tomara que chova».

...«Quiereme, pero quiereme», bolero de Alfredo Parra e «Cinco Capullos» de Juan Carlos Barbará e Mário Batistella, são as últimas gravações de don Gregorio Barrios, com a orquestra de Victor Lister.

Zezé Gonzaga que está obtendo notável vendagem com o bolero «Canção de Dalila» em versão de C. César, vai gravar na Sinter dois bonitos sambas para o carnaval que se aproxima. São êles: «Não quero lembrar» e «Quero esquecer».

Apareceram com um samba muito bonito, de «última hora», para o Jorge Goulart gravar. Mas acontece que o rapaz já está «completo» e não pode lançar a melodia. Sábado, no carro da Linda, êle cantou para ouvirmos. O Silvio, então, aconselhou que Linda mostrasse a Dircinha, pois, segundo o «seresteiro», a música está «pintando» um bocado...

Carmem Cavallaro vai gravar o chorinho de Pixinguinha, «Carinhoso». Vamos ver se aparece o nome do autor na gravação, pois é lamentável o que acontece com o nosso «Joazeiro» do Humberto Teixeira que virou «Wandering Swallow» de repente e que aparece com um autor desconhecido (Harold Stevens), na voz da Peggy Lee, em sêlo Capitol, com Billy May e sua orquestra. Lamentável...

Heleninha Costa, para depois do carnaval, gravará o bolero de José de Arimathéia e Ismael Netto, «Voltarás». Para o carnaval, Heleninha já tem qualquer «coisa», inclusive um samba do maestro Vicente Paiva, que lhe deu o «Exaltação à Bahia».

Os «Vocalistas tropicais», na Odeon, lançam o baião-mambo de Ismael Netto e Nestor de Hollanda, «Mambo-baião» e o «Samba da cidade», de Vicente Paiva.

Marlene também não se descuidou de seu repertório carnavalesco: a marcha «Eva» de Haroldo Lobo e Milton de Oliveira e o samba «Lata d'água», dos mesmos autores de «Sapato de pobre», já estão na cêra, sendo que o segundo é, ao que nos parece, o lado forte da gravação.

César («orelha») de Alencar já tem pronta sua bagagem musical para o tríduo momesco. Peterpan, cunhado da Emilinha, deu para o querido animador o samba-batucada «Já vai?», que promete fazer «onra». A marcha «Tá chato» também promete...

A dupla Paquito-Romeu Gentil reservou para a Emilinha Borba o samba «De vela acesa» e u'a marcha no estilo de «Escocesa». Esse ano não está pra Emília...

Edith Piaf, a grande intérprete francêsa, na Colúmbia, apresenta suas últimas gravações: «Hymne à l'amour», e, «La p'tite Marie», ambas de sua autoria com Marguerite Monnot, com orquestra de Robert Chauvigny e côro de St. Paul.

Angela Maria, a mais nova revelação no mundo da fonografia, tem uma voz rica de expressão e personalidade. Chocolate, compositor «colored» reservou-lhe um samba, para o carnaval, que promete «abafar». A menina merece!

Carlo Buti, tenor italiano, apresenta «Ho ritrovato Zazá», de Venditti-Buri-Filibelo, com a orquestra de D. Olivieri e «Quando cantano gli angeli» de Ruccione-G. Fiorelli, com G. M. Guarino e sua orquestra.

Joel e Gaucho voltaram às boas e já estão fazendo misérias no meio fonográfico brasileiro. É bem possível que êles sejam vencedores no próximo tríduo momesco

4 — REVISTA RÁDIO ENTREVISTA

NO MUNDO DOS Discos

Por HERMINIO B. DE CARVALHO

«Os Cariocas» prometem fazer misérias, no tríduo momesco que se aproxima, com o samba «Eu não posso abandonar», de Domício Costa e Roberto Faissal

PARADA DE SUCESSOS

1 — *Me deixa em paz* — samba — Linda Batista — de Mansueto e Ayrton Amorim.
2 — *Quem chorou fui eu* — samba — Jorge Veiga — Haroldo Lôbo e Milton Oliveira.
3 — *Mundo de Zinco* — samba — Jorge Goulart — de Nássara e Wilson Batista.
4 — *Lata D'água* — samba — Marlene — de Luiz Antônio e J. Júnior.
5 — *Sassaricando* — marcha — Virgínia Lane — de Jota Júnior.
6 — *Vela acesa* — marcha — Emilinha Borba — de Paquito e Romeu Gentil.
7 — *Dança da mulesta* — baião — Carmélia Alves — de Humberto Teixeira.
8 — *Ana Maria* — samba — Francisco Carlos — de Anísio Bechara e Luiz Soberano.
9 — *Já é demais* — samba — Heleninha Costa — de Vicente Paiva e Sebastião Gomes.
10 — *Maria Candelária* — marcha — Black-Out — de Klécius e Armando Cavalcanti.

Estão «pintando»: «Já é demais» (Heleninha); «Sassaricando» (Virgínia Lane); «Maria Candelária» (Black-Out); «Já cansei de chorar» (Violeta Cavalcanti); «Fugindo de mim» (Dircinha); «Recife» (Trio de Ouro); se cair no gôsto público, não há boicote para desfazer seu prestígio...

*

«Da geh ich in's Maxim», (Vou a Maxim) da «Viúva Alegre» de Franz Lehar, é uma bela gravação Odeon na voz de Herbert Ernst Groh, tenor, com orquestra de Concêrto dessa gravadora, sob a batuta de Otto Dobrindt.

*

E a Emilinha, muito séria para mim: «... as «bombas» virão depois do carnaval. E, talvez sem saber, ela mesma, a Emilinha, tem nas mãos, uma que promete «estourar» a qualquer momento: «Não, não precisa chorar...» do Zé da Zilda. Concordam?

*

Estão magníficos os «Los churumbeles de España» em «Tres vezes guapa» e «No te puedo querer», dois bonitos paso-dobles em gravação «muy hermoza».

E continuam, muito infelizmente as tais programações compradas pela S.B.A.C.E.M. e o «trabalho» de melodias como «Girassol, «Sorrir» e outras. O intérprete, absolutamente, não tem culpa. Quem paga é o ouvinte e quem é lesado, diretamente, é o patrocinador dos programas que, sem saber, não vê seus horários revendidos à S.B.A.C.E.M., para programação das melodias de alguns «interessantes».

*

«Babalú» e «Cielito lindo» são as duas maiores criações da personalíssima Rosita Serrano, que virá, ao que parece, inaugurar o «Babalú», uma nova «boite» carioca.

*

Sem dúvida nenhuma, «Ana Maria» é uma das mais perfeitas gravações dêste carnaval. Em orquestração primorosa, com um conjunto perfeito e com a voz de Francisco Carlos, esta melodia se credencia como uma das mais perfeitas do movimentado tríduo momesco. E a Linda dizia-me, muito séria, noutro dia: «Que o Francisco Carlos me desculpe, mas a música dêle é de amargar».

Johnny Amoroso, com a orquestra de Tommy Dorsey, apresenta o «fox-trot» «Only a moment ago» de Milton Ager e Billy Rose. Com a mesma orquestra, Sy Oliver em «Rainbow Gal», de Redd Evans e Jack Gold. As traduções são, respectivamente, «Agora mesmo» e «Garota fascinante».

*

Dolores Duran, cantora de méritos inegáveis, continua encantando os sintonizadores da Nacional com sua linda voz

4 — RÁDIO ENTREVISTA

PÁGINA ANTERIOR, HERMÍNIO E PIXINGUINHA CONQUISTARAM O 8º LUGAR COM O CHORO
"FALA BAIXINHO", INTERPRETADO PELA CANTORA ADEMILDE FONSECA,
NO II FESTIVAL INTERNACIONAL DA CANÇÃO (FIC), EM 1967
ACERVO: HERMÍNIO BELLO DE CARVALHO

P. 41 CAPA DE *MÁRIO DE ANDRADE: CARTAS DE TRABALHO – CORRESPONDÊNCIA COM RODRIGO
MELLO FRANCO DE ANDRADE.* BRASÍLIA: MINISTÉRIO DA EDUCAÇÃO E CULTURA, SECRETARIA DO
PATRIMÔNIO HISTÓRICO E ARTÍSTICO NACIONAL, FUNDAÇÃO NACIONAL PRÓ-MEMORIA, 1981
FOTO: CLEO VELLEDA
ACERVO: BIBLIOTECA JOSÉ E GUITA MINDLIN, SÃO PAULO

MÁRIO DE ANDRADE:
cartas de trabalho

Correspondência com
Rodrigo Mello Franco de Andrade
(1936-1945)

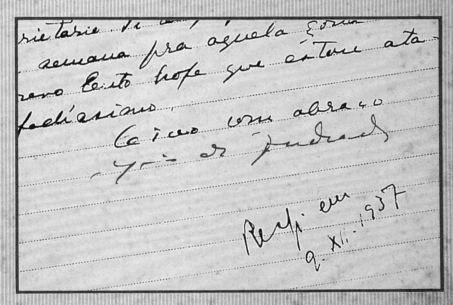

MEC.SPHAN
*pró*Memória

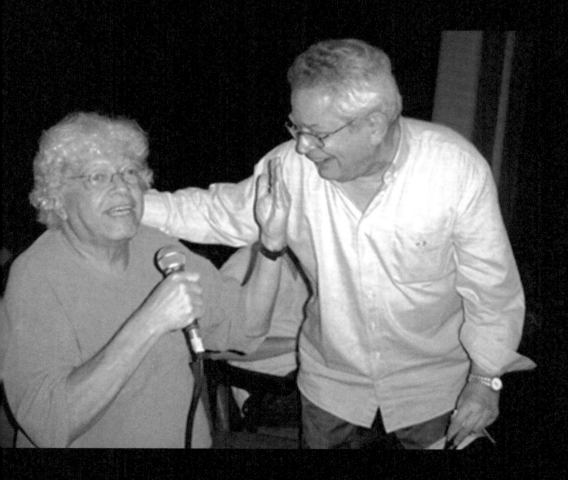

AMIGOS DE COLÉGIO, HERMÍNIO E O JORNALISTA MAURÍCIO AZEDO
SE ENCONTRAM NO TEATRO DA ASSOCIAÇÃO BRASILEIRA DE IMPRENSA (ABI), EM 2006
ACERVO: HERMÍNIO BELLO DE CARVALHO

ACIMA, WILSON DAS NEVES NO
PROGRAMA *ENSAIO*, 5 ABR. 1999
FOTO: MARCOS PENTEADO
ACERVO: CEDOC-TV CULTURA

NO CENTRO, SEVERINO FILHO, DE OS
CARIOCAS, NO PROGRAMA *ENSAIO*,
5 ABR. 1999. FOTO: EDUARDO CAMPOS
ACERVO: CEDOC-TV CULTURA

ABAIXO, CLAUDETTE SOARES NO
PROGRAMA *ENSAIO*, 18 OUT. 1991
FOTO: MARCIA MORISHITA
ACERVO: CEDOC-TV CULTURA

O ÁPORO ITABIRANO [PRIMEIRO ENCONTRO]

ABELHA, EU, ZOANDO AOS SEUS OUVIDOS?

Formiga, talvez, dessas que, sem ferrão ainda, demonstra não oferecer perigo na abordagem desabusada. A magreza, os dentes desarrumados, a roupa limpa mas indisfarçavelmente surrada, logo identificam o invasor e sua pobreza.

Abelheiro ele, abrindo as comportas de sua colmeia itabirana, mais por curiosidade do que delicadeza. Isso penso eu agora, um pouco mais de 50 anos depois daquele dia em que, atrevido, decidi pedir-lhe aconselhamento, orientação. Mais jovem talvez que Affonso Romano de Sant'Anna, que gastou um percurso Minas-Rio para, ao defrontar-se amedrontado diante do mito num elevador, fazer "meia-volta, volver" para a calmaria de sua Juiz de Fora.

Lembro que, talvez formigado pelo álcool, eu pudesse fazê-lo me explicar tudo o que apenas intuía e que ele deveria saber com a vastidão de seu mundo vasto mundo[16]. Eu deveria ter 16 ou 17 anos, não mais do que isso. Um amigo meu, bem mais velho, espalhara as tais pedras obstativas em meu caminho, devastara meus olhos com braques e picassos, desordenara meu ouvido com a voz fanhosa de Aracy de Almeida, *jazzificara* a minha vida, meu corpo, meus copos, meus aturdimentos. Mas eu queria saber o porquê daqueles boizinhos de Chagall voando sobre os telhados, o porquê das rimas e métricas ou da ausência delas. Lembro do susto quando, revirando a *Revista Carioca*, deparei-me com um poema de Jacques Prévert traduzido por Heitor Moniz. Aquela falta de rimas, aquela coisa aparentemente desconjuntada mexeu com a minha curiosidade. Poesia era *também* aquilo?

A puerilidade dominava meus olhos, as mãos, e eu tinha diante de mim um senhor calmo, atento, como se fosse um médico atendendo a um paciente sem dores definidas. Se hoje me perguntassem como era seu apartamento, não saberia um detalhe que o pudesse identificar.

Lembro quando, anos depois, indo à casa de Di Cavalcanti, me deparei com um soberbo Pixinguinha a óleo, mas não estou certo que portasse sua flauta. Me recordo de sua sala, dos quadros na parede,

---

16 Alusão ao verso que inicia a quinta estrofe do "Poema de sete faces", publicado em *Alguma poesia*, de 1930. In: ANDRADE, Carlos Drummond de. *Poesia e prosa*. Rio de Janeiro: Aguilar. 1988, p. 4. Reproduzimos a estrofe do poema na página 47. [N. do E.]

da cozinha olorosa e dele debruçado na mesa terminando a capa de um disco que, por sugestão de Sérgio Porto, eu iria produzir com a já minha amiga Aracy de Almeida interpretando Cartola. Sei também descrever, com minúcias, cada canto da casa de Nellie Lutcher em Los Angeles, quando a conheci em 1974 — ela, meu ídolo, e também de Walter Wendhausen, Caymmi, Fernando Sabino.

Mas da casa do poeta itabirano, não guardei um detalhe sequer. Talvez porque ele fosse "a casa".

Deu-me um livro, pediu que eu lesse um poema. De fato não o conhecia, tinha na ponta da língua o "caio verticalmente e me transformo em notícia" para qualquer emergência, o caso do vestido, o poema obstativo da pedra, a cantiga de viúvo[17] — mas aquele "Áporo" definitivamente me pegara de surpresa. Sabendo-me confuso, porque era óbvia a minha total ignorância, ofereceu-me um dicionário.

ÁPORO — *Inseto himenóptero (que tem 4 asas membranosas e nuas, como as abelhas, formigas, etc.); problema difícil de resolver.*

Foi assim o nosso encontro. Mais simples e difícil, impossível.

Saí da colmeia. Passou-se um largo tempo até que voltasse a incomodá-lo. Mas disso dará conta o livro, obedecidas as regras do jogo ao qual me propus.

Mundo mundo vasto mundo
se eu me chamasse Raimundo
seria uma rima, não uma solução.
Mundo mundo vasto mundo
mais vasto é meu coração.

[Estrofe do "Poema de sete faces"]

---

17 Referência aos respectivos poemas: "Morte no avião", "Caso do vestido", "No meio do caminho", "Cantiga de viúvo". Os dois primeiros publicados em *A rosa do povo*, de 1945. Os dois últimos, em *Alguma poesia*, de 1930. Reproduzimos fragmentos dos poemas nas páginas 48-49. [N. do E.]

Ó brancura, serenidade sob a violência
da morte sem aviso prévio,
cautelosa, não obstante irreprimível aproximação de um perigo atmosférico,
golpe vibrado no ar, lâmina de vento
no pescoço, raio
choque estrondo fulguração
rolamos pulverizados
caio verticalmente e me transformo em notícia.

[Estrofe do poema "Morte no avião"]

A noite caiu na minh'alma,
fiquei triste sem querer.
Uma sombra veio vindo,
veio vindo, me abraçou.
Era a sombra de meu bem
que morreu há tanto tempo.

[Estrofe do poema "Cantiga de viúvo"]

Olhei muito para ela,
Boca não disse palavra.

Peguei o vestido, pus
nesse prego da parede.

Ela se foi de mansinho
e já na ponta da estrada

vosso pai aparecia.
Olhou pra mim em silêncio,

Mal reparou no vestido
e disse apenas: Mulher,
põe mais um prato na mesa.
Eu fiz, ele se assentou,

comeu, limpou o suor,
era sempre o mesmo homem,

comia meio de lado
e nem estava mais velho.

[Estrofes do poema "Caso do vestido"]

ÁPORO [18]

Um inseto cava
cava sem alarme
perfurando a terra
sem achar escape.

Que fazer, exausto,
em país bloqueado,
enlace de noite,
raiz e mistério?

Eis que o labirinto
(oh razão, mistério)
presto se desata:

em verde, sozinha,
antieuclidiana,
uma orquídea forma-se.

18 Poema publicado em *A rosa do povo*, Rio de Janeiro: Livraria José Olympio, 1945. [N. do E.]

P. 51 PÁGINA DA *REVISTA CARIOCA* COM OS POEMAS DE JACQUES PRÉVERT
TRADUZIDOS POR HEITOR MONIZ
ACERVO: HERMÍNIO BELLO DE CARVALHO

POESIAS DE JACQUES PRÉVERT — Tradução de HEITOR MONIZ

[JA]CQUES Prévert, de quem apresentamos a seguir algumas poesias, é hoje um dos intelectuais mais populares da [épo]ca. Antigo surrealista, não pertence a nenhuma escola, [não] está preso a nenhum grupo, escreve o que pensa com independência e liberdade, inclusive a maior liberdade poética [e e]stilística. Rimas, regras de gramática, pontuação, arte de [faze]r verso, nada disso existe para êle. Jacques Prévert nasceu no começo do século — homem da geração de 1900 — mas [nen]hum poeta antigo ou moderno tem hoje na França maiores simpatias. Seus versos andam na bôca do povo e fazem [suc]esso nas «boítes» interpretados pelas «estrelas». Não há[vi]am sido ainda reunidos em volume e Paris inteiro já os conhece de cór. Prévert é a poesia revolucionária. Não respeita na[da.] Nem mesmo o sentido normal dos vocábulos. Escreve o [que] vai saindo da cabeça e eis tudo.

CAFÉ DA MANHÃ

Êle pôs o café
Na xícara
Êle pôs o leite
Na xícara de café
Êle pôs o açúcar
No café com leite
Com a pequena colher
Êle mexeu
E bebeu o café com leite
Êle empurrou a xícara
Sem me falar
Acendeu
um cigarro
Fez círculos
Com a fumaça
E deixou as cinzas
No cinzeiro
Sem me falar
Sem me olhar
Levantou-se
Êle colocou
O chapéu na cabeça
E vestiu a capa de chuva
Porque chovia
E partiu
Sob a chuva
Sem uma palavra
Sem me olhar
E eu tomei
Minha cabeça entre as mãos
E chorei.

ESTE AMOR

[Est]e amor
[tão] violento
[tão] frágil
[tão] terno
[tão] desesperado
[Est]e amor
[bel]o como o dia
[e] mau como o tempo
[qua]ndo o tempo é mau
[Est]e amor tão verdadeiro
[est]e amor tão belo
[tão] feliz
[tão] alegre
[e t]ão derisório
[tre]mendo de mêdo como um menino à noite
[e t]ão seguro de si
[com]o um homem tranquilo no meio da noite
[est]e amor que fazia pavor aos outros
[qu]e os fazia falar
[qu]e os fazia empalidecer
[est]e amor espreitado
[por]que nós o espreitávamos
[cer]cado, ferido, tripudiado, acabado, negado, esquecido
[por]que nós o temos cercado, ferido, tripudiado, acabado, negado, esquecido
[Est]e amor todo inteiro
[tã]o vivo ainda
[e] todo ensolarado
[é] o teu
[é] o meu
[aqu]ele que foi
[es]ta cousa sempre nova

E que não mudou
Tão verdadeira como uma planta
Tão trêmula como um pássaro
Tão quente tão viva como o verão
Nós podemos os dois
Ir e voltar
Podemos esquecer
E depois adormecer
Despertar sofrer envelhecer
Dormir ainda
Sonhar com a morte
Despertar sorrir e rir
E rejuvenescer
Nosso amor permanece
Teimoso como uma burrinha
Vivo como o desejo
Cruel como a memória
Estúpido como os desgostos
Terno como a lembrança
Frio como o mármore
Belo como o dia
Frágil como uma criança
Êle nos olha sorrindo
E nos fala sem dizer nada
E eu o escuto tremendo
E grito
Grito por ti
Grito por mim
Suplico-te
Por ti por mim e por todos aqueles que se amam
E que se amaram
Sim eu grito
Por ti, por mim e por todos os outros
Que não conheço
Fica aí
Aí onde estás
Aí onde estavas outrora
Fica aí
Não te movas
Não te vás
Nós que nos amamos
Nós te esquecemos
Tu não nos esqueces
Não tínhamos senão a ti sôbre a terra
Não nos deixes tornar frios
Muito mais longe sempre
E não importa onde
Dá-nos sinal de vida
Muito mais tarde ao lado de um bosque
Na floresta da memória
Surge subitamente
Estende-nos a mão
E salva-nos.

LE JARDIN

Milhares e milhares de anos
Não poderiam bastar
Para dizer
O pequeno segundo de eternidade
Em que tu me beijaste
Em que eu te beijei
Uma manhã de luz no inverno
No Parque Montspuris de Paris
Em Paris
Sôbre a terra
A terra que é um astro.

PARIS AT NIGHT

Três fósforos um a um acendidos na noite
O primeiro para vêr o teu rôsto inteirinho
O segundo para vêr os teus olhos
O terceiro para vêr tua bôca
E a obscuridade inteira para me lembrar tudo isso
Apertando-te em meus braços.

(CONCLUE NA PÁGINA 57)

4

QUANDO IRROMPEU O GOLPE DE 1964,

eu já era funcionário da Rádio MEC. Trabalhava como redator, produtor e também apresentador de programas. Lá entrei pelas mãos do prof. Mozart de Araújo, discípulo de Mário de Andrade, musicólogo especialista em Ernesto Nazareth e nacionalista convicto. Quando foi promulgado o Ato Institucional nº5 (AI-5), logo baixou uma censura interna das brabas. Época de diretores autoritaristas, de asseclas lambe-cus, de burocratas que passaram a exigir que se assinasse o ponto no início e no final do expediente. Grande parte dos redatores trabalhava em casa, até porque utilizava material próprio — como discos e livros de consulta, que a Rádio não os possuía.

Meu constrangimento era surpreender Drummond na fila do ponto, um desrespeito inadmissível que me fazia ziguezaguear pelos corredores até que ele cumprisse o ato formal e eu tomasse meu lugar na fila. Acho até que nem vínculo empregatício ele mantinha com a Rádio, onde talvez funcionasse como colaborador remunerado. Não lhe conheço a história[19].

Esse preâmbulo foi pretexto para falar em Manuel Bandeira que em 1966 faria 80 anos. Eu mantinha um programa chamado *Reminiscências do Rio de Janeiro*, onde levava, por exemplo, o garçom mais antigo da confeitaria Colombo e d. Nair de Teffé, a gloriosa Rian[20] — que chegou, a pedido de Mozart de Araújo, a ferir um capenga dó maior num violão. Era a paixão dele pelo registro, documentação, memória.

E deu-nos na telha, na minha e na de Maurício Tapajós, fazer um samba laudatório aos 80 anos de Bandeira — de quem mantinha uma reverente distância. E, lembrou-me depois Maurício, tivemos mais um parceiro nessa empreitada: Angenor de Oliveira, o divino Cartola. O samba foi ao ar, e tudo faz crer que antes tivéssemos passado num *pé*

---

19 Segundo a "Cronologia da vida e da obra", em 1963, Drummond "inicia o programa 'Cadeira de Balanço', na Rádio Ministério da Educação". In: ANDRADE, Carlos Drummond de. *Poesia e prosa*. Volume único. 6ª ed. rev. e atual. Rio de Janeiro: Nova Aguilar, 1988, p. LVIII. [N. do E.]

20 Célebre caricaturista que assinava seus trabalhos sob o pseudônimo de Rian, Nair de Teffé (1886-1981), abandonou seu ofício ao se casar com o futuro presidente da República marechal Hermes da Fonseca. Como primeira-dama, organizou diversos saraus no Palácio do Catete. Num desses eventos, em 1914, chocou a alta sociedade ao interpretar ao violão o "Corta jaca", de autoria de Chiquinha Gonzaga, música considerada lasciva e vulgar pela elite da época. [N. do E.]

sujo vizinho ao velho e tradicional Elite para cumprir o ritual próprio dos boêmios, condição que exibíamos com grande brilho e eficácia.

O comentário de Manuel Bandeira, soprado aos meus ouvidos, não lembro se pelo próprio ou por outro alguém, foi que Drummond manifestara um certo ciúme pela homenagem.

Infelizmente, nunca saldamos aquela dívida, por sinal honrosíssima.

Leonardo Arroyo, Álvaro Moreyra, Guilherme de Almeida, Homero Senna, José Condé e Sérgio Milliet se manifestaram a respeito do primeiro livro de Hermínio. Reproduzimos na página 60, as orelhas do livro *Argamassa* em que são apresentados alguns dos comentários críticos. [N. do E.]

P.57 BILHETE DE CARLOS DRUMMOND DE ANDRADE A HERMÍNIO BELLO DE CARVALHO, 3 AGO. 1964
ACERVO: HERMÍNIO BELLO DE CARVALHO

Rio, 3 agôsto 1964.

        Obrigado , Hermínio Bello de Carvalho, por tôda a bela
poesia que me mandou, pelas mãos amigas de Maria Muniz: "Ária &
Percussão" e "Argamassa". Do primeiro lívro já se conhece o mere -
cido louvor da crítica. Ao segundo desejo também a melhor acolhida
da parte dos que amam a poesia. Grato, ainda, pela oferta do estudo sôbre a música para violão de Vilâa-Lobos.
        Cordialmente, todo o aprêço de

Carlos Drummond de Andrade

P. 59 CAPA DE *ARGAMASSA*, AUTORIA DE LUIZ CANABRAVA,
RIO DE JANEIRO: LIVRARIA SÃO JOSÉ, 1964
ACERVO: HERMÍNIO BELLO DE CARVALHO

ARGAMASSA

herminio bello de carvalho

livraria são josé

SÔBRE "ARGAMASSA"

No livro "Argamassa" o poeta Herminio Bello de Carvalho realiza a tarefa difícil da unidade. O que antes era caudaloso e passional, nêste livro se organiza e confirma o poeta de conteúdo com a artesão dominado e maduro. Seu lugar entre os novos valôres, de jovem realmente atento aos problemas de seu tempo, já é uma realidade. Saudamos seu árduo e vasto itinerário de amor. (Walmir Ayala)

•

SÔBRE "ARIA & PERCUSSÃO"

Trata-se de um belo livro, rico de achados e formulações, a revelar uma sensibilidade privilegiada. (Leonardo Arroyo, in Folha de São Paulo)

Um dos bons livros de 62. Usamos tempo no sentido de música e vivência; de poema sendo grito asa-busca; instantes viola de amor; amoroso canto operário; o dorido canto ofício de poeteiro; o coração aberto ao que é belo e ao que sofre. (Stella Leonardos, in Jornal de Letras)

Os poemas revelam como particularidade mais ostensiva, o artista colocado no centro de um universo emotivamente dramático. O que aí se nota é a consciencialização do problema poético, inclusive em seu próprio sentido estrutural e imagético. Resulta dêsse fato a condição por excelência sensorial e visual da poesia de Herminio Bello de Carvalho, revelando um universo densamente rico de sugestões. (Pericles da Silva Pinheiro, in Shoping News)

O livro tem nome de música, e é música. Chega de-repente, entra pelos olhos, acorda os ouvidos, pára, continua, ressoando, envolvendo, pondo reflexos na solidão que criou. Clarão tornado sombra. Sombra tornada clarão. Silêncio dissolvido em alma... (Alvaro Moreyra, da Academia Brasileira de Letras)

Exibe ainda a mesma originalidade formal e a mesma inspiração imprevista de imagens e conceitos, através do emprêgo de versos curtos ora longos, para seguir o frêmito dum pensamento vivo e dinâmico. (Alvaro Augusto Lopes, in Tribuna de Santos)

Seus temas não são os de um requintado que viva enclausurado na tôrre de marfim, mas sim assuntos que falam de perto à compreensão e à sensibilidade do povo. É um poeta que não prorroga : abrevia; não declama : conversa; não disfarça : confessa. (Lago Burnett, in Jornal do Brasil)

Poeta até não poder mais. Poeta de dar, emprestar e vender talento. (Pedro Bloch, in revista Joia)

Belo o poema (Receita para assassinato seguido de cardápio do corpo de pessoa amada). (Guilherme Figueiredo, in O Jornal)

Que não deixe de mencionar o poema de Herminio Bello de Carvalho (Receita), sem dúvida um dos mais impressionantes documentos antropofágicos da literatura brasileira. (Homero Senna, in Correio da Manhã)

Receita — um poema que muito nos impressionou. Tremendamente mórbido. Um poema louco. Estranhamente ambicioso no que concerne à absorção de um todo-épico-fôlego. O poeta vai além das perspectivas esperadas — atinge-se, golpeia-se em seu mais ousado mugido. Consegue com bastante êxito realizar um grande poema. Dos livros que encerraram o ano, Aria & Percussão é um dos melhores. (Julio José de Oliveira, in Jornal do Comércio)

O anti-romantismo que protesta, desde vinte e dois contra a pieguice, tem em Herminio Bello de Carvalho um de seus mais incansáveis praticantes. Nestas páginas sofridas, nestas angústias de pesquizas, nestas audácias, sentimos nascer as fôlhas da árvore de Keats, por mais desigual que ainda seja o poeta em busca de si mesmo. (Edmundo Lys, in revista Querida)

Daí o contato que o leitor é levado com o mundo dêsse jovem, que é muito seu sem deixar de ser o nosso : ou a facilidade com que se penetra na sua poesia, rica de imagens e de vida. Nêle, o humano, o diário sofrimento da vida que o cerca refletem na construção dos versos, de maneira a não se confundir com alegorias ou simples brinquedos inconseqüentes. (José Condé, in Correio da Manhã)

LIVRARIA SÃO JOSÉ

herminio
bello
de
carvalho

ária

&

percussão

livraria são josé

CAPA DE *ÁRIA E PERCUSSÃO*. RIO DE JANEIRO: LIVRARIA SÃO JOSÉ, 1962
ACERVO: HERMÍNIO BELLO DE CARVALHO

PÁGINA ANTERIOR, ORELHAS DO LIVRO *ARGAMASSA*
COM O "LOUVOR DA CRÍTICA" AO *ÁRIA E PERCUSSÃO*
ACERVO: HERMÍNIO BELLO DE CARVALHO

HERMINIO BELLO DE CARVALHO

VILLA - LOBOS

—UMA CONFERÊNCIA—

MUSEU VILLA - LOBOS
1963

CAPA DE *VILLA-LOBOS — UMA CONFERÊNCIA, ESTUDO SOBRE A MÚSICA*
PARA VIOLÃO DE VILLA-LOBOS. RIO DE JANEIRO: MUSEU VILLA-LOBOS, 1963
ACERVO: HERMÍNIO BELLO DE CARVALHO

5

A LINDA FOTO DE CARTOLA E DRUMMOND,

clicada por Julia Peregrino[21],
me joga numa ampulheta, me faz regressar a 1962.

Minha convivência com Cartola e Zica começou naquele ano, eles ainda morando de favor num sobrado da rua dos Andradas, 81, cedido pela Associação das Escolas de Samba.

Eu os conheci, portanto, bem depois que Sérgio Porto o descobriu lavando 11 carros por noite na garagem Oceânica na Visconde de Pirajá, em Ipanema. A nota que publicou na coluna diária do *Última Hora*[22] anunciando sua descoberta, não comoveu a indústria do disco. Penso até que se julgava que o compositor, tantas vezes citado quase que postumamente em alguns sambas[23], já morrera.

À redescoberta, seguiu-se um plano de reinserção de Cartola no mercado fonográfico. Ao Sérgio (Stanislaw Ponte Preta) se acumpliciaram o cartunista Lan e, tempos depois, o cronista Jota Efegê.

Entrevistei-o para a revista *Leitura*, por encomenda do poeta Homero Homem. Sei que até aquela data haviam sido inúteis os esforços de Sérgio para que gravassem um disco com Cartola, ou com alguém que interpretasse seus lindos sambas. Cumprindo mandado do já então meu amigo Sérgio Porto, fiz a ponte entre Cartola e Aracy de Almeida — nossa preferida para gravá-lo. Revele-se que Sérgio simultaneamente encasquetara gravar um disco em homenagem à Aracy Cortes, cujo repertório admirável seria interpretado por Aizita Nascimento. Ambos os projetos naufragaram. Jota Efegê, então, arranjou para Cartola o emprego de contínuo no *Diário Carioca* — onde trabalhou pouco mais de seis meses.

Em 1963 é inaugurada a casa de samba Zicartola, que durante algum tempo jogaria foco no compositor, que nessa época oficializara seu casamento com d. Zica, convidando-nos a mim e a Jota Efegê

---

21 Encontro raro: Drummond e Cartola, os dois conversando num sofá da Churrascaria Plataforma. Julia Peregrino, minha assistente na DMP-Funarte, sempre com uma máquina a tiracolo, clicou aquele momento, eternizando-o. Nunca soube se haviam se encontrado antes, ou se aquela fora a primeira vez.

22 Recorte do arquivo de Cartola, sem nome de jornal e sem data. In: *Os tempos idos* de Marília T. Barbosa e Arthur de Oliveira Filho. Rio de Janeiro: Funarte, INM, DMP, 1983. [N. do E.]

23 Como nos sambas "Onde é que estão os tamborins?" de Pedro Caetano e Alcyr Pires, 1947 e "Saudosa Mangueira" de Herivelto Martins. Reproduzimos fragmentos das letras dos sambas, respectivamente, nas páginas 68-69. [N. do E.]

como padrinhos[24]. Em 1964, sou flagrado cumprindo, de novo obedientemente, outro mandado. Dessa vez de minha querida Aracy de Almeida: ir à casa de Di Cavalcanti buscar o desenho da capa do disco que já não seria só sobre Cartola (uma gravação na casa de Tom Jobim, mais ou menos nessa época, revela o desvio da rota) — que em 1965 ganharia especial destaque na homenagem que lhe faço no musical *Rosa de ouro*[25], projetando seu depoimento num telão.

Finalmente em agosto de 1968, entro no estúdio para gravar o LP *Fala, Mangueira!* com Cartola, Nelson Cavaquinho, Clementina de Jesus, Odete Amaral e Carlos Cachaça, com alguns fragmentos de um musical que comecei a roteirizar por sugestão de Vianinha[26] e obviamente feita no Zicartola — que ficou sendo ponto de encontro do pessoal do CPC[27] e um reduto ideológico fortíssimo do movimento *O menestrel*[28] e dos musicais *Opinião*[29] e *Rosa de ouro*.

24 Cartola e Zica casaram-se às 15h do dia 23 de outubro de 1964, na Paróquia de Nossa Senhora da Glória. Os padrinhos no civil foram Mário Saladini e Jota Efegê. Hermínio Bello de Carvalho e a radialista Maria Muniz, padrinhos da cerimônia religiosa. Reproduzimos imagens do casamento nas páginas 88-89. [N. do E.]
25 O espetáculo *Rosa de ouro*, criado por Hermínio Bello de Carvalho, estreou em 18 de março de 1965, no Teatro Jovem, no Rio de Janeiro, com as participações de Aracy Cortes, Clementina de Jesus, Paulinho da Viola, Elton Medeiros, Jair do Cavaquinho, Anescarzinho do Salgueiro e Nelson Sargento. [N. do E.]
26 Há uma longa história, reavivada por Paulinho da Viola há pouco tempo. Fomos convidados para escrever o samba-enredo de uma peça que enfocará a vida de Cartola, e Paulinho ressuscita a seguinte história: Tinha ido ao meu apartamento na rua Benjamim Constant, 134/401, e me encontrou "escrevendo uma peça sobre a Mangueira". Deixei-o à vontade, e ele ficou espiando os papéis e encontrou quatro letras de samba que eu havia escrito, mas que ainda não tinham sido musicadas. Naquele intervalo em que me ausentei, ele fez, "nuns dez minutos", sem alterar um verso, a música para o *Sei lá, Mangueira* — prevista para a tal peça encomendada por Vianinha.
27 O Centro Popular de Cultura (CPC) da União Nacional dos Estudantes (UNE) reuniu os principais artistas brasileiros de esquerda, entre os anos de 1961 e 1964, quando foi fechado pelo Golpe Militar. Criado com o objetivo de por meio da cultura popular promover a revolução social, a entidade foi liderada por nomes como Oduvaldo Vianna Filho, Augusto Boal, Leon Hirszman, Ferreira Gullar e Carlos Lyra. [N. do E.]
28 *O menestrel* foi um movimento de panfletagem literária promovido em 1964, por Hermínio, que selecionava poemas de amigos ou de autores consagrados, imprimia-os em folhas avulsas de papel *kraft* e depois os distribuía em bares, filas de cinemas e teatros. Posteriormente, *O menestrel* tornou-se uma série de concertos no Teatro Jovem, reunindo no mesmo palco artistas eruditos e populares. O espetáculo inaugural, em 07 de dezembro, promoveu a estreia da cantora Clementina de Jesus, que se apresentou com o violonista Turíbio Santos. [N. do E.]
29 *Opinião* estreou em 11 de dezembro de 1964, com direção de Augusto Boal e texto as-

Um mês depois de gravado o disco *Fala, Mangueira!*, morre Sérgio Porto, em 30 de setembro de 1968.

Cartola só ganharia seu disco solo em 1974, com produção de J. C. Botezelli (Pelão)[30].

Toda essa história para chegar ao telefonema que recebera do nosso Jota Efegê me informando que o poeta escreveria uma crônica sobre Cartola, que se encontrava no CTI do Hospital da Lagoa. Isso explica a carta aflita que mandei para Drummond[31]. A cronologia indica que Drummond acelerou a entrega da crônica que o *Jornal do Brasil* lhe encomendara[32] "obedecendo a mecânica fria do jornalismo" — conforme friso em minha carta.

Cartola morreu em 30 de novembro de 1980, três dias após a publicação da crônica de Drummond. Foi a última[33] alegria de meu parceiro, a de ser homenageado pelo poeta.

Antigamente havia grande escola,
Lindos sambas do Cartola
Um sucesso de Mangueira
Mas hoje o silêncio é profundo
E por nada neste mundo
Eu consigo ouvir Mangueira!

[Estrofe do samba "Onde é que estão os tamborins?", de Pedro Caetano e Alcyr Pires]

sinado por Oduvaldo Vianna Filho, Paulo Pontes e Armando Costa. No elenco, Zé Kéti, João do Vale e Nara Leão (posteriormente substituída por Maria Bethania). [N. do E.]

30 O disco *Cartola*, lançado pelo selo Marcus Pereira, teve direção artística de Aluízio Falcão. [N. do E.]

31 Hermínio se refere à carta escrita em 26 de novembro de 1980, reproduzida na página 87. [N. do E.]

32 A crônica "No moinho do mundo" foi publicada em 27 de novembro de 1980. Está reproduzida na página 97 e transcrita nas páginas 346-348. [N. do E.]

33 Em 20 de outubro de 1980 comemorei em minha casa o último aniversário de Cartola. É óbvio que jamais convidaria Drummond. Embora, na carta que lhe enviei, tenha citado a festa.

Tenho saudades da Mangueira
Daquele tempo em que eu batucava por lá
Tenho saudade do terreiro da escola
Eu sou do tempo do Cartola
Velha guarda o que é que há?

[Estrofe do samba "Saudosa Mangueira", de Herivelto Martins]

SR. HERMINIO BELLO DE CARVALHO

RUA BARTOLOMEU PORTELA, 14

RIO DE JANEIRO GB ZC. 82

P. 70-71 ENVELOPE E BILHETE DE CARLOS DRUMMOND DE ANDRADE A HERMÍNIO BELLO DE CARVALHO, 24 MAR.1974 ACERVO: HERMÍNIO BELLO DE CARVALHO

Rio, 24 março 1974.

Meu caro poeta:

Um abraço pela poesia viva,
comunicante, dramática, de *Sua Alma
Branca* — e meu agradecimento, também

Boa sorte, amigo, em sua
viagem musical à América do Norte!
Cordialmente, e com admiração,

Carlos Drummond

COMPROES / 042 / 78

Rio de Janeiro, 05 de outubro de 1978.

Ref.: EVENTOS ESPECIAIS
Cartola 70

Drummond,

Nosso "Divino Cartola" vai fazer 70 anos dia 11 de outubro agora. Seria pedir muito que você poetasse sobre o assunto? O velho ia morrer de felicidade.

Muito lindo o poema-prefácio pro Jota Efegê. Que figura bonita, não?

Um carinhoso abraço do,

Hermínio Bello de Carvalho

P.S.: Parto prá Dallas dia 14 de outubro, prá fazer conferência sobre música popular brasileira. Se quizeres alguma coisa dos EE.UU. me telefone: 286- 1968 (residência) e 232- 1489 (FUNARTE)

CC/ DEX

Á
NÁR
UNART
FUNARTE Fundação Nacional de Arte
UNART
NAR
Á

HERMÍNIO BELLO DE CARVALHO
Consultoria para Projetos Especiais

Rua Araújo Porto Alegre, 80 - Tel.: 232-1489 244-1455
20030 Rio de Janeiro - RJ

Meu Drummond,

lem das você fez a minha cabeça com o "Apoio". Fato!!!

HERMÍNIO

BILHETE DE HERMÍNIO BELLO DE CARVALHO A CARLOS DRUMMOND DE ANDRADE, 28 MAR. 1979
ACERVO: FUNDAÇÃO CASA DE RUI BARBOSA

PÁGINA ANTERIOR, CARTA DE HERMÍNIO BELLO DE CARVALHO A CARLOS DRUMMOND DE ANDRADE,
5 OUT. 1978
ACERVO: FUNDAÇÃO CASA DE RUI BARBOSA

O poema-prefácio "Música do povo em terra carioca" está reproduzido na
página 82. [N. do E.]

O poema "Meditación en el ocaso", de Atahualpa Yupanqui, está reproduzido na página 80. [N. do E.]

CARLOS DRUMMOND DE ANDRADE

Hermínio Bello de Carvalho.

Obrigado! Mas você e a Funarte exageraram. Terei sons e leituras para os seis anos de Figueiredo.

Abraço de

Carlos Drummond

29.3.79

SR. HERMÍNIO BELLO DE CARVALHO
FUNARTE
RUA ARAÚJO PORTO ALEGRE, 80

20030 RIO DE JANEIRO RJ

**BILHETE E ENVELOPE DE CARLOS DRUMMOND DE ANDRADE
A HERMÍNIO BELLO DE CARVALHO, 29 MAR. 1979
ACERVO: HERMÍNIO BELLO DE CARVALHO**

**PÁGINA SEGUINTE, CARTA DE HERMÍNIO BELLO DE CARVALHO A CARLOS DRUMMOND DE ANDRADE,
MAIO DE 1980
ACERVO: CEDOC-FUNARTE**

Ministério da Educação e Cultura
Fundação Nacional de Arte

Rua Araújo Porto Alegre, 80
20030 - Rio de Janeiro - RJ

Drummond,

Ref.: Evento "A bênção, Quelé".

Estamos projetando uma grande exposição de fotos, cartoons e pinturas de nossa Rainha Quelé, que vai fazer uma temporada na Sala Funarte num show dirigido pelo Érico de Freitas, na segunda quinzena de julho.

Um catálogo de cartoons (a capa é do Elifas) também sofrerá a inserção de críticas publicadas em 1965, quando ela estrelou o "Rosa de Ouro". São trabalhos assinados por Sérgio Porto, Andrade Murcy, Renzo Massarani, Sérgio Cabral, Yan Michalski, Silvio Tulio Cardoso, Lucio Rangel...

Mas gostaria de incluir nesse catálogo alguns textos de 30 linhas no mínimo, sobre o que representa hoje a nossa Clementina para a cultura brasileira.

Vai haver ainda a impressão de um álbum de serigrafias e uma exposição descrevendo esses 15 anos de carreira de Quelé.

Mas o plano é ainda mais ambicioso: criar meios para adquirir um apartamento para ela, em uso-fruto (inalienável, portanto) e que, post-mortem, seja legado aos netos.

Preciso que você me mande esse texto até 20 de maio agora, pode ser?

CONSULTORIA P/ PROJETOS ESPECIAIS

HERMINIO BELLO DE CARVALHO
Consultor

PS - Estarei ausente da Funarte nesse mês de maio. Mas o Sidney Miller e a Vera Fernandes (Funarte, telefones 232-1489 e 244-1455 ramal 35) mandarão apanhar esse trabalho.

76 CC/DEX

CONPROES Nº: 159/80

Ao

Carlos Drummond de Andrade

Ref.: Evento "A bênção, Quelé"

Drummond,

Você não pode ficar de fora da homenagem a Quelé.

Estou mandando os textos do Nelson Rodrigues, do Marlos, Jota Efegê, Otto Lara, Mignone. Tudo isso para ver se você se anima.

Abraços do

Original assinado por
HERMÍNIO BELLO DE CARVALHO

Acho que não consegui sensibilizar o poeta. Talvez não tivesse opinião formada sobre Clementina e, criterioso, optasse por não se manifestar sobre uma área que não era exatamente a sua. E talvez eu devesse, por um sórdido processo de indução, e para animá-lo a manifestar-se, juntar trechos de alguns depoimentos :

"A deusa ebanácea Clementina de Jesus é um fenômeno telúrico exclusivamente brasileiro. Encontramos nas interpretações dela uma irrefreável e contagiosa comunicabilidade que se iguala equacionalmente – quer pelo seu alto valor, quer por sua esfuziante autenticidade qualitativa – a Machado de Assis, Villa-Lobos e Nelson Rodrigues."
Francisco Mignone, 22 mai. 1980

"A alma encantadora das esquinas e botecos prostra-se diante de Clementina de Jesus, que todas as manhãs acorda mais brasileira (mais brasileira de quinze em quinze minutos)."
Nelson Rodrigues, 19 mai. 1980

Clementina é a voz dos milhões de negros desfeitos no fazimento do Brasil. Poderosa voz anunciadora do brasileiro que, amanhã, se assumirá como povo mulato, mais africano que lusitano."
Darcy Ribeiro, 09 jun. 1980

E por aí vão Maria Lucia Godoy, Renzo Massarani, Jacques Klein, Otto Lara Resende, Alceo Bocchino, Waldemar Henrique, Marlos Nobre, Turíbio Santos, José Miguel Wisnik, Caetano Veloso, Milton Nascimento e outros tantos. Menos Drummond, que pena!

HERMÍNIO BELLO DE CARVALHO

C A N T O R I A

**CAPA DE DI CAVALCANTI QUE POSTERIORMENTE
FOI USADA NO CD *CANTORIA* DE HERMÍNIO BELLO DE CARVALHO
ACERVO: HERMÍNIO BELLO DE CARVALHO**

**PÁGINA ANTERIOR, CARTA DE HERMÍNIO BELLO DE CARVALHO A CARLOS DRUMMOND DE ANDRADE,
4 JUN. 1980
ACERVO: CEDOC-FUNARTE**

**P. 79 CAPA DE *AMOR ARMA BRANCA*, DESENHO DE LUIZ PESSANHA, RIO DE JANEIRO:
EDIÇÃO DO AUTOR, 1973
ACERVO: HERMÍNIO BELLO DE CARVALHO**

amor
arma
branca

Hermínio Bello de Carvalho

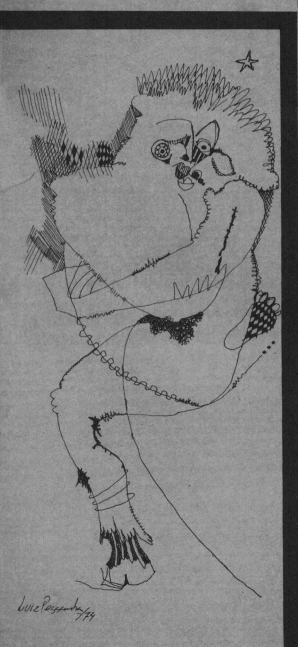

Meditacion en el ocaso

Queda callada la Pampa
cuando se ausenta la luz —
El chajá y el avestruz
van buscando la espesura —
Y se agranda en la llanura
la soledad del ombú.

—

Ese es el justo momento
de pensar en el destino —
Si el hombre es un peregrino —
Si busca amor ó querencia —
ó si cumple la sentencia
de morir en los caminos. —

Atahualpa Yupanqui
1 9 7 8.

—

Para el amigo Hermicio —
Cordialmente.   A. Yupanqui.

HERMÍNIO COM A CANTORA SIMONE EM FRENTE AO MADISON SQUARE GARDEN,
NA VIAGEM À AMÉRICA DO NORTE, 1974
ACERVO: HERMÍNIO BELLO DE CARVALHO

AO LADO, POEMA "MEDITACIÓN EN EL OCASO" DE ATAHUALPA YUPANQUI
DEDICADO A HERMÍNIO BELLO DE CARVALHO, 1978
ACERVO: HERMÍNIO BELLO DE CARVALHO

POEMA-PREFÁCIO "MÚSICA DO POVO EM TERRA CARIOCA"
PARA O LIVRO *MENINOS, EU VI*, DE JOTA EFEGÊ
ACERVO: HERMÍNIO BELLO DE CARVALHO

MÚSICA DO POVO EM TERRA CARIOCA

CARLOS DRUMMOND DE ANDRADE

O samba de Germano e de Marinho,
nostalgia africana esparramada
nas noites de violão do velho Rio
(e noutras velhas noites da Bahia),
pouco a pouco tornou-se carioca
na batida, na frase, no meneio
de corpos ansiosos por soltar
a música dormindo em nossa gente.
Vem Sinhô, vem Caninha, vem Pixinga
e vem João da Baiana e tantos mais,
depois vem Noel Rosa, o samba-jovem,
com tristezas urbanas e malícias
tão de mim, de você, de todos nós,
a biritar no botequim da vida
quando o amor nos surpreende e nos derruba.
Eis surge outro carioca, dos mais finos,
que sobe o morro, pára nos terreiros
e tudo vê, e gosta de seu povo,
sambista ele também, no sangue e n'alma,
aposentado embora, mas atento,
vai ao passado, nele colhe o som
do que é canção e vida entrelaçadas
na Penha, no Arrelia, Estácio, Ramos,
Pedra do Sal, com suas "rodas" quentes
de pés humildes e gravar no chão
a melodia, o ritmo contagioso,
esse feitiço popular da música
em choro, marcha, sátira, saudade.
Jota Efegê, por muito amar o samba,
seu amor nos transmite. É mesmo um bamba.

Carlos Drummond de Andrade

January 17, 1979

Mr Herminio Bello de Carvalho
Rua Bartolomeu Portela 14-4 Andar
Botafogo
20.00 Rio de Janeiro RJ Brasil

Dear Mr Bello de Carvalho:

Brasil Fortnight 1978 was a great success in every respect and we somehow wanted to share our memories with you. We truly hope you will enjoy your enclosed copy of the scrapbook we have compiled. It is composed of clippings from newspaper articles, magazines and advertisements regarding events, people and merchandise involved.

Also as a small token of our appreciation for your significant contribution in helping make the Brasil Fortnight such an exciting and noteworthy event, we are happy to send you an official Brasil Fortnight plaque.

With good wishes for 1979.

Sincerely,

H. Keith Nix

NEIMAN-MARCUS • DOWNTOWN DALLAS • OCTOBER 16-OCTOBER 28, 1978

PÁGINA ANTERIOR, CARTA DE H. KEITH NIX PARABENIZANDO HERMÍNIO BELLO DE CARVALHO
PELO SUCESSO DA CONFERÊNCIA SOBRE MÚSICA POPULAR BRASILEIRA NO "BRASIL FORTNIGHT
1978", EM DALLAS
ACERVO: HERMÍNIO BELLO DE CARVALHO

P. 85 CARTA DE CLEMENTINA DE JESUS A HERMÍNIO BELLO DE CARVALHO, 29 SET. 1980
ACERVO: CEDOC-FUNARTE

O bilhete de Quelé

A casinha da rua Acaú 41, no Engenho Novo (RJ), tornara-se quase um claus-
tro para Clementina após a morte de Albino Pé Grande. Um quase casebre de
quarto-e-sala, mas que a rainha Quelé se recusava a sair de lá. Lá recebera
Milton Nascimento, Maria Lúcia Godoy, Elizeth – quem se pudesse imaginar.
Sempre com suas famosas empadinhas ou uma feijoada cujo segredo revelava: no final do cozimento, colocava um fio de azeite e uma laranja inteira,
com casca e tudo, para apurar o gosto. E o casebre era, agora, um albergue
onde acolhia o que lhe sobrara de família. O movimento para aquisição de
uma casa própria deu certo, e o bilhete revela sua intenção (ou a dos alber-
gados, o que me parece mais verdadeiro) de não morar só. E a casa, após sua
morte, foi destinada ao Retiro dos Artistas.

Menino grande eu estou muito grata pelo que esta fazendo por mim só vou lhe pedir um grande favor não passo ficara la só meu muito obrigado e D. Cosmo e S. Damião que lhe ilumine cada vez mais, uma mãe preta que muito te quer, e te ama,

Recado trazido por Marco Auré lio em 29.09.80.

Clementina de Jesus da

P. 87 CARTA DE HERMÍNIO BELLO DE CARVALHO A CARLOS DRUMMOND DE ANDRADE, 26 NOV. 1980
ACERVO: FUNDAÇÃO CASA DE RUI BARBOSA

Hermínio se refere ao livro *Fala, Mangueira*, cuja capa está reproduzida na página 91. [N. do E.]

Em 11 de outubro de 1980, Hermínio organizou em seu apartamento uma festa para comemorar os 72 anos de Cartola. Naquela noite, distribuiu aos convidados o poema "Anjo mau", de Cartola, ilustrado por Mello Menezes, cuja reprodução está na página 93. [N. do E.]

Hermínio Bello de Carvalho

HBC/040/80

Rio de Janeiro, 26 de novembro de 1980.

Meu Drumond,

  Nosso querido Jota Efegê me telefonou de manhãzinha para saber de Cartola. Você sabe que o poeta não está nada bem. E ontem, exatamente, fui levar-lhe as rosas e samambaias que tanto ama. Mas à tarde, veio outra crise - essa bem mais violenta. Ele está no CTI da Lagoa, e isso tudo que estou contando é porque nosso amado Efegê me disse que o JB encomendou a você uma crônica sobre meu parceiro e afilhado de casamento. Já sei que é essa a mecânica fria do jornalismo, e em respeito ao amor que Cartola nutre por você mando todo o material que tenho aqui disponível. A Marília Trindade Barbosa e Arthur L. de Oliveira Filho estão, de parceria com Carlos Cachaça, escrevendo um livro sobre a Mangueira, tendo Cartola como Consultor. A Marilia você conhece, não é?
  A gente aqui está torcendo para ele sair dessa. Fiz uma festinha no aniversário dele, veio o pessoal da Camerata, a Elizeth, o Elton Medeiros, ' Beth Carvalho... Pensei muito em convidar você, mas fico sempre vacilante em invadir seu espaço, já tão violado por tantos inoportunos.
  Espero que um pouco da alegria que o velho teve naquela noite sobre um pouco para você: o poema que escreveu tem essa intenção.
  Desnecessário dizer que o final de sua crônica no JB sobre o Buquê de Alcachofras foi a coisa mais linda e terna e comovente que li nos últimos tempos.
  Ainda é tempo também de dizer que a minha mão coçou no telefone ' para mandar-lhe um abraço pelo seu aniversário. Novamente a timidez me impediu de fazê-lo.
  Seu cada vez mais admirador,

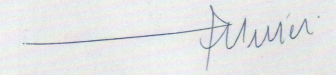

AO LADO, ACIMA, HERMÍNIO, PADRINHO DE CASAMENTO,
CONDUZ ZICA AO ALTAR, NA PARÓQUIA DE NOSSA SENHORA DA GLÓRIA, 23 OUT. 1964
ACERVO: HERMÍNIO BELLO DE CARVALHO

AO LADO, ABAIXO, HERMÍNIO, MARIA MUNIZ, ZICA E CARTOLA
CORTANDO O PRIMEIRO PEDAÇO DE BOLO
ACERVO: HERMÍNIO BELLO DE CARVALHO

ABAIXO, ZICA E CARTOLA SAINDO DA IGREJA, APÓS A CERIMÔNIA DO CASAMENTO
ACERVO: HERMÍNIO BELLO DE CARVALHO

FALA MANGUEIRA!

ODETE AMAR...
CARTO...
CLEMENTINA DE JES...
NELSON CAVAQUINI...
CARLOS CACHA...

  LIVRARIA JOSÉ OLYMPIO EDITORA

CAPA DO LIVRO *FALA, MANGUEIRA*. RIO DE JANEIRO: LIVRARIA JOSÉ OLYMPIO EDITORA, 1980
ACERVO: HERMÍNIO BELLO DE CARVALHO

P. 93 POEMA-LEMBRANÇA "ANJO MAU" DE CARTOLA, ILUSTRADO POR MELLO MENEZES
ACERVO: HERMÍNIO BELLO DE CARVALHO

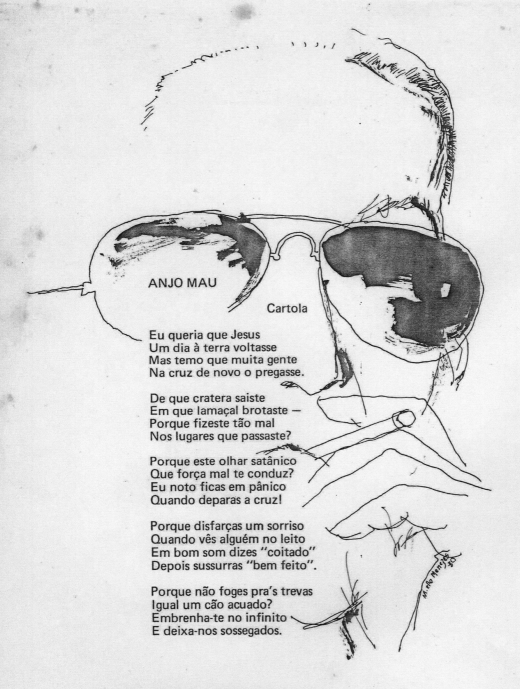

ANJO MAU

Cartola

Eu queria que Jesus
Um dia à terra voltasse
Mas temo que muita gente
Na cruz de novo o pregasse.

De que cratera saiste
Em que lamaçal brotaste —
Porque fizeste tão mal
Nos lugares que passaste?

Porque este olhar satânico
Que força mal te conduz?
Eu noto ficas em pânico
Quando deparas a cruz!

Porque disfarças um sorriso
Quando vês alguém no leito
Em bom som dizes "coitado"
Depois sussurras "bem feito".

Porque não foges pra's trevas
Igual um cão acuado?
Embrenha-te no infinito
E deixa-nos sossegados.

lembrança do 72º aniversário de Cartola — 11 out. 80

0001 /100

FOTO DE CARTOLA E DRUMMOND, ZICA À DIREITA
ACERVO: JULIA PEREGRINO

P. 97 PÁGINA DO *JORNAL DO BRASIL* EM QUE FOI PUBLICADA A CRÔNICA
"NO MOINHO DO MUNDO" EM HOMENAGEM A CARTOLA, 27 NOV. 1980
ACERVO: CPDOC-JORNAL DO BRASIL

DE CALLADO A PIAZZOLA

MÚSICA DIVERSIFICADA NO CASA-GRANDE

Miguel Proença (E), Maria Lúcia Godoy e Altamiro Carrilho: piano, voz e flauta num concerto amplo

Maria Eduarda Alves de Souza

MARIA Lúcia Godoy, soprano: "É com alegria que reafirmo a minha decisão de cantar também música popular, sobretudo brasileira. Ainda mais numa oportunidade em que tenho a preciosíssima colaboração de artistas do quilate de Miguel Proença e desse extraordinário Altamiro Carrilho e seu conjunto, com os quais me apresento pela primeira vez. Espero que a iniciativa não fique isolada, para que o público tenha sempre oportunidade de apreciar uma forma nova na apresentação da música popular."

Miguel Proença, pianista: "O espetáculo vem ao encontro daquilo a que sempre me propus: chegar a vários tipos de público, dentro das minhas possibilidades. Pessoas que me ouviram tocar há pouco a **Sonata de Brahms**, no Planetário da Gávea, poderão achar estranho que eu toque música popular no Casa-Grande. Mas justamente a elas quero dizer que o que importa não é tanto o repertório, mas sim como o artista o apresenta. Estou perfeitamente integrado à realidade musical brasileira. Em fevereiro, vou tocar em Viena: 50% de música brasileira. Sinto-me à vontade tanto com Brahms como com Nazareth. Tive essa experiência este ano, com Maria Lúcia Godoy, na Sala Funarte. E, já tendo tocado com Rampall, tenho a mesma alegria em tocar com Altamiro Carrilho."

Altamiro Carrilho, flautista: "Estou à vontade no espetáculo. É assim que me deixam os dois nomes consagrados com os quais vou me apresentar. Creio que o **show** agradará bastante, a ponto de vir a ser repetido em outros locais. A música é universal, seja popular ou não. Já em 1973, entrei no terreno erudito, quanto toquei o **Concerto Nº 1 em Sol Maior**, de Mozart, com a Orquestra de Câmera da Rádio MEC, no Teatro Municipal."

Maria Lúcia Godoy, Miguel Proença e Altamiro Carrilho falam do espetáculo que estrelarão a partir de hoje, 21h e até o dia 30, no Teatro Casa-Grande e sob patrocínio do JORNAL DO BRASIL. O repertório a ser mostrado é amplamente diversificado, estendendo-se do clássico **Flor Amorosa**, do flautista Callado, ao moderno **Adios Nonino**, do bandeoneonista Astor Piazzola.

Maria Lúcia Godoy cantará **Ave-Maria no Morro**, de Herivelto Martins e Vicente Paiva; **Boi Bumbá**, de Waldemar Henrique; **Quem Sabe**, de Carlos Gomes; **A Noite do Meu Bem**, de Dolores Duran; **Carinhoso**, de Pixinguinha e João de Barro; **Concerto para uma voz**, de Saint-Preux, e **Granada**.

Miguel Proença executará **Apanhei-te Cavaquinho**, **Odeon** e **Expansiva**, de Ernesto Nazareth; **Festa no Sertão**, de Villa-Lobos; e **Adios Nonino**, de Astor Piazzola.

Altamiro Carrilho, que antes do Natal lançará o segundo volume de sua série de LPs **Clássicos em Choro**, tocará **Brasileirinho** e **Você, Carinho e Amor**, de Waldir Azevedo; **Tributo a Pixinguinha**, uma seleção de choros do grande compositor; **Tico-Tico no Fubá**, de Zequinha de Abreu; **Serpentina**, de Mário Alves, e **Flor Amorosa**, de Callado. Altamiro terá acompanhamento de seu conjunto, formado por Valmar (cavaquinho), Válter (violão de sete cordas), Damásio (violão de seis cordas), Risadinha, Sá Neto e Aracy (percussão).

No Zicartola da Rua da Carioca: Zé Keti, Cartola e Zica

Drummond

CARTOLA, NO MOINHO DO MUNDO

VOCÊ vai pela rua, distraído ou preocupado, não importa. Vai a determinado lugar para fazer qualquer coisa que está escrita na sua agenda. Nem é preciso que tenha agenda. Você tem um destino qualquer, e a rua é só a passagem entre sua casa e a pessoa que vai procurar. De repente estaca. Estaca e fica ouvindo.

Eu fiz o ninho.
Te ensinei o bom caminho.
Mas quando a mulher não tem brio,
é malhar em ferro frio.

Aí você fica parado, escutando até o fim o som que vem da loja de discos, onde alguém se lembrou de reviver o velho samba de Cartola; Na Floresta *(música de Sílvio Caldas).*

Esse Cartola! Desta vez, está desiludido e zangado, mas em geral a atitude dele é de franco romantismo, e tudo se resume num título: Sei Sentir. *Cartola sabe sentir com a suavidade dos que amam pela vocação de amar, e se renovam amando. Assim, quando ele nos anuncia: "Tenho um novo amor", é como se desse a senha para a renovação geral da vida, a germinação de outras flores no eterno jardim. O sol nascerá, com a garantia de Cartola. E com o sol, a incessante primavera.*

A delicadeza visceral de Angenor de Oliveira (e não Agenor, como dizem os descuidados) é patente quer na composição quer na execução. Como bem me observou Jota Efegê, seu padrinho de casamento; trata-se de um distinto senhor emoldurado pelo Morro da Mangueira. A imagem do malandro não coincide com a sua. A dura experiência de viver como pedreiro, tipógrafo e lavador de carros, desconhecido e trazendo consigo e dom musical, a centelha, não o afetou, não fez dele um homem ácido e revoltado. A fama chegou até sua porta sem ser procurada. O discreto Cartola recebeu-a com cortesia. Os dois convivem civilizadamente. Ele tem a elegância moral de Pixinguinha, outro a quem a natureza privilegiou com a sensibilidade criativa, e que também soube ser mestre de delicadeza.

Em Tempos Idos, *o divino Cartola, como o qualificou Lúcio Rangel, faz o histórico poético da evolução do samba, que se processou, aliás, com a sua participação eficiente:*

Com a mesma roupagem
que saiu daqui,
exibiu-se para a Duquesa de Kent
no Itamaraty.

Pode-se dizer que esta foi também a caminhada de Cartola. Nascido no Catete, sua grande experiência humana se desenvolveu no Morro da Mangueira, mas hoje ele é aceito como valor cultural brasileiro, representativo do que há de melhor e mais autêntico na música popular. Ao gravar o seu samba Quem me vê sorrir *(com Carlos Cachaça), o maestro Leopold Stockowski não lhe fez nenhum favor: reconheceu, apenas, o que há de inventividade musical nas camadas mais humildes de nossa população. Coisa que contagiou a ilustre Duquesa.*

▪ ▪ ▪

Mas então eu fiquei parado, ouvindo a filosofia céptica do Mestre Cartola, na voz de Sílvio Caldas. Já não me lembrava o compromisso que tinha de cumprir, que compromisso? Na floresta, o homem fizera um ninho de amor, e a mulher não soubera corresponder à sua dedicação. Inutilmente ele a amara e orientara, mulher sem brio não tem jeito não. Cartola devia estar muito ferido para dizer coisas tão amargas. Hoje não está. Forma um par feliz com Zica, e às vezes a televisão vai até a casa deles, mostra o casal tranqüilo, Cartola discorrendo com modéstia e sabedoria sobre coisas da vida. "O mundo é um moinho...". O moleiro não é ele, Angenor, nem eu, nem qualquer um de nós, igualmente moídos no eterno girar da roda, trigo ou milho que se deixa pulverizar. Alguns, como Cartola, são trigo de qualidade especial. Servem de alimento constante. A gente fica sentindo e pensamenteando sempre o gosto dessa comida. O nobre, o simples, não direi o divino, mas o humano Cartola, que se apaixonou pelo samba e fez do samba o mensageiro de sua alma delicada. O som calou-se, e "fui à vida", como ele gosta de dizer, isto é, à obrigação daquele dia. Mas levava uma companhia, uma amizade de espírito, o jeito de Cartola botar em lirismo a sua vida, os seus amores, o seu sentimento do mundo, esse moinho, e da poesia, essa iluminação.

Carlos Drummond de Andrade

CHICO CARUSO • 40 DESENHOS VIRAM EXPOSIÇÃO, DOIS ANOS DE JB VIRAM LIVRO

UMA exposição de 40 trabalhos e o lançamento do livro **Natureza Morta e Outros Desenhos**, tudo acontecendo ao mesmo tempo, das 19h às 23h de hoje, no subsolo da Rua Visconde de Pirajá, 82, vão colocar o talento e a timidez do caricaturista Chico Caruso em contato maior com o público. O talento esse público já conhece, das muitas charges e ilustrações publicadas na imprensa nos últimos 13 anos. Quanto à timidez — que não é tanta quanto parece à primeira vista — Chico tentará vencê-la na hora de assinar autógrafos e conversar com amigos e admiradores.

Os 40 trabalhos, cuja mostra foi organizada pela Estampa, são desenhos de várias fases de sua carreira iniciada em 1967, nas páginas da então recém-revivida **Folha da Tarde**, de São Paulo. O livro, editado pela Muro, reúne o melhor de sua produção em dois anos de JORNAL DO BRASIL (1978—80), onde ele continua a dividir com Ziraldo, dia um, dia outro, um importante espaço da página de editoriais.

Não é por acaso que Chico dedica o livro de estréia a Lan, outro mestre do desenho e do humor. Sem nunca o ter visto, ou mesmo falado com ele por telefone, Lan, na época revezando-se com Ziraldo nas **charges** da página 10, indicou-o para substituí-lo durante suas férias.

— Lan gostou de uma **charge** que eu havia feito para **Isto É**, o General Figueiredo com o corpo imenso, fardado, e a cabeça muito pequena. Por isso me indicou. Fiquei um mês no lugar dele. Depois, foi a vez de Ziraldo entrar em férias. Eu o substituí por mais um mês.

Chico chegou a pensar que sua colaboração com o jornal se limitaria à cobertura de férias, até que um dia a decisão de Lan de não mais fazer **charges** políticas abriu uma vaga para a qual o próprio Chico era a escolha natural.

Pode-se dizer que a conquista do leitor do JORNAL DO BRASIL deu-se logo na primeira **charge**, justamente a que abre o livro: um galvota de papel, símbolo do Dia da Independência, sobrevoando a figura sisuda do Presidente Geisel. Foi publicada no 7 de Setembro de 1978.

As **charges** estão expostas no livro não por ordem cronológica, mas por temas, de modo que, por elas, pode-se ver que Chico traçou, com sua pena e seu humor, um sugestivo e coerente painel da vida política brasileira nos últimos dois anos. Os temas são, sucessivamente, Ernesto Geisel, João Figueiredo, Delfim Neto, a reforma partidária, o fim do MDB, Leonel Brizola e os novos Partidos, a visita do Papa ao Brasil e a questão sindical, com alguns parênteses para um pouco de política internacional e muito de **non sense**. Chico explica:

— Depois de um certo tempo de crises permanentes no país, a questão do petróleo, a inflação, as mesmas falas ministeriais, me vi levado, algumas vezes, a apelar para o **non sense** (no dia 24 de maio de 80, a **charge** de Chico mostra um repórter de TV entrevistando conhecido medium: "... e para explicar a situação política e econômica, aqui está em nossos estúdios o Dr Francisco Xavier.")

Ele fala dos outros temas. O primeiro, Geisel: — Sempre com aquela postura autoritária, imperial, por si só um prato feito para qualquer chargista. Na **charge** que abre o livro a galvota está no lugar que, no esboço original, estava destinado a um grupo de militares fazendo continência. Mas se ponderou que, sendo 7 de Setembro, não era dia de fazer graça com os militares.

— Economia é como bigode: cada um faz o que pode.

— O hábito não faz o monge...
— nem o chicote o bom cavaleiro.

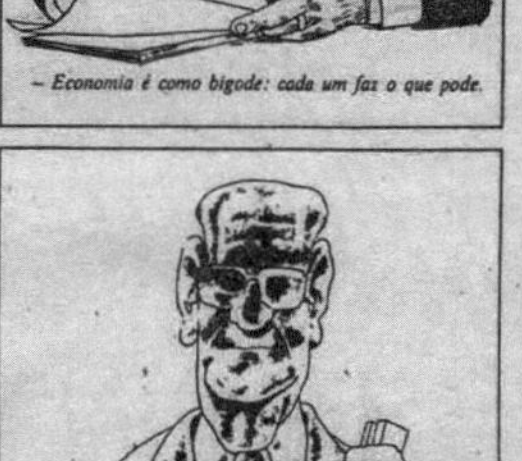

Depois, Figueiredo:

— Houve duas frases de Figueiredo. Na primeira ele se projeta como um líder agressivo, autoritário, imagem que acabou abandonando, já que o colocava muito próximo do caricatural. Veio a segunda fase, já na presidência. Nela houve algumas características marcantes, os primeiros obstáculos enfrentados por ele para se firmar no Poder, sua presença constante em acontecimentos sociais e esportivos, sua condição de eterno militar, notada sobretudo no modo de enfrentar os problemas sem deixar que a iniciativa saia de suas mãos (no dia 9 de dezembro de 79, a **charge** de Chico mostra Figueiredo num prédio em chamas sendo socorrido por um bombeiro que não é outro senão o próprio Figueiredo).

Em seguida, Delfim Neto:

— É uma equação que ainda não foi resolvida. Parece ser um cara muito conveniente, sabe usar o poder que tem, mas é muito pouco eficiente. Sua visão otimista, em oposição a de Simonsen, considerada de mau agouro, nada resolveu. (No dia 19 de agosto de 79 a **charge** de Chico mostra um cavalo arriado sob o peso de Figueiredo e Delfim e este dizendo: "Upa, upa, cavalinho!")

Sobre a reforma partidária:

— O Governo tentou equacionar tudo acabando com os dois Partidos e tirando proveito disso (na **charge** do dia 23 de maio de 1979, Figueiredo pergunta a Petrônio Portela: "A única dúvida sobre os novos Partidos: nós vamos tirar partido?")

Sobre o Papa:

— Foi o assunto único daquelas duas semanas, meu e de Ziraldo. O Papa me impressinou muito, tanto pela disposição física como pela diplomacia.

Os ditadores do mundo, a maioria caindo (Somoza, Reza Pahalavi, Idi Amim) foram o prato internacional favorito de Chico. Quanto à questão sindical, deu-lhe a oportunidade de usar Lula como um novo e interessante personagem, com um peso político novo (na **charge** de 4 de julho de 1979, Lula aparece escapulindo das mãos de inúmeros chefes de Partidos que procuram agarrá-lo).

O livro é apenas uma etapa na vida profissional de Chico, como ele mesmo faz questão de acentuar. No momento, entra em outra etapa, a da pintura a óleo. Embora tenha iniciado quatro quadros, há seis meses, sem conseguir terminar ao menos um, está satisfeito:

— Eu tinha um certo preconceito em relação às artes plásticas. Achava que pintar era uma atitude um tanto vaidosa e individualista. Mas mudei de idéia ao ver, em 1977, os desenhos de Millôr Fernandes expostos no Salão de Humor de Piracicaba. Eram desenhos belíssimos, enormes, nos quais descobri uma grande alegria, uma satisfação pessoal que não se encontra no pessoal da minha geração. Nunca tivemos paciência de ficar com uma idéia por muito tempo. A idéia surge, a gente põe no papel e passa logo adiante. Com a pintura é diferente. Hoje, já sou mais paciente.

Chico vê nessa nova etapa outros benefícios além dos da satisfação pessoal: um deles, a ampliação do mercado de trabalho, a conquista de uma certa independência em relação ao jornal. O outro, o aprimoramento técnico, pois o desenho — para este paulista de 30 anos que não gosta de cinema, de teatro, de música, de televisão — é ainda a coisa mais importante.

6

SEMPRE ATENCIOSO, COM UMA SINOPSE NA CABEÇA,

o cineasta e crítico de cinema Alex Viany aparecia de quando em vez para me visitar na Funarte. Papos longos, histórias incríveis.

Generoso, o Alex. Um dia me aparece com uma fita cassete, com a trilha sonora do *Sol sobre a lama*[34] composta por Pixinguinha. O filme uniu Pixinga a Vinicius — resultando daí "Mundo melhor" e a letra para o "Lamento", o "Samba fúnebre", e as músicas que acabei fazendo Elizeth gravar em discos[35]. Mas Viany foi além: apareceu um dia com um calhamaço, com a grade dos arranjos feitos por Pixinguinha para a trilha sonora daquele filme. Tentei durante algum tempo editá-la em disco, e infelizmente Alex morreu sem ter essa alegria.

Costumo ser reverente aos meus velhinhos, talvez trabalhando em causa própria. Sempre me constrange saber que alguns de meus colegas de ofício acabaram suas vidas no Retiro dos Artistas, nome que foi mudado para Casa dos Artistas para atenuar, talvez, o isolamento que a palavra *Retiro* carrega em seu bojo. Digo isso com absoluto conhecimento de causa, porque conversamos sobre o maxixe que, segundo, Alex (e o que dizia nunca era potoquice) era um tema apreciado por Drummond tanto quanto por Jota Efegê. Ao grande João Ferreira Gomes, o Jota, seus pedidos eram ordens que eu logo tratava de cumpri-los. E aí me lembrei de que alguém informara que Gaby ou Duque[36], a mais célebre dupla de maxixeiros da época e que inclusive fez sucesso no estrangeiro tinha

---

34 Filme de 1963. Produção: João Palma Neto, Álvaro de Queiroz Filho. Argumento: João Palma Neto. Roteiro: Alex Viany, Miguel Torres. Direção de fotografia: Ruy Santos. Música (Genérico): Vinicius de Moraes, Pixinguinha. Elenco: Geraldo d'el Rey, Gessy Gesse, Glauce Rocha, Tereza Raquel, Jurema Pena, Othon Bastos, Antônio Pitanga. Disponível em: <http://www.funceb.ba.gov.br/dimas/oo_home/2008.1/quartas_baianas/2008.04/08.05.07.html>. Acesso em: 27 mai. 2009. [N. do E.]

35 Os sambas "Mundo melhor" e "Lamento" foram gravados no disco *Muito Elizeth* (1966), as três canções foram gravadas em 1968 no LP *Ao vivo no Teatro João Caetano*, com Jacob do Bandolim, Zimbo Trio e Época de Ouro e em 1983 no LP *Uma rosa para Pixinguinha*. Reproduzimos fragmentos das letras dos sambas nas páginas 103 e 104.[N. do E.]

36 O baiano Antônio Lopes de Amorim Diniz (1884-1953), mais conhecido como Duque, foi o mais celebrado bailarino especialista em maxixe do princípio do século XX. Fez enorme sucesso na Europa, principalmente Paris, chegando a se apresentar para reis, presidentes e até mesmo para o papa Pio X. Duque teve inúmeras parcerias de tablado, no entanto, a sua mais importante *partenaire* foi a dançarina e manequim francesa Gaby. [N. do E.]

parentesco com Portinari. Um ou outro seria padrasto ou madrasta do pintor — algo assim. Nunca pude verificar isso direito.

Mas, como o assunto desviou para o Retiro dos Artistas, me veio à lembrança a figura de Aracy Cortes, que deslumbrava o público sapateando no "Jura" de Sinhô. Ela, aliás, socorreu o compositor quando ele teve aquela hemoptise fatal e mereceu enterro esplendidamente narrado em crônica pelo Bandeira[37]. Genial Aracy! — a diaba em figura de gente. Recordo-a entrando no Zicartola. Ela, então, recolhida, à Casa dos Artistas, pobre pobre de marré de si, porém ainda com toda sua empáfia. Já sem a *Bugatti*, as joias, a fortuna que amealhara num casamento onde ganhou, logo ela!, um glorioso par de chifres. Traição que custou-lhe a *Bugatti*, as joias, a fortuna — gastas, dizem as más-línguas, em vudus brabíssimos para fazer o amado retornar aos seus braços. A ilustre figura jamais voltou, nem mandou botar "mais um prato" na mesa, que nem no poema do Drummond[38].

Mas, no Zicartola ela não entrou de cabeça baixa. A maxixeira, exímia no corta-jaca, no miudinho, em tudo que era passo de dança, revelava-se altiva, cheia de si como se dizia, vaidosa de seu busto ("é a coisa que mais gosto em mim", me disse certa vez). O leque sempre a postos para estancar o suor era também arma poderosa para acertar o frontispício de alguém que lhe ousasse dizer um desaforo.

Seria mesmo aquela mesma mulher que, nas décadas de 1930 e 1940 assombrava o público e endoidecia os homens? E a quem Jacob do Bandolim consagrara como a cantora mais musical do Brasil? Seria aquela mulher endemoniada que o Jota agora tentava me convencer a trazê-la ao palco do Teatro Jovem, na série *O menestrel*?

Lembro-a com quadris largos e pernas roliças que endoideciam os fãs nos palcos da praça Tiradentes, numa foto, apenas um violão disfarçando sua nudez! Era ela sim, cheia de empáfia, e logo me botando o dedo em riste sob uma saraivada de palavrões, resultado de alguma indiscrição que eu, besta e ingenuamente, cometera — coisa que Jota tratou de apaziguar, botando panos quentes, ferventes na desagradável situação.

---

37 A crônica de Bandeira "O enterro de Sinhô" foi publicada na *Revista da Música Popular*, Edição nº 1, set. 1954. Também em Bandeira, Manuel. *Crônicas da província do Brasil*. São Paulo: Cosac Naify, 2006, p. 97-99. [N. do E.]
38 O poema "Caso do vestido" foi publicado em A *rosa do povo*. Rio de Janeiro: Livraria José Olympio, 1945. [N. do E.]

Vale é relembrá-la, logo depois, no palco do Teatro Jovem, em mais um retorno triunfal, arrebatando o público, porém má, que nem um gambá no camarim, reclamando de tudo e de todos, botando despacho com galinha, vela preta e farofa amarela contra o suposto olho gordo dos colegas. E, depois, provocando — logo quem! Clementina, que logo calou a insolência com dedo em riste e a advertência fatal: "Sou mulher de homem!", se referindo ao Albino Pé Grande, seu consorte.

Vejo ainda Aracy dando uma surra de xerelete, bagre ou tubarão, sei lá, num vendedor de peixe que tivera a má sorte de atendê-la em dia aziago. Ou então remetendo uma sarrafada num músico em São Paulo — que diabo em figura de gente era nossa Aracy! *Te odeio, Linda Flor* — foi o título que sugeri à atriz Maria Zilda para o musical que pretendia montar sobre a vida da vedete.

Com aquele porte de rainha obesa, ofegante, mas serelepe, acabou num hospital, após um derrame cerebral, entortando a boca, empecilho que não a impediu de balbuciar (fui testemunha) um claudicante *Vovó é a putaquetepariu* à enfermeira que ousara carinhosamente chamá-la assim. E logo ela, permanente estrela de primeira grandeza, que se dizia com a mesma idade talvez da Narinha Leão e um pouco mais nova que Elizeth Cardoso. A danada fizera Jairo Severiano ruborizar com a impublicável e maledicente versão que dera ao fato de ser preterida por Carmen Miranda na ida que consagrou a Pequena Notável no estrangeiro.

Essa era a maxixeira Linda Flor, que não gostava de ser chamada de mulata e que um dia, na minha frente, desacatou São Pixinguinha, por ter ele rejeitado uma suposta letra que ela teria feito para o "Carinhoso".

Seu velório na Casa dos Artistas teria merecido um filme de Alex Viany, uma crônica de Bandeira. Nenhum colega para visitá-la. E uma ex-vedete ou ex-atriz recolhida àquela casa, recusou meu convite para que fosse dar-lhe o último adeus, com a frase definitiva: "quero que aquela filha da puta vá pros quintos do inferno, se é que dele saiu um dia".

"Meu *béguin*", me chamava carinhosamente assim, alternando com outras coisas impublicáveis.

....

Não, Drummond não pôde atender ao convite de Alex Viany para assistir ao curta-metragem sobre o maxixe e também não consegui editar o disco com a trilha do *Sol sobre a lama*. O volume inédito do *Maxixe, a dança excomungada*[39] escrito pelo Jota, minha querida Felisbela entregou-o à Biblioteca Nacional — como também a mim presenteou a cópia da carta que Drummond lhe escreveu por ocasião da morte do nosso amado Jota Efegê — me autorizando a publicá-la neste livro[40]. Felisbela, aos 95 anos, vivia em Valença, onde fui visitá-la — quando se inaugurou um busto de Clementina em praça pública.

Conto com você, um mais um é sempre dois

E depois, mesmo, bom mesmo, é amar e cantar junto

Você deve ter muito amor pra oferecer

Então pra que não dar o que é melhor em você?

Venha e me dê sua mão

Porque sou seu irmão na vida e na poesia

Deixa a reserva de lado

Eu não estou interessado em sua guerra fria

Nós ainda havemos de ver

Uma aurora nascer

Um mundo em harmonia

Onde é que está a sua fé

Com amor é melhor, ora se é

[Fragmento de "Mundo melhor", de Vinicius de Moraes e Pixinguinha]

Morena, tem pena

Mas ouve o meu lamento

Tento em vão te esquecer

Mas, ai, o meu tormento é tanto

Que eu vivo em prantos, sou tão infeliz

[Fragmento de "Lamento", de Pixinguinha]

39 *Maxixe, a dança excomungada*. Rio de Janeiro: Conquista, 1974.
40 A carta de Drummond a Felisbela está reproduzida nas páginas 326-327.

Triste de quem
Sem ninguém na hora da partida
Mas quando um homem de bem
Morreu por ser um líder
Nasce uma estrela no céu
É mais uma estrela no céu
Porque um homem morreu
Clamando a beleza da vida

[Fragmento de "Samba fúnebre", de Vinicius de Moraes e Pixinguinha]

P. 105-106 CARTA DE HERMÍNIO BELLO DE CARVALHO A CARLOS DRUMMOND DE ANDRADE, 30 JAN. 1981
ACERVO: FUNDAÇÃO CASA DE RUI BARBOSA

Hermínio se refere ao documentário *Maxixe, a dança proibida* [N. do E.]

CARTA Nº 026/81-CONPROES

Ministério da Educação e Cultura
Fundação Nacional de Arte

Rua Araújo Porto Alegre, 80
20030 - Rio de Janeiro - RJ

Rio de Janeiro, 30 de janeiro de 1981.

Ao

Carlos Drummond de Andrade
Rua Conselheiro Lafayette, 60/701
22.081 - Rio de Janeiro - RJ

Drummond,

Alex Vianny é uma dessas figuras que, segundo Dame Aracy D'Almeida, "não resta a menor dúvida". Figura lindíssima e sonhadora, Alex fez um documentário sobre o maxixe e inclusive me disse que você é bastante interessado no assunto.

Como o nosso Jota Efegê anda precisando de uma paparicação ainda maior por parte daqueles que habitualmente já a ritualizam, decidimos programar duas sessões daquele curta-metragem na Sala Funarte Sidney Miller, pra juntarmos os maxixeiros todos e assistirmos ao íntegro trabalho do mestre Alex.

Aí veio a contra-ordem do Jota: ele já não sai à noite, apavorado com essa onda de assalto que nos esta devorando a calma. E expor sua Feliz/ Bela, sua guarda-costas, à sanha do inimigo? Nem pensar! E veio ainda com um argumento ainda mais convincente: que você só iria resguardando sua privacidade, sem aqueles tumultos habituais das sessões desse tipo.

A gente arranjou um horário mais calminho: 10:30 da manhã, dia 4 de fevereiro, 4a. feira.

Madrugador (seus telefonemas são dados muito antes das 7 da matina), Jota me intimou a fazer o convite por escrito, pois faz questão de sua presença.

Com aquele susto que pregou a todos, com o infarto que sofreu ano passado, a gente tem mais é que atender aos caprichos do velho. E como é improvável que eu chegue às comemorações do centenário dele (estará lépido e fagueiro

MEC — FUNARTE

descerrando uma placa alusiva à data...), tasquei logo que a sessão é em homenagem a ele, para que se sinta amado como realmente é.

E finalmente: aquela sua crônica sobre Cartola eu a li para o Poeta, que me fez pregá-la na parede. Foi a última alegria que teve,pois logo à tarde penetrou no túnel misterioso que o levaria à grande planície onde estará agora, provavelmente bebendo uma Cascatinha e diante de Pixinguinha, Lúcio Rangel e Vinícius, uisqueiros irremediáveis.

Pedido de Jota para mim é uma ordem, e ela está cumprida.

Um, dois, diversos abraços do

CONSULTORIA P/ PROJETOS ESPECIAIS

HERMÍNIO BELLO DE CARVALHO
Consultor

PÁGINA SEGUINTE, BILHETE DE CARLOS DRUMMOND DE ANDRADE A HERMÍNIO BELLO DE CARVALHO, 5 FEV. 1981
ACERVO: HERMÍNIO BELLO DE CARVALHO

Trata-se da crônica "No moinho do mundo". [N. do E.]

A crônica "O maxixe e o livro" está reproduzida na página 127 e transcrita nas páginas 350-351. [N. do E.]

CC/DEX
HBC/mls

Sr. Herminio Bello de Carvalho
Funarte
Rua Araujo Porto Alegre, 80
20030   Rio de Janeiro RJ

Rio, 5.2.81.

Poeta Hermínio:

Não deu para ver o filme do Alex Vianny e homenagear de perto o nosso ínclito Efegê. Para a minha filha uma clínica, todos os momentos disponíveis venho passando com ela, cujo estado, felizmente, é animador.

Mas escrevi uma crônica a respeito do filme e do Efegê, a sair no JB de sábado, 7.

Obrigado pela atenção.
abraça-o o

CARLOS DRUMMOND DE ANDRADE

Drummond

Eis surge este carioca dos mais finos,
que sobe o morro e pára nos terreiros
e tudo vê, e gosta do seu povo,
sambista ele também, no sangue e n'alma,
aposentado embora, mas atento,
vai ao passado, nele colhe o som
do que é canção e vida, entrelaçadas.

Carlos Drummond de Andrade

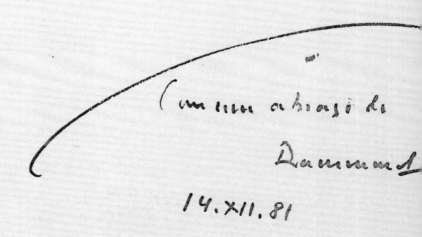

Com um abraço de
Drummond
14.XII.81

Rio, 15 de dezembro, 1981.

Poeta Hermínio:

   Você fez bem em cobrar o texto prometido. Me descuidei. Ele aí vai, com os agradecimentos devidos pelo estupendo presente com que você despertou a minha desmemória. Beleza sete vezes beleza, o portfólio Picasso-Chico ! Estou fascinado.

   Abraços do

BILHETE DE CARLOS DRUMMOND DE ANDRADE A HERMÍNIO BELLO DE CARVALHO, 15 DEZ. 1981
ACERVO: HERMÍNIO BELLO DE CARVALHO

AO LADO, POEMA DE CARLOS DRUMMOND DE ANDRADE EM HOMENAGEM A JOTA EFEGÊ, 14 DEZ. 1981
ACERVO: HERMÍNIO BELLO DE CARVALHO

A capa do portfólio desenhada por Chico Caruso está reproduzida na página 128. [N. do E.]

Sr. Hermínio Bello de Carvalho
Rua Bartolomeu Portela, 14   4º andar

22 290   Rio de Janeiro   RJ

...azer de areia, terra e água uma canção.
Depois, moldar de vento a flauta
que há de espalhar essa canção.
Por fim, tecer de amor lábios e dedos
que a flauta animarão.

...a flauta, sem nada mais, pura,
envolverá o sonho desta vida sem...
por todo o sempre, na amplidão.

1981-1982

(edição revista)

CARLOS DRUMMOND DE ANDRADE

Hermínio:

Por que não responder?
Respondo, sim, e com muito gosto.
Felicidades!
Criação constante!

Drummond

CARLOS DRUMMOND DE ANDRADE

A capa de *Dictionnaire des injures* está reproduzida na página 129. [N. do E.]

O manuscrito do poema "Ausência" está reproduzido na página 131. [N. do E.]

Em 1982, o Presidente do Brasil era João Figueiredo. [N. do E.]

P. 113 CARTA DE HERMÍNIO BELLO DE CARVALHO A CARLOS DRUMMOND DE ANDRADE, 19 MAR. 1982
ACERVO: FUNDAÇÃO CASA DE RUI BARBOSA

R 24.3.82

Hermínio Bello de Carvalho

HBC/015/82

Rio de Janeiro, 19 de março de 1982.

Meu poeta Drummond,

Desculpe sofisticar o envio do "Merde" deixando-o na embala
gem original em que foi postado. É que há um sentimentalismo envolvendo
tudo isso: quem o procurou em Paris foi um afilhado de casamento cujas
artes no violão você conhece muito bem: Turíbio Santos. E quem o enviou
foi outro companheiro nosso, que reparte discos e palcos europeus com o
meu querido amigo, o uruguaio Oscar Cáceres que é, além de artista fantástico, um dos maiores divulgadores da obra violonística de Villa-Lobos.
Que sentimentalismo há nisso tudo, afinal? É que foram eles também   os
cúmplices, há alguns anos, de uma intensa procura de uma encomenda   de
nosso amadíssimo Jota Efegê, as célebres gravatinhas borboletas que   o
embelezam sobremaneira. Mas ele as queria "a faire", jamais aquelas de
que os mercadores simplificaram o uso, fazendo-as prontas com elástico
atrás, nem pensar! Fica explicado aí o toque sentimental: três   amigos
novamente se reunem para ainda cultivar um solene ato de admiração, res
peito e gratidão por um poeta que lhes é muito caro. Nem pense que seja
presente de aniversário, logo então depois daquele telefonema! É coisa
mesmo de eu ter um livro que saboreio muito mais em vê-lo encantando '
seu coração do que encanecendo na minha estante, coisa que já não acontece com as memórias de Pedro Nava que só agora, indesculpavelmente a-
gora, estou lendo com absoluto fascínio! Mas acontece que você,   urdido
em Itabira, jamais aceitaria que eu me desfizesse de um exemplar que me
é querido e ficaria por aí matutando "ora que coisa mais aborrecida",a-
mofinando-se com a falta que ele me fizesse. Mas não vou ficar me frus-
trando não, daí tê-lo encomendado aos meus cúmplices queridos.

Como não bato prego sem estopa e sou atento às suas mineiri
ces (responder cartas, cartões, livros, etc), deixo à sua livre escolha
a retribuição que, afinal, desejo: receber no meu aniversário (28 de '
março, 47 anos intensamente vividos) um poema manuscrito para juntar-se
aos outros que mandei emoldurar e me servem para lembrar que a   poesia
é, sim, necessária.

Também serve retrato, mas com dedicatória na frente (preciso ostentar para os meus amigos que você sabe meu nome e até me cumpri-
menta).

sostar a edição

PS - Espero que o Presidente não tome conhecimento desse seu presente,
porque pensará que estou desacatando sua campanha contra a permissivi-
dade e a pornografia, palavras símiles a INPS, Escândalo da Mandioca ,
casuismos eleitorais etc e tal. Outro PS: Não deu tempo de um cartaz
convocatório para o 3º Encontro de Pesquisadores, onde num monte de ca
ricaturados figura você. Mas a companhia é ilustre: Carlos Cachaça, Mo
reira da Silva, Jorge Amado e Luiz Gonzaga. O Encontro será realizado
mês que vem, muito antes portanto das festanças que, de nossa parte,foram
devidamente canceladas a seu pedido.

*e lastimava, ignorante, a falta
Hoje não a lastimo.*

CARLOS DRUMMOND DE ANDRADE

Rio, 24 de março, 1982.

Caro Hermínio:

Obrigado por tudo — Dictionnaire des Injures, fotos do almoço efêêmero, palavras generosas de sua carta. Abraços do velho (e comovido)

Drummond

BILHETE DE CARLOS DRUMMOND DE ANDRADE A HERMÍNIO BELLO DE CARVALHO, 24 MAR. 1982
ACERVO: HERMÍNIO BELLO DE CARVALHO

20 030

Sr. Hermínio Bello de Carvalho
Funarte
Rua Araújo Porto Alegre

Rio de Janeiro RJ

16 NOV 82

CARLOS DRUMMOND DE ANDRADE

Rio, 15 de novembro, 1982.

Meu caro Hermínio:

Sua palavra amiga, seu belíssimo presente deram alegria ao pós-centenário deste rabiscador cachumas. Gratidão, carinho e abraço do

Drummond

ENVELOPE E BILHETE DE CARLOS DRUMMOND DE ANDRADE A HERMÍNIO BELLO DE CARVALHO, 15 NOV. 1982
ACERVO: HERMÍNIO BELLO DE CARVALHO

P. 117 CARTA DE HERMÍNIO BELLO DE CARVALHO A CARLOS DRUMMOND DE ANDRADE, 22 NOV. 1982
ACERVO: FUNDAÇÃO CASA DE RUI BARBOSA

Hermínio Bello de Carvalho

Rio, 22.11.82

rummond,

Embora tentado a guardar como souvenir, devolvo-
e um cartão em branco que veio colado ao seu itabira
 agradecimento.

Devolvo-o rasgado, apenas para que - no caso de
 possível extravio - não venha a sofrer mau uso por
arte de terceiros.

Olhe: meu amigo pintor continua por aí espalhan-
 sementes de girassol pelos jardins da cidade.

Alguns até já estão florescendo (nas jardineiras
 minha rua, por exemplo). Temo é pelo seu empobreci-
nto, já que as sementes, pelo que me disseram, andam
m seu preço pela hora da vida.

Abraços.

CAPA DO DISCO *MUITO ELIZETH*, DE AUTORIA DE LUIZ CANABRAVA. RIO DE JANEIRO: COPACABANA, 1966
ACERVO: HERMÍNIO BELLO DE CARVALHO

PÁGINA SEGUINTE, ACIMA, CAPA DO DISCO *AO VIVO NO TEATRO JOÃO CAETANO*.
RIO DE JANEIRO: MUSEU DA IMAGEM E DO SOM, 1968
ACERVO: HERMÍNIO BELLO DE CARVALHO

ABAIXO, CAPA DO DISCO *UMA ROSA PARA PIXINGUINHA*, DE AUTORIA DE JOSÉ CRUZ.
RIO DE JANEIRO: FUNARTE, 1983
ACERVO: HERMÍNIO BELLO DE CARVALHO

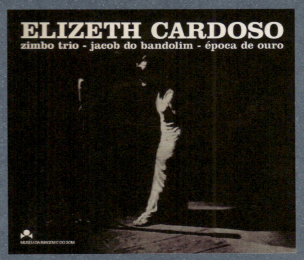
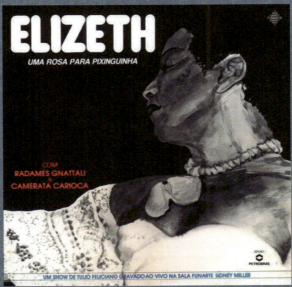

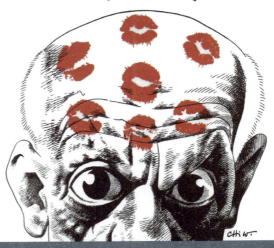

CAPA DO PORTFÓLIO *PABLO, MON AMOUR*, POR CHICO CARUSO, RIO DE JANEIRO: FUNARTE, 1981
ACERVO: CHICO CARUSO

FOTO DE ARACY CORTES
ACERVO: HERMÍNIO BELLO DE CARVALHO

P. 127 PÁGINA DO *JORNAL DO BRASIL* EM QUE FOI PUBLICADA
A CRÔNICA "O MAXIXE E O LIVRO", 7 FEV. 1981
ACERVO: CPDOC-JORNAL DO BRASIL

TODOS OS ELOGIOS DO DICIONÁRIO AINDA SÃO POUCOS PARA O LP DE ALTAMIRO

J. R. Tinhorão

EM outubro de 1979, quando a Philips lançou o LP **Altamiro Carrilho — Clássicos em Choro**, o grande flautista Altamiro Aquino Carrilho (Santo Antônio de Pádua, RJ, 21/12/1924) mereceu do **Caderno B** a homenagem jornalística de uma página inteira com uma ampla entrevista assinada por Ciléa Gropillo, e a publicação da coluna em que apontávamos o trabalho de Altamiro como "o mais incrível, mais inesperado, mais inventivo, mais curioso e mais sugestivo disco já produzido em todos os tempos, na área da música de choro".

Agora, com o lançamento de **Altamiro Carrilho — Clássicos em Choro vol. 2**, o mínimo que se poderia dizer — levando em termos a qualidade do trabalho do flautista e dos músicos que o acompanham — é que uma página dupla de homenagem a Altamiro seria pouco, limitando-se o responsável por esta coluna a aumentar um ponto na conclusão elogiosa de seu artigo anterior: se o primeiro LP da série **Clássicos em Choro** era o melhor disco do grande flautista, este é o melhor que qualquer outro artista do gênero já produziu no Brasil.

Numa época em que a música popular se divide entre uma tendência à sofisticação experimental de uns poucos, e a ampla aceitação dos diluídos ritmos criados para muitos pelas multinacionais do disco, uma idéia como a de Altamiro Carrilho, traduzindo obras de autores eruditos em choro, vale como uma redenção do gosto geral: com sua flauta, Altamiro Carrilho abole as fronteiras entre o popular e o erudito, mostrando como os clássicos podem ser compreendidos quando os artistas populares são capazes de mostrar toda a sua classe.

Em princípio o LP **Clássicos em Choro Vol. 2** pode ser considerado, em termos de invenção, um disco de choro perfeito. Qualquer senão que se lhe pudesse apontar seria uma mera implicância em nome de um perfeccionismo sem sentido. O trabalho de Altamiro e de seus músicos é bom mesmo, e está acabado! A única forma de mostrar que o disco **Clássicos em Choro Vol. 2** não é a melhor coisa que já se produziu até agora na área de choro gravado em estúdio seria obter resposta para uma pergunta: que grupo de outros músicos reunir, neste momento, não apenas no Brasil, mas em qualquer parte do mundo, para produzir algo superior? O flautista Jean-Pierre Rampal, que já veio da Europa para se exibir na Sala Cecília Meireles, é especialista de renome em Bach. Tudo bem: mas conseguiria reproduzir na sua flauta tecnicamente perfeita, mas europeiamente bem-comportada, aquela saltitante malícia, meio lírica, meio romântica, que o sopro de Altamiro transmite na execução da **Sexta do Movimento 4 para Flauta Solo, Bourrée Anglaise**, do mestre Johan Sebastian? É verdade que alguém poderá dizer que no violão de sete cordas, onde brilha o jovem Rafael, poderia estar seu mestre Herondino Silva, o gigante Dino. Mas ao ouvirmos Rafael, o aluno, a rolar inventivamente como um iluminado pelos baixos no acompanhamento de **Liebes Freud**, de Kreisler, por exemplo, o que esperar do mestre, se não a conclusão de que, um dia, poderá, afinal, pendurar em paz o seu violão na parede?

Altamiro Carrilho: os clássicos compreendidos

Enfim, agora, diante do trabalho de Altamiro Carrilho, em seu **Clássicos em Choro Vol. 2**, é esperar que o Governo — se de fato está tão interessado em melhorar a imagem do país no exterior — contrate o mais depressa possível Altamiro Carrilho e seus músicos para uma temporada no exterior. É preciso compreender que quem tem razões de abrigar complexos de inferioridade cultural são as elites, sempre apequenadas diante dos modelos que importam mimeticamente dos países mais desenvolvidos. O povo brasileiro, não! O povo brasileiro tem muitas criações originais para mostrar ao mundo. E uma dessas formas originais é o choro, tão competente e tão atrevido, que — conforme Altamiro Carrilho prova de sobra — é capaz de brincar com os clássicos da música em todos os tempos, com a maior intimidade e competência.

O TRANQÜILO APRIMORAMENTO DE CRISTINA

Mara Caballero

VEJO Amanhecer é o novo disco de Cristina. Título tirado de uma das músicas, um samba de Noel Rosa e Francisco Alves, o que não quer dizer que seja um disco só de sambas antigos. Há samba da velha guarda e músicas de pessoal mais jovem (Djavan, Novelli e Cacaso, Milton Nascimento e Fernando Brant, sem contar Chico Buarque e Paulinho da Viola). Cristina faz questão de observar que esse equilíbrio sempre existiu nos seus discos.

A explicação para o fato de ser mais conhecida como intérprete de sambas antigos, muitos deles esquecidos ou praticamente desconhecidos do público mais jovem, é a de que seu primeiro sucesso — que ela diz rindo também ter sido a sua única interpretação que estourou — foi **Quantas Lágrimas**, do compositor Manacéa, da Portela, carro-chefe de seu primeiro LP, **Cristina**, e que no compacto chegou a vender 100 mil cópias:

— Hoje essa quantidade, para compacto, não é nada. Na época, era alguma coisa.

Mas Cristina não tem certeza de que esse é o único motivo nem de que o seu desempenho seja melhor com esse tipo de música:

— Gravei também música de Milton Nascimento que muitos outros já haviam gravado. Talvez por isso não chame tanto a atenção. E as outras músicas são de certa forma diferentes do que se está acostumado a ouvir. De qualquer maneira, acho muito importante gravar essas músicas mais antigas. Durante a gravação, muitos músicos mais jovens não fazem fé nelas, não conhecem os compositores. Depois, ficam achando sensacional. Misturo o antigo e o novo também por isso: quem gosta de uma coisa, passa a prestar atenção na outra.

Para provar que sempre misturou o repertório, ela observa que apenas o seu segundo disco, **Prato e Faca**, tem exclusivamente músicas antigas. Afirma ter sido uma homenagem:

— Em vez de samba, poderia ter sido um disco só de frevo, por exemplo.

O primeiro disco tinha também músicas de Tom e Vinícius e o terceiro, de Francis Hime e Nelson Ângelo. O gosto pelo repertório antigo veio de várias fontes. Os amigos paulistas fizeram Cristina conhecer Nélson Cavaquinho, por exemplo. Um irmão que mora em São Paulo coleciona gravações antigas e "é louco" por Ciro Monteiro. O pai sempre ouviu Ismael Silva. E Geraldo Pereira (de quem mais gravou música) é paixão de toda a família Buarque de Holanda, de onde Cristina traz também o sorriso de dentes grandes, o gosto pela cervejinha gelada e a incurável timidez.

Mas Cristina garante que os discos gravados de dois em dois anos e as esparsas apresentações em espetáculos ao vivo não são devidos à timidez. É verdade — confessa — que é um pouco preguiçosa, acomodada, não vai a muitos **shows** e durante muito tempo sua vida foi quase só andar às voltas com as crianças (tem cinco filhos). Mas bem que gostaria de gravar todo ano, o que pretende passar a fazer agora, com seu novo contrato com a Ariola. Nas outras gravadoras (dois discos na RCA e um na Continental), o contrato era para gravar apenas um LP.

Quanto a **shows**, lembra que no ano passado trabalhou muito: Sala Funarte, uma semana com a Velha Guarda da Portela; **Turma do Funil**, com temporadas nos teatros Ipanema e Clara Nunes; e Projeto Pixinguinha, excursão com o conjunto Época de Ouro.

No início da carreira tudo era difícil, porque morava em São Paulo e os músicos que a acompanhavam eram do Rio. Complicado levá-los para lá; aqui no Rio, Cristina quase não tinha contatos. Mas agora, "com muita coragem", está planejando um espetáculo de lançamento do novo disco (já tem a idéia do roteiro), ainda para este período de férias. A dificuldade é, como sempre, financeira. Cristina tem o exemplo perto e recente da irmã, Miucha, que perdeu Cr$ 250 mil nas duas últimas temporadas que fez no Rio e em São Paulo. Paulinho da Viola e João Bosco — reforça ela — também tiveram problemas com seus **shows**:

— São muitas despesas: luz, som, músicos, teatro, ECAD. E não dá para cobrar um ingresso mais caro. Além disso, para apresentar todo o repertório, preciso de muitos músicos: do piano ao tamborim.

Cristina não gosta de **modernizar**, nos arranjos, as músicas de outras épocas, preferindo conservá-las de acordo com o ambiente e o período em que foram feitas. E sempre as canta com uma interpretação que procura se aproximar ao máximo daquilo que seriam as intenções do autor. A vendagem relativamente baixa de seus discos não a preocupa. Ela garante que não os faz pensando no mercado:

— Conseguir juntar a popularidade à qualidade é bom, mas não são muitos os casos. Se gostarem do meu repertório, do meu jeito de cantar, compram. Mas eu não vou mexer nisso. É claro, há também o problema da distribuição do disco. Quando fiz o Projeto Pixinguinha, nenhuma loja no Nordeste sequer havia ouvido falar no meu disco. Com o disco do Marçal (Nilton Marçal, ritmista e cantor, filho do grande compositor Armando Marçal), na Odeon, também aconteceu isso. Ele ia às lojas e nunca o encontrava. Muitas gravadoras gravam alguns artistas por prestígio ou para descontar impostos.

Cristina diz que não tem a menor idéia de um perfil de seu público. Nos seus **shows**, já viu de tudo: gente de todas as idades e de todas as camadas sociais. Quanto à concorrência das muitas intérpretes femininas que no momento despontam, Cristina, rindo timidamente, afirma que se considera "das antigas". E também não está muito preocupada com isso:

— Eu me lembro do Adelzon Alves comentando que antes achavam que cantora não vendia, porque quem comprava disco era mulher e só queria comprar disco de homem. O primeiro sucesso da Clara Nunes, um samba de Ataulfo Alves, mudou tudo. Agora são poucos os cantores.

Cristina diz que isso tem também muito de moda, da mesma forma que hoje se ouve muito música nordestina:

— Todo mundo investe nisso, mas daqui a pouco acaba.

Com uma perspectiva tranqüila de sua carreira, Cristina considera que neste seu disco aprimorou muito o seu cantar. Antes não fazia espetáculos, não cantava na casa de ninguém, só cuidava dos filhos, não praticava:

— Não é uma questão de técnica, de estudo, mas de prática mesmo. Cantar é como qualquer profissão, é preciso estar sempre exercitando. No Rio, fiz mais shows, gravações, acho que progredi muito. Meus dois primeiros discos, eu os acho um caos. Não os arranjos, o repertório, os músicos. Disso, eu gosto de tudo. Mas era uma dificuldade colocar a voz. Sou muito exigente comigo. Engraçado é que com os outros não faço a menor questão de técnica, afinação. Sou muito mais ligada à parte emocional da música. Gosto muito de um compositor interpretando sua música, mesmo que sua voz não seja muito boa. Mas comigo, sou exigente.

Cristina: agora, gravar todo ano

* * *

VEJO Amanhecer, *de Noel Rosa e Francisco Alves, era cantado pelo primeiro, em dueto com Gilberto Martins.* Vá Trabalhar, *de Cyro de Souza, tem uma gravação original de Aracy de Almeida, de 1942.* Cantar *é de Godofredo Guedes, pai de Beto Guedes. "É um cara antigo de Minas Gerais que faz instrumentos e é ligado ao choro e às serestas". A música já foi gravada pelo filho do autor e Cristina lamenta não ter cantado toda a letra original. De Geraldo Pereira e Célio Ferreira (o primeiro não podia faltar), há* Sinhá Rosinha, *e de Ary Barroso,* Duro com Duro, *gravação original de João Petra de Barros.*

De novos autores, há Bastidores, *de Chico Buarque (Cristina anda um pouco preocupada com a história de que teria gravado uma música feita especialmente para Cauby Peixoto, quando foi ela quem mostrou sua fita já gravada ao cantor),* Ironia, *de Paulinho da Viola,* Triste Bahia da Guanabara, Andorinha *e* A Madrasta, *de Novelli de Cacaso (o primeiro é o produtor do disco),* Sim ou não, *de Djavan, e* Canção da América, *de Milton Nascimento e Fernando Brant.*

O VIRTUOSISMO DE KEITH JARRETT

José Domingos Raffaelli

NO excelente livro **The Book of Jazz** há um capítulo interessantíssimo intitulado **Horizons: Jazz in 1984**, no qual o autor — o consagrado crítico e historiador Leonard Feather — entrevistou algumas personalidades, solicitando suas previsões sobre o **jazz** do futuro. Duke Ellington, Woody Herman, Dizzy Gillespie, Willis Connover, Louis Armstrong, Jimmy Giuffre, Benny Goodman, Bill Russo e Quincy Jones tecem considerações a respeito do assunto. De todas as respostas, variadas e inteligentes, duas acertaram em cheio: Giuffre chegou às raias da profecia ao prever a invenção do vídeo-disco, e Ellington declarou que "as categorias serão abolidas e ninguém mais se preocupará se é música folclórica, **jazz**, **boogie-woogie** ou uma sinfonia". Este é precisamente o ponto em questão, e altamente polêmico.

Alguns músicos, a maioria das novas gerações, preferem não rotular a sua música. Existem os que se ofendem quando são chamados de **jazzmen**, como ocorreu com o saxofonista Gary Bartz ao ser entrevistado por Gerald Wilson (conhecido líder, trompetista, compositor e arranjador) no seu programa de rádio. Bartz passou a insultar Wilson violentamente, no ar, quando este o apresentou como **jazzman**. Na realidade, a maioria dos músicos absorve influências tão distintas (música popular, clássica ou folclórica, **rock**, ritmos latinos, enfim, uma gama infinita de estilos diferentes) que não se preocupa, absolutamente, em conservar uma linguagem especificamente jazzística. Mas esse é tema para um ensaio penetrante que aguardará a sua oportunidade.

O célebre **The Köln Concert** (ECM/WEA), do pianista Keith Jarrett, assim como a sua obra geral, é um retrato fiel desse panorama. Ele é um músico original de vasta imaginação que parece dominar todos os idiomas musicais de forma inteiramente convincente, combinando as influências dos pianistas de **jazz** com as dos compositores clássicos, da música **gospel**, do **rock** e do **free jazz**. Jarrett tem uma imensa legião de admiradores incondicionais que louvam as suas virtudes ao invés de verdadeira devoção, embora seus detratores afirmem ser "uma mistura de estilos e influências que, mesmo fortalecidos por momentos de excepcional virtuosismo, não convencem como idioma jazzístico". Ele é um dos raros pianistas que se apresentam sempre em recitais de piano-solo, tal como Art Tatum na sua época. E, como Tatum, que foi duramente criticado por exibir "técnica excessiva em detrimento da criação musical", ele paga pelo seu virtuosismo. A técnica em si é uma arma de dois gumes: encanta músicos e ouvintes pela suprema facilidade em criar as mais extensas e variadas situações musicais, mas, paralelamente, é motivo para acusações de exibicionismo inconseqüente.

The Köln Concert, gravado em janeiro de 1975, é considerado a obra-prima de Jarrett, um amálgama das suas virtudes pianísticas sem fixar-se numa linguagem musical específica. É uma peça inteiramente improvisada, espontânea e desenvolvida em seções ao longo de 67 minutos. O pianista coloca toda sua técnica e habilidade para criar e transmitir suas idéias com uma segurança e autoridade que até certo ponto empalidecem a afirmativa segundo a qual não é mais um **jazzman**. Possuindo especial pendor pelo desenvolvimento natural de dinâmicas, executa sutis variações e mudanças, alcançando em algumas passagens efeitos contrapontísticos notáveis. É interessante constatar que grande parte do que ele toca é realizada no registro médio do piano, mas, ocasionalmente, insere passagens percussivas ao lado das frases melódicas, dando maior contraste à execução. Combinando as influências dos compositores românticos às do **jazz**, com vestígios de música **pop**, ele extrai momentos de belas sutilezas harmônicas e cria efeitos hipnóticos pela constante interação das mãos.

The Köln Concert produz um impacto acentuado no ouvinte, devido ao virtuosismo de KJ. No lado 2 o pianista retém uma longa frase reiterativa, modifica-a ligeiramente, e, como se estivesse satisfeito com o seu achado, decide repeti-la **ad infinitum**, porém profusamente decorada pelo acompanhamento da mão esquerda com acentuação **pop**. No lado 3 ele elabora longas frases sobre uma variação rítmica que os músicos conhecem como montoona, intraduzível em português, evoluindo como ondas sonoras incessantes, virtualmente sem separação das notas. Essa repetição sistemática gera um clima de tensão seguido de mudanças delicadas que vão do introspectivo ao romântico, passando pela força de expressão, e termina serenamente com a inserção de escalas até certo ponto rebuscadas. O último lado, com menos de sete minutos, o epílogo do concerto, apresenta novas variações musicais que fluem coerente e espontaneamente, com alusões à primeira parte, uma verdadeira **ouverture**.

The Köln Concert é um disco importante pelo que representa. Subindo ao palco sem temas ou composições previamente delineados, Jarrett está indicando, possivelmente, qual um marujo experiente, uma rota futura na qual já tentam navegar outros grumetes. Talvez ainda seja cedo para julgar, em toda sua profundidade, a obra de Jarrett. A amplidão da sua linguagem transcende a rotulações ou estilos, deixando a certeza de que ele solidificou sua música original e criativa, firmando o seu nome como um dos grandes expoentes contemporâneos. Esse disco foi considerado, ao lado de **Circle in the Round**, de Miles Davis, o melhor lançamento jazzístico de 1980 no Brasil, de acordo com o **jazz poll** publicado pelo JORNAL DO BRASIL em 3 de janeiro último. É um álbum duplo que exige repetidas audições, tantas são as surpresas que oferece. No sentido ortodoxo do termo, segundo alguns críticos, foge aos padrões do **jazz**, porém devemos convir que a quebra de estruturas já vem ocorrendo há algum tempo, sendo esta a linguagem influente do piano atual.

Maurício Quádrio, agora à frente do setor de **jazz** & clássico da WEA, tem nos seus planos a edição de uma caixa com 10 LPs de Keith Jarrett, entre outros projetos.

* * *

Ainda este mês estará no Rio o saxofonista Wayne Shorter///Foi oferecido o trio de Randy Weston para uma rápida temporada no Rio///A cantora norte-americana Helen Merrill se apresentará brevemente com a Rio Jazz Orchestra///Projetada uma temporada sul-americana do pianista Martial Solal, faltando somente a definição das datas.

Drummond

O MAXIXE E O LIVRO

E aconteceu, ora vejam, o centenário do maxixe no Brasil. Para que ele não passasse despercebido (o pessoal não é muito ligado a História, só quer saber de presente, e olhe lá), o Alex Viana, cineasta que sabe das coisas, fez um filme que merece ser visto. Nele aparecem Jota Efegê e Ginger Rogers, e aqui previno, para evitar dúvidas: 1º) os dois não viram o maxixe nascer; 2º) também não formam par de maxixeiros. Mas se pintasse ocasião de maxixar com a moça hollywoodiana, duvido que, do alto dos seus 79 cajus, ele se esquivasse, alegando reumatismo nas juntas. Há uma cena de baile popular, desenhada por Seth (ver Histórias da Caricatura no Brasil, *de Herman Lima) em que o lépido autor do livro sobre o maxixe, "dança excomungada", exibe com a maior elegância sua competência coreográfica especializada. Ele é o magro, alto, de pincenê, à direita.*

Que distinção! A meu ver, o maxixe pode ser tão distinto quanto o minueto dançado na corte de Luís XIV. É alegria dos corpos, em ritmo lascivo, mas se consideremos bem, toda dança é lasciva, e qualquer modalidade pode ter um tratamento nobre ou reles, dependendo de quem a pratique. A carga de sensualidade do maxixe pode ser expressa da maneira mais artística possível, e os grandes maxixeiros o provam. Já gosto menos da maneira como os nossos maiorais estão dançando o maxixe político. A inautenticidade de requebros, o exagero canhestro de parafusos, a ausência total de imaginação para improvisar passos novos dentro da tradição... meu Deus, como é que um dançarino que se respeita pode dar tão triste espetáculo de sua capacidade, errando o compasso, como estamos vendo a toda hora: mal se filia a uma sigla, passa para a outra sigla inteiramente diversa, quando não ri das siglas em conjunto e mais uma vez repete o velho sacolejo sem estilo, de um velho renunciante de 1961...

A turma dança mal ou pula a esmo. Impressionante como a liberdade nem sempre estimula a criação. Até hoje não se sabe o que querem os diferentes Partidos, mas sabe-se que os detentores do Poder nos acenam com uma democracia ao modo deles, consentida e condicionada, em que o jogo político obedeça a controles especiais e não ao simples e natural movimento da opinião, canalizada em Partidos bem nítidos. Na confusão atual, as combinações de interesse privado assumem o lugar de manifestações públicas de correntes populares, e há feitores do Governo percorrendo o país para indagar quem está sendo fiel, quem ameaça trair e quem pode ser seduzido. O Poder não confia em sua força, e as oposições fragmentadas parecem querer substituir-se umas às outras, como se cada uma delas fosse a verdadeira e única Oposição. A continuarem assim, alguns cavalheiros escondidos na sombra manipularão, brincando, o quadro das sonhadas eleições: os eleitos serão escolhidos e empossados numa reunião das 9 da manhã, em Brasília.

Mas chega deste assunto, e vamos às três meninas de São Paulo. Cristina, Patrícia e Anaelena é como se chamam, e Carlito Maia me diz que devem ser celebradas, não só por serem lindas, o que já é um título muito mais sério que os vendidos em xerox pela Tieppo (ah, essa mania de brasileiro esperto, de levar vantagem pensando que os outros são bobos)... Não só pela lindeza, continuo, mas ainda porque montaram uma livraria e não por exemplo um salão de roller skate. *Estou de acordo com Carlito. As garotas te oferecem idéias, obras-primas da literatura, o outro lado da vida vegetativa, o horizonte largo. E a livraria que elas instalaram chama-se machadianamente Capitu. O velho Assis, em sua poltrona de nuvens, há de sorrir para essas meninas, agradecido. E tu que me lês em São Paulo, morador ou em trânsito, presta atenção: há no Brasil um número infinitamente maior de lojas de loteria do que de livrarias. Não te entristece isto? Quando a indústria editorial cambaleia devido ao preço esmagador do papel e dos outros componentes do produto, e livrarias se fecham por aí, dando lugar a lanchonetes ou pontos de jogo, Anaelena, Patrícia e Cristina preferem arriscar no comércio do livro, preferem a parte do anjo: um anjo brasileiro, consciente da necessidade de formação cultural de nosso povo, que não pode prescindir da letra impressa, digo mais: da letra que ensina, corrige, estimula, diverte, consola, empurra pra frente. Isto chama-se livro, objeto insubstituível na era eletrônica, por mais que digam o contrário os amantes da massificação pela simples imagem em movimento. O livro é a coisa que fica, o palpável, o sólido, o que está à nossa disposição a qualquer hora do dia ou da noite... Milagre! Velho milagre sempre novo. Falar nisso: que falta está fazendo um livro novinho em folha, para substituir o cansado, remendado volume que paira sobre as nossas cabeças: o livro da Constituição, que se quer legível e tranqüilizador, sem o apêndice indigesto da lei de segurança. Quando virá esse bom livro?*

Carlos Drummond de Andrade

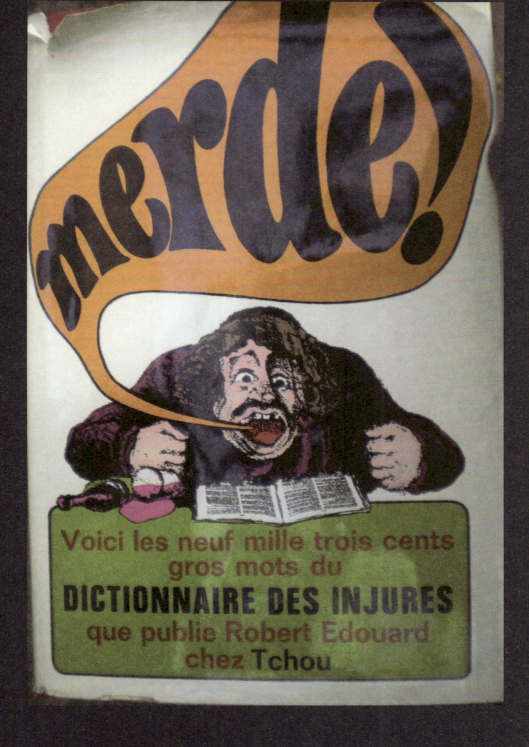

CAPA DO *DICTIONNAIRE DES INJURES*, **DE ÉDOUARD ROBERT, PARIS: TCHOU EDITEUR, 1967**

P. 131 MANUSCRITO DO POEMA "AUSÊNCIA", COM O QUAL CARLOS DRUMMOND DE ANDRADE PRESENTEOU HERMÍNIO BELLO DE CARVALHO EM RESPOSTA À CARTA DE 19 DE MARÇO DE 1982
ACERVO: HERMÍNIO BELLO DE CARVALHO

Ausência

Por muito tempo achei que a ausência é falta
e lastimava, ignorante, a falta.
Hoje não a lastimo.
. Não há falta na ausência.
Ausência é um estar em mim.
E sinto-a tão pesada, aconchegada nos meus braços
que rio e danço e invento exclamações alegres.
Porque a ausência, esta ausência assimilada,
ninguém a rouba mais de mim.

Carlos Drummond de Andrade

Rio, 24 de março, 1982

**DRUMMOND E HERMÍNIO CONVERSAM DURANTE A FESTA DE 80 ANOS
DO JORNALISTA E PESQUISADOR JOTA EFEGÊ, EM 1982
FOTO: JULIA PEREGRINO**

ERA UM HÁBITO QUE A VELHICE, IMPIEDOSA, MISERÁVEL

e incomplacente, foi tratando de apagar. A cada aniversário meu, ia de manhãzinha à casa de Neuma e Zica cumprir o ritual de pegar um "presente", que nada mais era senão um pequeno adorno de fantasia que sempre guardavam do último carnaval, uma traquitana qualquer que durante algum tempo eu deixaria num canto e depois repassaria para alguém.

Lembro-me que, num dia mais inspirado, meu parceiro Carlos Cachaça fez sua mulher Menininha, irmã de Zica, tirar da parede um diploma para presentear-me. O tempo fez com que eu fosse largando pelo caminho algumas dessas lembranças — pois aniversário é pretexto para que a velhice exponha suas desagradáveis estrias, rugas, dores lombares, visão diminuída, aumento do preço do plano de saúde — e quais as vantagens? entrar pela porta da frente do ônibus sem pagar passagem? ou ter direito à meia-entrada no cinema e filas preferenciais em banco junto com grávidas e incapacitados?

Costumo repetir o que me disse Oscar Niemeyer: a velhice é uma merda.

A memória que vai se apagando é armadilha que não se tolera. Diante do bilhete de agradecimento enviado ao Drummond (mal xerocado, talvez) — fico olhando a cópia manuscrita do "Áporo", semente germinal deste livro. Veio em papel timbrado, sem dedicatória — mas com o *U* inicial do primeiro verso desenhado, detalhado com capricho, na cor vermelha.

Imagino que o pedi como presente de aniversário ao Drummond, e a frase meio infeliz ("você fez a minha cabeça") teima em se contrapor à sisudez espessa do itabirano ilustre, o que me leva a pensar numa outra hipótese. Que não é ilógica. Em nossos telefonemas, eu que, mais ouvia do que falava, devo ter lhe lembrado daquele encontro em data imprecisa e do rumo que deu à minha vida temperada então com dúvidas e sonhos mal rascunhados: a simples decifração que me deu ao me encaminhar ao dicionário para buscar a palavra "áporo", foi como se abrisse outros compêndios na minha vida.

Mas se existe algo que não pode ser objeto de dúvidas nem por meus eventuais desafetos (sim: os tenho, os coleciono, alimento às vezes seus rancores com picuinhas tolas) — é que não posso ser acusado de falta de generosidade. Lembro do encanto de Radamés[41] com um livro de Chagall, quase uma bíblia para mim, comprado com enorme sacrifício em Paris. Imediatamente presenteei ao amigo. Mas era contrapartida aos afagos que ele nos dava com suas estocadas aparentemente grosseiras — como quando, extenuado por uma longa espera no camarim, vociferou um "vai ser afinada assim na puta que te pariu" para uma atônita Zezé Gonzaga. Falso mal-humorado Radamés, amigo querido sempre cercado de jovens atentos à sua mestrança natural, carregava uma advertência adjacente: *prestem atenção...*

Abarrotasse um baú com mirro, incenso, barras de ouro, pérolas e bilhões de dólares (então nossa paramoeda) — e ainda assim minha retribuição seria mínima, afirmaria mesmo que nenhuma, diante do presente que se o pedi ao Drummond, terá sido dado com carinho. Esse que revela a caligrafia bonita, esse *U* desenhado com esmero — a lembrar ao antigo menino que é sempre necessário agradecer — ainda que o presente tenha sido solicitado, seja ele um adorno amarrotado do último carnaval, ou mesmo um manuscrito como esse.

É quando lamento, e muito! que Neuma e Drummond não tenham se encontrado.

---

41 Radamés Gnattali (1906-88) teria declarado que jamais deixaria que eu letrasse uma composição sua, possibilidade não remota se levarmos em conta que, tendo eu letrado alguns choros de Jacob, tenha acirrado alguns defensores da tese de que "choro não é para ser cantado". Levado ao pé da letra, se acabaria com o gênero samba-choro, se destronaria Ademilde Fonseca como Rainha do Chorinho e acabariam por colocar diante do paredão o próprio Pixinguinha, que pediu a Vinicius que letrasse o "Lamento", finalizando o extermínio com a execução pública de Jacob do Bandolim, que letrou o "Ingênuo" de Pixinga. Enfim: uma fita cassete gravada por Radamés desatesta aquela possibilidade e o resultado de nossa parceria está gravado por Zezé Gonzaga.

P. 139 MANUSCRITO DO POEMA "ÁPORO", COM O QUAL DRUMMOND PRESENTEOU HERMÍNIO
ACERVO: HERMÍNIO BELLO DE CARVALHO

Áporo

Um inseto cava
cava sem alarme
perfurando a terra
sem achar escape.

Que fazer, exausto,
em país bloqueado,
enlace de noite,
raiz e minério?

Eis que o labirinto
(oh razão, mistério)
presto se desata:

em verde, sozinha,
antieuclidiana,
uma orquídea forma-se.

Carlos Drummond de Andrade

8

QUEM HOJE PASSAR DIANTE DO EDIFÍCIO NÚMERO 5
DA RUA SANTO AMARO,

no bairro da Glória, encontrará uma placa-aviso de que ali morou Mário de Andrade.

Durante largo tempo sustentei a versão de que a redescoberta da placa, após um longo período em que ela havia sido retirada e posta fora de circulação, se devia um pouco ao Drummond: eu teria ligado pra ele lembrando que os 90 anos de Mário de Andrade passariam em branco, o que seria lastimável, e ele teria rechaçado a ideia de um evento comemorativo, jogando um balde de água fria em minhas pretensões. Hoje, vejo que essa versão não se sustenta — é potoca, mentira, lorota, patranha das brabas. A entusiasmada carta de adesão do poeta à minha proposta, o leitor encontrará mais adiante, e remeterá ao reino da fantasia a história que eu tinha dado como coisa verdadeira.

Há que contextualizar sempre o fato narrado, para que ele não deixe em maus lençóis o pretenso memorialista, um desmemoriado. Por exemplo :

— E o Jayme Ovalle, Drummond?
— É uma invenção do Bandeira.

Contado assim, o curto diálogo nem faria muito sentido. Mas é que eu andava apaixonado pelas histórias do autor de "Azulão" que surgiam nos relatos de Fernando Sabino e também no livro *As amargas não*, do Álvaro Moreyra[42]. "E o grande poeta Jayme Ovalle, em que brumas havia se ocultado?" — era esse o sentido de minha pergunta, que vinha escudada no aparecimento da memorialística de Pedro Nava. Enfim: Jayme Ovalle não era um Pedro Nava. Papo encerrado. Nem tanto.

— Quem fala?
— Aqui é um de seus namorados.

Eu de um lado da linha, Pedro Nava do outro. Não o conhecia pessoalmente, e esse *namorado* tinha a ver com a legião de admiradores,

---

42 MOREYRA, Álvaro. *As amargas não*. Rio de Janeiro: Lux, 1954. [N. do E.]

todos nós, que Nava havia conquistado com sua obra, surgida, como um clarão, em 1972 com o *Baú de ossos*[43]. Logo, evidentemente, me identifiquei pedindo-lhe um texto sobre Mário de Andrade, com quem ele trocara vasta correspondência[44].

Aquele telefonema de um admirador anônimo voltava como um filmete, um *flashback*, que insistia em reverberar em minha lembrança a brincadeira desastrosa, possível acionadora de mil conjecturas por parte de meu interlocutor no primeiro momento em que a recebera. Afinal, em 1984, após um telefonema, Nava tomara a decisão extrema de se fulminar com um tiro na cabeça por conta da chantagem que vinha sofrendo de um cafajeste com quem se envolvera. O porquê do suicídio ficou mais claro num telefonema pessoal que dei a um inconformado e indignado Guilherme Figueiredo.

Lembrei-me de uma placa afixada no prédio número 5, da rua Santo Amaro, e que Pedro Nava dá conta em seu *Mário de Andrade, correspondente contumaz* que naquela casa "existiu e foi retirada não sei porque uma placa que dava notícia da passagem ali do grande brasileiro". Retirada por implicância de um síndico, contou-me Rubem Braga, confirmado por Mignone, e jamais recolocada no lugar, dando-se por perdida. Também o busto de Mário, esculpido por Bruno Giorgi, e ficava ali nas imediações da praça Paris. Mário veio se asilar no Rio de Janeiro, depois de ser afastado do Departamento de Cultura da Municipalidade Paulistana, "e o prefeito que o afastou desse cargo foi um de seus assassinos. [...] A angina de peito de Mário Raul de Moraes Andrade começou na ponta da pena punhal que assinou o ato de seu afastamento do Departamento de Cultura" — detalha Pedro Nava em seu belo livro[45].

43 Publicado pela José Olympio Editora, em 1972. [N. do E.]
44 ANDRADE, Mário de. *Correspondente contumaz*: cartas a Pedro Nava, 1925-1944. Ilustrações de Pedro Nava. Edição preparada por Fernando da Rocha Peres. Rio de Janeiro: Nova Fronteira, 1982. [N. do E.]
45 NAVA, Pedro. *Beira-mar*. Rio de Janeiro: José Olympio Editora, 1978, p. 190-194. [N. do E.]

O desafio da procura da placa — e do busto! — se instalara de forma obsessiva. Soube de uma cópia do busto, por Guilherme Figueiredo, doado depois à Unirio — na praça Mário de Andrade. Outra cópia do busto, segundo noticiou-me Darcy Ribeiro, estava em seu gabinete. Mas e a placa? Fui até o prédio que Mário habitara, perto do velho *High Life* (depois Incra), vizinho à Taberna da Glória (onde ele se encontrava com Lúcio Rangel, Fernando Sabino, Mignone, Moacir Werneck de Castro e outros amigos; na mesma Taberna encontrei Clementina de Jesus e bebi com Ismael Silva, Aracy de Almeida e o "pianeiro" Mário Cabral). Prédio visível da janela de meu apartamentinho, ali no beco do Rio, que fazia quase esquina com a velha Taberna. Um síndico irascível, de maus bofes e ainda por cima sofrendo de gota — gota que desaguava nos oceanos Índico, Pacífico e Atlântico — veio me atender com um profundo mau humor. Não era, esclareceu, o mesmo que fizera retirar a placa — da qual, já agora solícito, informava não ter notícias. Esclareço que sua súbita docilidade deu-se por conta de saber-me filho de seu Ignácio, calista igual a ele em priscas eras, meu velho pai Ignácio polindo unhas ilustres como as das duas Carmens, a Costa e a Miranda. Que voltasse no dia seguinte, e procurasse a subsíndica, e é claro que voltei me deparando com nada menos do que a irmã da soprano Alice Ribeiro, que fora minha vizinha na rua Hermenegildo de Barros, e sob cuja janela me debruçava para ouvi-la ensaiando Händel acompanhada pelo maestro José Siqueira, com quem acabaria se casando. Já em abraços e lágrimas, eis que surge o síndico acompanhado do porteiro e da — pasmem! — bendita placa encomendada a Bruno Giorgi, jogada há não sei quantos anos no porão do prédio.

É claro que contei ao Drummond a redescoberta, que aí sim, isso eu me lembro, me chamou de maluco. Do outro lado da linha, senti seu sorrisinho itabirano coroando o feito.

Enfim: a placa foi recolocada, trouxemos Zé Bentinho (secretário de Mário) para paraninfar o ato que, evidentemente, foi politicamente aproveitado pelas autoridades culturais da época, ao som de uma fanfarra, e sob aplausos das muitas autoridades que, estou certo, jamais haviam ouvido falar de Mário de Andrade. Fui testemunha distante daquele ato, tomando um chope numa padaria em frente — pois a Taberna, a primeira, não havia mais.

"IDEIAS NASCIDAS NO VOO"
CORRESPONDÊNCIA DE CARLOS DRUMMOND DE ANDRADE E HERMÍNIO
BELLO DE CARVALHO SOBRE O PROJETO MÁRIO TREZENTOS, 350

CARTA Nº 131/83-DMP/INM

 Ministério da Educação e Cultura
Fundação Nacional de Arte

Rua Araújo Porto Alegre, 80
20030 - Rio de Janeiro - RJ

Rio de Janeiro, 19 de maio de 1983.

Ao
Carlos Drummond de Andrade
Rua Conselheiro Lafayette, 60/701
22.081 Rio de Janeiro, RJ

Drummond,

    Lendo a nove mil metros de altura as cartas de Mario de Andrade para Pedro Nava, descobri que o meu guru faria 90 anos em 09 de outubro próximo.

    Acho que todas as discussões em torno de Mario, ampliadas com a publicação das cartas que ele escreveu a você, mereceriam um evento mais abrangente. Penso talvez num espetáculo, onde fragmentos da obra de Mario pudessem avivar seu claro pensamento.

    Penso nessas coisas, não com a fama de espanador de múmias, rótulo que já pespegaram em minha fronte em razão do amor que tenho a Clementina, Pixinguinha e tanta gente maravilhosa com quem já tive oportunidade de partilhar meu coração. Porque no Brasil é assim: basta a gente querer abrir um pouco as tais cortinas do passado (ah! Ary Barroso) para tacharem a gente de saudosista, de espanador de pessoas que o nosso processo cultural mumificou por incompetência de lidar com matéria prima tão viva e ardente.

    Sei que você é um tanto (um tanto? meu Deus!) refratário a essas comemorações, mas acho que, em relação a Mário, nunca é demais a gente pensar nele, que tanto nos ajudou a pensar.

    Não tenho idéias muito precisas, além do espetáculo. Um livro de impressões sobre Mario é, a essa altura dos acontecimentos, difícil de se produzir. E acho que toda a bibliografia dele e sobre ele é quase satisfatória, na medida em que seu coração parece coisa intocável para os amigos. Ou estou errado?

-segue-

Meu poeta, não gostaria de que essa idéia, nascida num vôo para Salvador, morresse no meio do caminho (sem trocadilho). Confesso que ao ver um grupo folclórico dançando e cantando sambas de roda, jogando maculelê e capoeira, eu senti que esse Brasil que Mario tanto amava anda cada vez mais oculto aos nossos olhos.

Esse Mario, garanto a você, meu poeta, está sempre presente no meu dia a dia de animador cultural brasileiro, em cada um dos muitos projetos que criei e administro.

Abraços

HERMÍNIO BELLO DE CARVALHO
Diretor Adjunto

Correspondente contumaz: Mário de Andrade – cartas a Pedro Nava – 1925/1944. Rio de Janeiro: Nova Fronteira, 1982. [N. do E.]

A lição do amigo: cartas de Mário de Andrade a Carlos Drummond de Andrade. Rio de Janeiro: Livraria José Olympio Editora, 1982. [N. do E.]

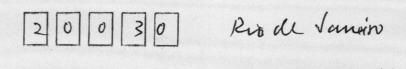

P. 148-149 ENVELOPE E CARTA DE CARLOS DRUMMOND DE ANDRADE A HERMÍNIO BELLO DE CARVALHO,
23 MAIO 1983
ACERVO: CEDOC-FUNARTE

CARLOS DRUMMOND DE ANDRADE

Rio, 23 de maio, 1983.

Meu caro Hermínio:

Suas idéias nascidas no vôo, a julgar
pela referente a Mário de Andrade, têm altura
e beleza. Nada mais justo e socialmente útil de
que essa comemoração dos 90 anos. A Funarte pode
fazer coisas excelentes, como uma exibição de danças
dramáticas brasileiras, matéria que ocupa três volu-

mes das obras completas dele; uma exposição
com bibliografia e iconografia, palestras, etc.; uma
antologia de modinhas, inspirada no livro também
das O.C.; e muitas outras coisas que merece hora de
conversa entre amigos do Mário. Desse lembrança.
Sugiro a você convocar Mignone e Guilherme Figueiredo,
Alceu Amoroso Lima poderá dar um bom depoimento.
O contato com a família de Mário, você e faria escrevendo ao Dr. Carlos Augusto de Andrade Camargo, Rua
Suécia, 278, CEP 01446, São Paulo. Eu estou às ordens
para o que puder. — Abraço cordial do Drummond

Mário de Andrade – Oneyda Alvarenga: cartas. São Paulo: Duas Cidades, 1983. [N. do E.]

P. 151-153 CARTA DE HERMÍNIO BELLO DE CARVALHO A CARLOS DRUMMOND DE ANDRADE,
8 JUL. 1983
ACERVO: FUNDAÇÃO CASA DE RUI BARBOSA

CARTA Nº 187/83-DMP/INM

A NAR UNART FUNARTE UNART NAR A
Ministério da Educação
Fundação Nacional de Arte

Rua Araújo Porto Alegre, 80
20030 - Rio de Janeiro - RJ

Rio de Janeiro, 08 de julho de 1983.

Ilmo.Sr.
Carlos Drummond de Andrade
Rua Conselheiro Lafayette, 60/701
22.081 Rio de Janeiro

Ref.: Mario 300, trezentos-e-cincoenta

Drummond,

Pareceria até que o assunto caiu em ponto morto, mas longe
disso ! Estive em São Paulo, e meu contato epistolar com Telê Porto
Ancona Lopez estendeu-se a um convívio lindíssimo - que pessoa realmen
te iluminada ! E por três dias respirei que respirei Mario de Andrade,
futucando seus arquivos, conhecendo a "Manoela", a belíssima pinacoteca,
os móveis de seu escritório, a pianola - toda a atmosfera que tinha a
respiração de Mario, a resfungação de Mario, toda aquela efervescencia
que o multiplicou 300 por 350. E Martha Rosseti, Ione Soares de Lima
e Flavia Toni foram outras pessoas que me abriram mais e mais portas
que me foram muito úteis. A Prof. Myriam Ellis, que dirige o IEB da USP,
foi de uma delicadeza extrema, não gostasse ela de plantas e animais.
E eu, mistura de samambaia com cachorro vira-lata, acho que a cativei
com minha sinceridade. Infelizmente, a Prof.Oneyda Alvarenga havia sido
internada na véspera, com problemas de artrose e não pude vê-la. Mas
suas cartas a Mario, recém-editadas, foram companhia que não saberei
como agradecer o resto da vida.

Mas o que eu desejaria mesmo dizer é que, com o tempo curtís
simo e ainda dividido com outras tarefas que tinha por cumprir em São
Paulo, não pude tomar contato com outras pessoas indicadas por você:
Carlos Augusto de Andrade Camargo por exemplo.

Mas no que voltei, escrevi a José E.Mindlin e ontem uma sur
presa agradabilíssima o dia me reservava - isso depois de ter tido a
má notícia da perda de um substancial patrocinador para o Projeto (des
graças eu as conto qualquer dia, mas estou me referindo à IBM - que eu

tinha como favas contadas dar um bom dinheirinho para arcar com os altos custos do Projeto). Volto ao parágrafo anterior para colocar dois pontos: o próprio Mindlin aparece-me na FUNARTE, e acho que essas coisas não vêm à toa. Preparei-lhe o que chamo de "a minha mesa de banquete", o único referencial que posso oferecer como prova viva de meu trabalho como animador cultural: os resíduos dos projetos que criei na casa: nove títulos já editados dentro do Projeto Lúcio Rangel de Monografias; os 4 discos do recém-criado Projeto Almirante; os 20 Lps do Projeto Ary Barroso, de divulgação da nossa mpb no exterior; o esboço do quase-Projeto Airton Barbosa, de edição de partituras com arranjos brasileiros, sem sotaques de Berklee; e mais um patati-patatá sobre o Projeto Pixinguinha e seus quase 3.000 concertos em 7 anos de existência, pelo Brasil de cabo-a-rabo; as atividades das 3 Salas FUNARTE; os muitos eventos que cobriram desde os "50 anos de Reco-Reco Bolão e Azeitona", passando por J.Carlos, os 80 aninhos de nosso Jota, o recente "Uma rosa para Pixinguinha", o centenário de Picasso ("Pablo, Pablo"), coisas que paro aqui de enumerar.

    Uma coisa ficou certa na minha cabeça, depois que reli seu cartão e mais a carta de Telê: não teria condições de açambarcar todas as idéias, por sinal muito lindas. Essa inflação vai corroendo, dia a dia, a pouquíssima verba de que dispomos. E temos que nos ater à ação principal dentro dos limites da música. E por aí vamos fazer duas exposições numa só, coisa que já está sendo cuidada; um ou dois discos com o tal encarte com textos dos amigos de Mario; um espetáculo, que deverá resultar num especial de Tv.

    Mas é aí que a coisa toma um vulto maior: fazendo isso e alardeando as necessidades de se fazer um trabalho ainda maior sobre Mario (as necessidades do Museu, por exemplo, são bem grandes) - instigaremos outras instituições a multiplicarem a nossa ação ocupando-se de outros espaços que ficam abertos na homenagem: edição de novos títulos, e reedição de obras já esgotadas; um ciclo de conferências; e tudo o mais que você e a professora Telê enumeraram.

    Além do tempo curtíssimo de que dispomos até 9 de outubro (um tiquinho mais de três meses), temos ainda que ficar passando o chapéu ao empresariado, num trabalho de sensibilização que não chega

a nos desanimar porque, graças a você, esbarramos num José Mindlin: e ele mesmo, além de entrar de corpo inteiro no projeto, ainda saiu listando um monte de portas às quais vai bater para encorpar a idéia: Seguros Boavista, Philips Morris - por aí.

Irei a São Paulo dia 12 para me encontrar com José Mindlin, enquanto uma equipe trabalhará junto ao IEB.

Estou certo de que os 300-350 marios se remultiplicarão a partir deste projeto que ajudará nossa gente a entender um pouco mais o "marienorme" a que alude Pedro Nava. Ah, como Pedro Nava escreve bonito ! Em tempo: que prefácio fantástico o de Dona Oneyda para o livro das cartas que Mario a ela endereçou!

Abraços
INM/DIVISÃO DE MÚSICA POPULAR

HERMINIO BELLO DE CARVALHO
Diretor Adjunto

HBC/mls

Documentos desses projetos estão reproduzidos da página 242 a 273. [N. do E.]

Foram produzidos dois discos. No primeiro foram musicados – por Teca Calazans, com participação especial de Martinho da Vila e Ivone Lara – poemas de Mário de Andrade e no segundo, as "modinhas do império" que Mário recolheu e editou, por Camargo Guarnieri, Francisco Mignone e Lenita Bruno. [N. do E.]

P. 155 CARTA DE HERMÍNIO BELLO DE CARVALHO A CARLOS DRUMMOND DE ANDRADE, 19 JUL. 1983
ACERVO: FUNDAÇÃO CASA DE RUI BARBOSA

Para conhecimento de CPA

Coisa ruim seria ver os 90 anos de Mário de Andrade passarem despercebidos em outubro agora. Pensando nisso conversei, esmiucei e pretei o que pude para se fazer um projetinho onde cada pessoa ou instituição colaborasse, ao seu jeito, para se acarinhar a memória de MA.

Abusei da xerox para posicionar as idéias que foram sendo minhavadas. Nem todas elas poderão, por escassez de verbas, ser vializadas. Mas o disco de/sobre Mario sairá sim, bem como um espetáculo que de 04 a 15 de outubro será encenado na Sala FUNARTE Sidney Miller. Dele será extraído um especial para televisão.

Mas o que eu preciso agora é de um texto de apenas uma lauda sobre o tema "Mário hoje", uma reflexão sobre os muitos mários que habitavam nele, e que bradavam a necessidade de se "abrasileirar o brasileiro", coisa que desajeitadamente venho tentando imitar numa escala pequeníssima há bem uns vinte anos. Essa lauda constará do encarte que acompanhará os discos, e tanto Drummond quanto a Profa. Oneyda Alvarenga e Pedro Nava estão já trabalhando em seus textos, que me serão entregues até o dia 29/julho.

Sei que vou gastar um pouquinho de seu tempo e paciência. Mas creia: valerá a pena.

Grato,

INM/DIVISÃO DE MÚSICA POPULAR

HERMINIO BELLO DE CARVALHO
Diretor Adjunto

Rio. 19.07.83

Na verdade, Antonio Candido de Mello e Souza e Gilda de Mello e Souza.
[N. do E.]

P. 157 CARTA DE HERMÍNIO BELLO DE CARVALHO A CARLOS DRUMMOND DE ANDRADE, 3 AGO. 1983
ACERVO: FUNDAÇÃO CASA DE RUI BARBOSA

P. 158-159 CARTA-CÓPIA DE HERMÍNIO BELLO DE CARVALHO A CARLOS AUGUSTO DE ANDRADE
CAMARGO, ENVIADA A CARLOS DRUMMOND DE ANDRADE, 2 AGO. 1983
ACERVO: FUNDAÇÃO CASA DE RUI BARBOSA

P. 160 CARTA DE HERMÍNIO BELLO DE CARVALHO A CARLOS DRUMMOND DE ANDRADE, 17 AGO. 1983
ACERVO: FUNDAÇÃO CASA DE RUI BARBOSA

P. 161 CARTA DE HERMÍNIO BELLO DE CARVALHO A CARLOS DRUMMOND DE ANDRADE, 29 AGO. 1983
ACERVO: FUNDAÇÃO CASA DE RUI BARBOSA

CARTA Nº 214/83-DMP/INM

Ministério da Educação e Cultura
Fundação Nacional de Arte

Rua Araújo Porto Alegre, 80
20030 - Rio de Janeiro - RJ

Rio de Janeiro, 03 de agosto de 1983.

Ao
Carlos Drummond de Andrade
Rua Conselheiro Lafayette, 60/701
22.081 Rio de Janeiro

Ref.: Projeto Mario de Andrade

Drummond,

    A cartinha para o Carlos Augusto de Andrade Camargo me parece prescindir de maiores explicações. O meu projetinho tropeça aqui e ali em algumas dificuldades, vai se adequando às últimas torpezas que vão nos afligindo economicamente. Ontem falei com Guilherme, que me prometeu o texto para 2a. feira; com Mignone, que participará do disco; e com Guarnieri, que me acena com a mesma possibilidade.

    Falta seu texto e o de João Cândido e Gilda Mello e Souza. Temo que o pedido enviado a São Paulo, onde o casal não se encontra, vá me fazer desistir dessa participação, que me pareceria imprescindível. Também ao Ministro Capanema parece que endereçaram errado a correspondência. Percalços de quem vive à máquina e ao telefone, sem infra-estrutura para tocar mais rapidamente o barco adiante.

    Quanto à baleia, você escreverá no JB sobre ela e o filhote? Não achou lindo não fazerem aquelas malvadezas que há pouco tempo praticaram com uma - foi em Cabo Frio, não?

    Abraços. Serei muito insistente se rebater na tecla de que luto contra o tempo?

Mais abraços
INM/DIVISÃO DE MÚSICA POPULAR

HERMINIO BELLO DE CARVALHO
Diretor Adjunto

HBC/mls

CARTA Nº 209/83-DMP/INM

Ministério da Educação e
Fundação Nacional de Arte

Rua Araújo Porto Alegre, 80
20030 - Rio de Janeiro - RJ

Rio de Janeiro, 02 de agosto de 1983.

Ilmo.Sr.
Carlos Augusto de Andrade Camargo
Rua Suécia, 278
01.446 São Paulo, SP

Ref.: Projeto Mario de Andrade

Carlos Augusto,

    Não me leve na conta de pessoa desatenciosa, pois largo tempo se passou até que eu pudesse responder à sua carta.

    Nem pense que a chave-Drummond pode ser aplicada ao Senho nem pensar! Já lhe sabia a fama de solícito, e é mais ou menos com isso que eu conto: com o amor que as pessoas têm por MA, e também a necessidade de não ver baixar a nuvem do esquecimento sobre 9 de out bro próximo, tão importante para nós.

    Tenho já aqui os escritos de Pedro Nava, Zé Bento, Oneyda Alvarenga e me faltam somente os de Guilherme Figueiredo, Drummond (deve estar já a caminho), os de Mignone (com quem me encontrarei ho je na SBAT), além de Antonio Cândido e Gilda de Mello e Souza. Tenho em mãos os trabalhos de Cassio Loredano e Scliar, faltando-me apenas os desenhos encomendados a Elifas Andreato e o cartum de Chico Carus Telê Porto Ancona Lopez tem sido inexcedível, e José E.Mindlin está tentando nos ajudar nesse projeto tocado de forma um tanto amalucada atarantada mesmo, mas que vai dar certo, ora se vai!

    Mas ainda sofro percalços em minhas buscas: onde o filme que MA aparece de relance na abertura da exposição de fotos de Warchavichik? Onde a voz de Mario, que teria sido gravada numa pales tra realizada talvez para o SPHAN? Estou agora mesmo escrevendo a Julio Lerner (TV-2 de São Paulo) que teria pistas para me fornecer. Também o cineasta Paulo Veríssimo, que está rodando uma nova versão de "Macunaíma", teria essa imagem de Mario. Essa ajuda, sim, me será da maior valia!

    Enfim: o álbum com disco e encarte está em fase de lay-ou

o disco será gravado com Lenita Bruno, provavelmente acompanhada por Francisco Mignone. Do espetáculo já tenho a Sinopse. As exposições estão já com seus perfís traçados.

  É o que precisava de lhe dar conta e também a Carlos Drummond de Andrade, que me recomendou escrever-lhe. Devo ir, pela terceira vez, a São Paulo, exclusivamente para trabalhar junto ao arquivo de MA. E avisarei ao Senhor previamente.

  Grato, bastante grato pelas sugestões contidas em sua carta, e todas levadas aos chamados canais competentes.

Gratíssimo,
INM/DIVISÃO DE MÚSICA POPULAR

HERMINIO BELLO DE CARVALHO
Diretor Adjunto

PS - Ao prof. Darci Ribeiro escrevi carta, solicitando ajuda na localização do busto de MA.

C/C: Carlos Drummond de Andrade

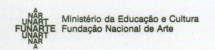

CARTA Nº 231/83-DMP/INM

Rio de Janeiro, 17 de agosto de 1983.

Ao
Carlos Drummond de Andrade
Rua Conselheiro Lafayette, 60/701
22.081 - Rio de Janeiro

Ref.: "Mário de Andrade/90 anos"

Drummond,

Carreguei pra Campo Grande um remorso danado com a brincadeira chocha e descabida que fiz com você, pensando cá com meus botões que você deve ter me achado um tanto ou quanto retardado mental - coisa aliás de que também não duvido...

Perdoe a brincadeirinha que fiz, mas é que às vezes fico a tal ponto tenso que a única forma que tenho de descarregar esse peso é fazendo essas molecagens que, mais uma vez, peço que me perdoe. Apresentar você a um boneco de papel, ora vejam só!

Bem, é que achei no jornal esse artigo sobre viola e que fala numa afinação "Itabira". Veja se lhe serve a informação.

Em tempo: mandei meu disco pra você, recebi os artigos de Guilherme e Fernando Sabino, com o que considero o álbum devidamente pronto para a arte-final.

José Mindlin me telefonou ontem (voltou da Europa) e não me deu esperança de patrocínio para o álbum. Mas pensa você que ele não vai sair? Só vai! O disco será lindo: Lenita Bruno acompanhada por Guarnieri e Mignone, com quem estive domingo retrasado na cada de Guilherme.

E não lhe mostrei a placa! Que cabeça a minha!

Em tempo: a carta que mandei pro Darcy Ribeiro (onde está o busto do Mário?) deu resultado: está no gabinete dele, e o Italo Campofiorito vai entrar em contato comigo para ver como o INAPAC e a FUNARJ entram nas comemorações.

Abraços!

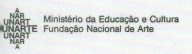

Ministério da Educação e Cultura
Fundação Nacional de Arte

CARTA Nº 243/83-DMP/INM

Rio de Janeiro, 29 de agosto de 1983.

Ao
Carlos Drummond de Andrade
Rua Conselheiro Lafayette, 60/701
22.081 Rio de Janeiro

Ref.: Evento "Mario 300/trezentos-e-cincoenta"

Drummond,

Mando cópia da carta pro Mindlin, por absoluta impossibilidade de fazer meu corpo obedecer ao pensamento. Nela, dou um posicionamento de a quantas anda o "Mario 300, trezentos-e-cincoenta".

Li o delicioso artigo de Fernando Sabino, que me tirou de uma brutal "gaveta"...

Abraços.
INM/DIVISÃO DE MÚSICA POPULAR

HERMÍNIO BELLO DE CARVALHO
Diretor Adjunto

> Hermínio se refere ao artigo publicado na coluna "Dito e Feito", cujo argumento será tematizado no capítulo 9. O artigo está reproduzido na página 289. [N. do E.]

P. 163 CARTA-CÓPIA DE HERMÍNIO BELLO DE CARVALHO A JOSÉ MINDLIN, ENVIADA
A CARLOS DRUMMOND DE ANDRADE, 29 AGO. 1983
ACERVO: CEDOC-FUNARTE

CARTA Nº 244/83-DMP/INM

Rio de Janeiro, 29 de agosto de 1983.

Ilmo.Sr.
José E. Mindlin
M.D.Presidente
Metal Leve S.A.
Rua Brasílio Luz, 535
04.746 SantosAmaro, SP

Ref.: Evento "Mário trezentos/350"

Mindlin, caríssimo:

Não repare que estas mal traçadíssimas vá assinada por minha Assistente Júlia Peregrino: uma estafa impressionante me tirou de combate mas, paralelamente, me devolveu à rotina dos livros, ao Divertimento Opus 17 de Mozart, à releitura de alguns poetas que me são essenciais.

Junto boas notícias à que você telefonicamente incumbiu Júlia de me transmitir (patrocínio para o seguro da exposição de MA no INAP): a Petrobrás vai adquirir parte da tiragem do "Mário 300, trezentos-e-cincoenta", cuja gravação começa ainda esta semana (Lenita Bruno acompanhada por Guarnieri e Mignone, cantando modinhas recolhidas por Mário e poemas musicados pelos dois compositores). Dessa forma se viabiliza o projetinho, que ainda ganha corpo com a recente descoberta que me foi comunicada pelo Darci Ribeiro, via Ítalo Campofiorito: está no gabinete de Darci o busto de Mário, feito pelo Bruno Giorgi, e retirado do Largo da Glória quando foram iniciadas as obras do Metro.

Abraços,muitos.

INM/DIVISÃO DE MÚSICA POPULAR

HERMÍNIO BELLO DE CARVALHO
Diretor Adjunto

PS: Mando cópia desta ao Drummond, porque fisicamente
não dá para me alongar numa segunda carta

C/C: INAP/DEX

Reproduzimos imagens da caixa *Mário, trezentos, 350* da página 276 a 279. [N. do E.]

Reproduzimos imagens da placa e do busto nas páginas 280 e 281. [N. do E.]

P. 165 CARTA DE HERMÍNIO BELLO DE CARVALHO A CARLOS DRUMMOND DE ANDRADE, 28 SET. 1983
ACERVO: CEDOC-FUNARTE

CARTA Nº 281/83-DMP/INM

Rio de Janeiro, 28 de setembro de 1983.

Ao
Carlos Drummond de Andrade
Rua Conselheiro Lafayette, 60/701
22.081 Rio de Janeiro, RJ

Ref.: Evento "Mário trezentos, 350"

Drummond,

Antes de tudo, como se dizia antigamente: "estimo as me-
lhoras".
Avio pra você o melhor remédio: saborear a programação do
"Mário 300,350" e o álbum que acabo de receber e lhe entrego em
primeiríssima mão.
"Coisa de maluco", penso às vezes. Só pediria que você
não esquecesse que isso tudo saiu graças à gazua que seu coração
pôs em disponibilidade para este poetinha.
Agradecerei o resto da vida essa generosidade.

Abraços

Original assinado por
HERMINIO BELLO DE CARVALHO

PS: A placa vai ser reafixada às 10:30 hs do dia 5, na Rua Santo
Amaro, 5. Quanto ao busto, o Quirino Campofiorito me transmitiu recado do Darci, dizendo que está no gabinete dele.

HBC/MLS

**OUTRAS CORRESPONDÊNCIAS
PROJETO MÁRIO TREZENTOS, 350**

ACERVO: CEDOC-FUNARTE
P. 167 MEMORANDO DE HERMÍNIO BELLO DE CARVALHO A DIRETORIA EXECUTIVA, 08 JUL. 1983
P. 168-169 CARTA DE HERMÍNIO BELLO DE CARVALHO A DARCY RIBEIRO, 21 JUL. 1983
P. 170 CARTA DE HERMÍNIO BELLO DE CARVALHO A GUILHERME FIGUEIREDO, 22 JUL. 1983
P. 171 CARTA DE HERMÍNIO BELLO DE CARVALHO A IVONE LARA, 28 JUL. 1983
P. 172 CARTA DE HERMÍNIO BELLO DE CARVALHO A FRANCISCO MIGNONE, 3 AGO. 1983
P. 173 CARTA DE HERMÍNIO BELLO DE CARVALHO A CAMARGO GUARNIERI, 3 AGO. 1983
P. 174 CARTA DE HERMÍNIO BELLO DE CARVALHO A MARTINHO DA VILA, 4 AGO. 1983
P. 175 CARTA DE HERMÍNIO BELLO DE CARVALHO A ONEYDA ALVARENGA, 17 AGO. 1983
P. 176-177 CARTA DE ONEYDA ALVARENGA A HERMÍNIO BELLO DE CARVALHO, 25 AGO. 1983
P. 178-179 CARTA DE ZÉ BENTO A HERMÍNIO BELLO DE CARVALHO, 30 AGO. 1983
P. 181 CARTA DE HERMÍNIO BELLO DE CARVALHO AO DIRETOR DO INSTITUTO NACIONAL
DE ARTES PLÁSTICAS, PAULO HERKENHOFF, 22 SET. 1983
P. 182-183 ENVELOPE E CARTA DE GUILHERME DE FIGUEIREDO A HERMÍNIO BELLO DE CARVALHO,
21 SET. 2009

EM : 08.07.83

MEMO Nº : 333

DO   : DIRETOR ADJUNTO DA DIVISÃO DA MÚSICA POPULAR/INM
À   : DIRETORA EXECUTIVA
ASSUNTO : <u>MÁRIO DE ANDRADE 90</u>

Para fins de comunicação à Assessoria de Mercado e Promo
ções, informa que por recomendação de Carlos Drumond de Andrade,
entrei em contato com José E. Mindlin, Presidente da Metal Leve
S.A, que ante ontem me visitou aqui na DMP. Ele se comprometeu a
procurar as empresas Philips Morris e Atlântica Boavista para
co-patrocinarem o evento em tela.

Atenciosamente,

Original assinado por
HERMÍNIO BELLO DE CARVALHO

HBC/ds

CARTA Nº 194/83-DMP/INM

Rio de Janeiro, 21 de julho de 1983.

Ilmo.Sr.
Darci Ribeiro
Presidente da FUNARJ
Fundação de Artes do Estado do Rio de Janeiro
Rua Araújo Porto Alegre, 80
20.030 Rio de Janeiro

Ref.: Projeto Mario de Andrade

Daro Darci,

Mário de Andrade faria 90 anos em outubro próximo, se estivesse fisicamente vivo. O Rio de Janeiro o deixou muito infeliz, quando viveu por aqui no finzinho da década de 30, enxotado pelo governo de SãooPaulo.

Como se não bastasse o que fez o Rio de Janeiro com ele (pulverizou-o; não fosse a Taberna da Glóoia, e talvez a sua solidão ainda fosse maior) ainda pisaram em sua doce memória depois de morto: arrancaram a placa que um grupo de amigos fez inaugurar aos 15 anos de seu desaparecimento, em fevereiro de 1960, no prédio nº 5 da Rua Santo Amaro, onde habitou com todas as suas ansiedades.

A placa, acabo de resgatá-la, e isso abismou o Drummond, que a considerava perdida. E vamos reafixá-la no domingo 9 de outubro, quem sabe, com a Camerata ao fundo tocando Pixinguinha e o "Nó em pingo d'água" tocando João Pernambuco, essas coisas que ele e nós amamos? E ainda: vamos promover um espetáculo, exposição, edição de disco com parte iconográfica interessantíssima, e aí pensei em você (passei por você no outro dia de manhã e parece que não houve reconhecimento físico): o Governo desentocar o busto executado pelo Bruno Giorgi, e que deve estar se empoeirando num desses porões em que a antiga administração sepultou parte da memória desta cidade, tão ingrata para com Mário.

N° 194/83-DMP/TNM

Fale sobre isso com Carvalh, com minha ex-diretora Yeda Linha_
res, e alardeie o quanto precisamos acarinhar a memória de Mario___r
me de Andrade (Pedro Nava).

Ilmo.Sr.   Abraços.
Darci Ribeiro
Presidente da FUNARJ   Original assinado por
Fundação de Artes do Estado do Rio de Janeiro
Rua Araújo Porto Alegre, 80
10.030 Rio de Janeiro

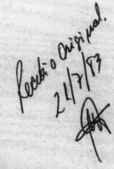

Ref.: Projeto Mário de Andrade

Caro Darci,

Mário de Andrade faria 90 anos em outubro próximo, se esti
vesse fisicamente vivo. O Rio de Janeiro o deixou muito infeliz, quan
do viveu por aqui no finalzinho da década de 30, enxotado pelo governo
de São Paulo.

Como se não bastasse o que fez o Rio de Janeiro com ele (pul
verizou-o; não fosse a Taberna da Glória, e talvez a sua solidão ainda
fosse maior) ainda pisaram na sua doce memória depois de morto: arran
caram a placa que um grupo de amigos fez inaugurar aos 15 anos de seu
desaparecimento, em fevereiro de 1960, no prédio nº 5 da Rua Santo Ama
ro, onde habitou com todas as suas ansiedades.

A placa, acabo de recuperá-la, e isso alegrou o Drummond, que
a considerava perdida. E vamos reinstalá-la no domingo 9 de outubro, quem
sabe, com a Camerata ao fundo tocando Pixinguinha e o "Nó em pingo
d'água" tocando João Pernambuco, coisas que ele e nós amamos? E
ainda: vamos promover um espetáculo, exposição, edição de disco com
parte iconográfica interessantíssima [...]

PS.: Fui domingo ver os concertos na Escadaria, e bastante
feliz de terem programado a Camerata, que você ouviu a
1a. vez lá em Curitiba no meu apartamento no Hotel Araucária.
que deve estar se empoeirando num desses porões em que a antiga admi
nistração sepultou parte da memória desta cidade, tão ingrata para
com Mário.

CARTA Nº 197/83-DMP/INM

Rio de Janeiro, 22 de julho de 1983

Guilherme Figueiredo

UNI-RIO

    Drummond, em boa hora, lembrôu que você tambem não poderia se ausentar das festividades em torno dos noventa anos de Mário de Andrade.

    Mande-me aí uma lauda (ou lauda e meia) falando sobre Mario-hoje, a presença viva dele no fazer cultural. Até o dia 29/julho, sim?

    É pedido de poeta para escritor, o primeiro aliás a se manifestar sobre a minha poesia - coisa que você fez lindamente e que me enternece até hoje.

    Oscar Cáceres está chegando por aí.

    Beijos Alba.

            Abraços.

Original assinado por
HERMÍNIO BELLO DE CARVALHO

CARTA Nº 201/83 -DMP/INM

Rio de Janeiro, 28 de julho de 1983

SRA.

IVONE LARA
Estrada Velha da Pavuna 4341/103 Bl.52
20.761 -RJ

Dona Ivone Lara, Parceira querida

Musique aí esses versos de Mário de Andrade: é coisa urgente, porque ele faria 90 anos em outubro próximo e vamos fazer um grande festejo comemorando o aniversário do autor de Macunaíma.
Telefone-me. Beijos. O programa ficou lindíssimo, não achou?

Do parceiro,

Original assinado por
HERMÍNIO BELLO DE CARVALHO

Ivone musicou o poema "10 quadrinhas". [N. do E.]

MEC·FUNARTE

CARTA Nº 216/83-DMP/INM

Rio de Janeiro, 03 de agosto de 1983.

Ao
Maestro Francisco Mignone
Rua Pompeu Loureiro, 188/1002
22.061 Rio de Janeiro

Ref.: Projeto Mario de Andrade

Francisco Mignone,

Cheguei muito tarde à noite, e não quis incomodar o seu sono. E hoje (são 12.00 hs) já não lhe peguei em casa.

Em todo o caso, é para lhe avisar que já falei com Guarnieri que, a princípio, pareceu sensibilizar-se com a idéia. Gravaremos ainda no final deste mês, mas é coisa que será objeto de uma comunicação menos apressada.

Atenciosamente,

Original assinado por
HERMÍNIO BELLO DE CARVALHO

Francisco Mignone, Camargo Guarnieri e Lenita Bruno gravaram um dos LPs *Mário de Andrade, trezentos, 350* com as modinhas imperiais que Mário recolheu e editou. [N. do E.]

Anexo: Curriculum Lenita
HBC

HBC/mls

MEC-FUNARTE

CARTA Nº 215/83-DMP/INM

Rio de Janeiro, 03 de agosto de 1983.

Ao
Maestro Camargo Guarnieri
Rua Pamplona, 825/83
Jardim Paulistano
01.405 São Paulo, SP

Ref.: Projeto Mario de Andrade

Maestro,

Vou poupar-lhe muitas leituras, mas acredite, antes de tudo, que sua participação no Projeto é absolutamente imprescindível. A cartinha que estou enviando para Carlos Augusto de Andrade Camargo com a devida cópia para Drummond, me parece definir a quantas anda a nossa obsessão em homenagear a memória de MA nos 90 anos que faria em outubro próximo.

Mignone já aceitou participar do disco, acompanhando Lenita Bruno. A outra face do Lp caberia ao Senhor, com as canções que compôs com MA. Poderíamos, sim, gravá-las em princípios de setembro, porque existe o problema do processamento industrial do disco, que desejo lançar logo nos primeiros dias de outubro, para que faça sentido a homenagem ao Mario.

O Projeto que anexo, mais o Curriculum de Lenita, me parecem suficientes para animá-lo.

Pensamos traduzir em royalties a sua participação no disco, que obviamente não tem nenhum objetivo financeiro: boa parte dele pensamos destinar a entidades culturais.

Escreva-me uns dois out três compassos recheados de sina e vamos em frente, e saiba da minha estima e admiração.

Atencioamante,

Original assinado por
HERMÍNIO BELLO DE CARVALHO

Foram gravadas as canções "Despedida sentimental" e "Cantigas do pai do mato" no LP *Mário de Andrade, trezentos, 350*. [N. do E.]

HBC/mls

Camargo Guarnieri escreveu ainda o texto "A ausência de Mário de Andrade", cujo datiloscrito está reproduzido na página 189. [N. do E.]

CARTA Nº 219/83-DMP/INM

Rio de Janeiro, 04 de agosto de 1983.

Ilmo.Sr.
Martinho da Vila
Rua Araxá, 85 - Grajaú
20.561 Rio de Janeiro

Ref.: Projeto Mario de Andrade

Martinho, parceiro de alma belíssima:

    Menos de nove horas de manhã, eu ainda encharcado da emo
ção de ontem. Beije Ruça, essa doida; e Teresa, que também sabe das
coisas. Três ou quatro coisas não me saem do coração: a abordagem
corajosa da menstruação (onde você prossegue o ciclo de ruptura pre
conceitual, exposto já de forma corajosa no "eu te possuo/e é na
tua intenção"), e a belíssima ciranda, o canto angolano, o samba
para Clara...
    Por isso tudo, pelo que você representa para a nossa cul
tura, vejo que o que vou lhe pedir faz mais do que sentido: musicar
o poema que anexo, de autoria de Mario de Andrade. Coisa justa para
sua cabeça, para seu sentimento brasileiro.
    Sei que você está na efervescência de uma gravação: porém
o Marioenorme de Andrade (Pedro Nava) faria 90 anos em outubro próxi
mo, e preciso já que você meta o coração no trabalho que lhe será ex
tremamente fácil realizar. Dona Ivone Lara já levou um poema; o Arri
go Barnabé, outro. A utilização provavelmente será num especial de
TV, e talvez no espetáculo que vamos fazer sobre a vida e obra do
autor de Macunaíma.
    Pense, faleme.
    Obrigado por ontem.

Parceiro, amigo, admirador

Martinho da Vila musicou trecho do poema "Noturno de Belo Horizonte". [N. do E.]

HBC/mla

MEC-FUNARTE

CARTA Nº 232/83- DMP/INM

Rio de Janeiro, 17 de agosto de 1983

Ilma. Sra.
Profa. Oneyda Alvarenga
Al. Ribeirão Preto 506
01.331 - São Paulo/SP

Ref.:"Evento Mário de Andrade"

Professora Oneyda,

Bem que lá em Campo Grande(Mato Grosso do Sul) eu pensei em juntar umas linhazinhas ao recorte que agora estou lhe mandando. Mas fico sempre receoso de tomar tempo, de criar obrigação de resposta - e isso nem pensar! Mas conheci o autor do trabalho, violeiro da melhor cepa e que bem ou mal nos dá esperança nessa questão que MA colocava tão bem, o da necessidade de se abrasileirar o brasileiro. Esse já nasceu com nacionalidade definida, e como ele encontrei ótimos jovens cantadores cheios de planos aparentemente mirabolantes como atravessar o pantanal para colher cantorias de violeiros. Mas farão assim: olhos acesíssimos, corações pulsando a mil, essa garotada me deu um grande alento para o trabalho que desenvolve na área de animação cultural.

Ainda tropeçando em mil dificuldades, fechei a parte dos artigos que serão incluidos no album de MA : a Senhora, Pedro Nava, Drummond, Guilherme Figueiredo, Fernando Sabino, Scliar, Zé Bento .... Vai ficar muito bonito, e ainda mais quando estiver em suas mãos. Dificuldades apenas com relação às obras de MA, musicadas por Guarnieri: tratarei de localizá-las via Flávia Toni.

Chega de lhe roubar tempo!

Mas... e meu retrato?

Abraços.

> A cópia da Funarte dos textos de Carlos Scliar e Oneyda de Alvarenga estão reproduzidos, respectivamente, nas páginas 198-199 e 201; os datiloscritos dos textos de Pedro Nava e José Bento Faria Ferraz, nas páginas 186-187 e 192-197. [N. do E.]

Ilmo. Sr.
Prof. Hermínio Bello de Carvalho
Ministério da Educação e Cultura
Funarte

20030 - Rio de Janeiro
RJ

RPC

Remetente: O. Alvarenga
Endereço: Al. Ribeirão Preto, 506 ap. 84 - S. Paulo

CEP 01331

S. Paulo, 25-8-83

Prezado Prof. Herminio, desculpe este cartão
completamente informal, escrito só para
communicar-lhe que recebi a ordem de paga-
mento. Não estou passando bem, o meu Senhor
verá pela letra irregular, e não consigo
escrever mais.

Tenho ainda um mês de repouso obrigatório.

Depois desse tempo, irá o retrato.

Meu cordial abraço da

Oneyda Alvarenga

São Paulo, 30 de agosto de 83

Meu Carissimo Dr.Herminio

Ao chegar em casa, a noite, encontrei
um presente seu,mais uma carta tao gostosa que
me alegrei bastante. Que bom receber os discos
junto com o carinho de sua carta. Agradeço de
coraçao seu gesto bom.

Estava mesmo preocupado em saber se h
via recebido minha anterior. Agora vejo que sin

Contente por ver que o Projeto Mario
Andrade/Trezentos e Cincoenta progride.Isso é
bom, apesar dos percalços, fato natural em país
sem tradiçao cultural e sem memória, apesar dos

esforços que a Pro-Memória do MEC esta fazendo,
onde V. tem a sua parte. Fui domingos ver uma e
posiçao no Museu da Imagem e do Som sobre Fotos
tiradas pelo M.de A. quando de sua viagem ao Ar
zonas (Coleção IEB/USP, T$_e$le está claro) e mais
uma coleçao milagrosamente feita por Victor Kno
de fotos tiradas do interior da Lopes Chaves,u
dez anos apos a Morte ("Vem oh Morte"!) dele.
Boa. So que as exposiçoes deveriam ser mais di

nâmicas, com kassettes transmitindo,ditas por alguem,as poesias e passagens da vida de Mario. Assim o expetador intraria subliminarmente na alma do autor de Macunaima. Dizer trechos de suas cartas mais significativas,por exemplo. Suas cartas estao revelando o que Mario foi de verdade, vida dura seu Mano. Aliás Victor Knoll lançou na exposição um livro de critica e analise sobre a poesia de Mario.

Tenho uma coisa pra mandar pra voce, mas é pra ficar guardada, pois acho que o texto nao tem possibilidade de ser publicado. E uma experiência que fiz de escritura ou discurso literario.Todos nos temos um "bau de ossos". Num ~~xxx~~ ve que, mexendo um dia nele bau, deparei com um texto em papel amarelado pelo tempo e comido de traça já. Em papel do SPHAN,quanto trabalhava aqui em S.Paulo com o Sáia. Nesse período fui que fiz a s pesquisas para Mario aproveitar em seu "Jesuino do Monte Carmelo". Pois esse rascunho,agora refundi-o e saiu uma coisa gozada.Me lembrei do gregoriano, melodia livre, e da melodia infinita de Wagner, sem compasso nem pausa, apliquei isso na escritura do discurso e saiu um troço. meio besta. S voce se interessar mando-o, porem com reservas, e deite o ~~xxxxx~~ pau e critica nele. Foi "procura apenas" de algo , experiência de laboratorio literario.O papel atabou e estao me chamando na Presidencia. Chau, abraçao do

Z. Bento

EM : 22.09.83

MEMO Nº : 484
DO   : DIRETOR ADJUNTO DA DIVISÃO DE MÚSICA POPULAR/INM
AO   : DIRETOR DO INSTITUTO NACIONAL DE ARTES PLÁSTICAS
ASSUNTO : EVENTO "MÁRIO TREZENTOS, 350" - CARTA GUILHERME
            FIGUEIREDO - ENVIA

Paulo,

        Segue aí xerox do bilhete que me foi enviado pelo Gui
lherme.

        O qquadro está aqui na DMP, e assim que puder venha dar
uma espiadinha.

                    Abraços
                Original assinado por
            HERMÍNIO BELLO DE CARVALHO

HBC/mls

GUILHERME FIGUEIREDO
Reitor
UNI-RIO - Tel.: 2864047
R. Voluntários da Pátria, 107
22270 - Rio de Janeiro - RJ

UNIVERSIDADE DO RIO DE JANEIRO (UNI-RIO)

Ilmº Sr.
HERMÍNIO BELO DE CARVALHO
FUNARTE - Divisão de Música Popular
Rua Araújo Porto Alegre, 80.

UNIVERSIDADE DO RIO DE JANEIRO (UNI-RIO)

Rio de Janeiro, 21 de setembro de 198

Ilmº Sr.
HERMÍNIO BELO DE CARVALHO

Caro Hermínio:

Aqui vai o quadro que lhe prometi emprestar, para figurar na Exposição dos 90 Anos de Mário de Andrade. Vai também a legenda que eu lhe pediria que figurasse ao lado da peça.

E mais abraço do seu

Guilherme Figueiredo

/sfs

DATILOSCRITOS PROJETO MÁRIO TREZENTOS, 350

ACERVO: HERMÍNIO BELLO DE CARVALHO
P. 185 TEXTO DE CARLOS DRUMMOND DE ANDRADE, 8 AGO. 1983

P. 186-187 TEXTO DE PEDRO NAVA

ACERVO: CEDOC-FUNARTE
P. 189 TEXTO DE CAMARGO GUARNIERI

P. 191-197 ENVELOPE E TEXTO DE JOSÉ BENTO F. FERRAZ

P. 198-199 CÓPIA DA FUNARTE DO TEXTO DE CARLOS SCLIAR

P. 201 CÓPIA DA FUNARTE DO TEXTO DE ONEYDA ALVARENGA

P. 202-203 CÓPIA DA FUNARTE DO TEXTO DE CARLOS DRUMMOND DE ANDRADE

P. 204-205 CÓPIA DA FUNARTE DO TEXTO DE PEDRO NAVA

P. 207-209 CÓPIA DA FUNARTE DO TEXTO DE JOSÉ BENTO F. FERRAZ

MÁRIO DE ANDRADE, 1983

"E o homem sou eu, minha gente, e eu fiquei pra vos contar a história. Por isso que vim aqui."

Estas palavras, que parecem versículo bíblico transposto em linguagem brasileira, estão na página final de Macunaíma. Depois que a tribo Tapanhumas se extinguiu, e o herói, ganhando o espaço, se converteu na constelação da Ursa Maior, era preciso que existisse na Terra alguém para narrar a saga, "as frases e os casos de Macunaíma, herói de nossa gente".

A saga modernista acabou; seus heróis, com duas exceções apenas, se mandaram para as estrelas. Na aparência física, Mário de Andrade também fez essa viagem sem retorno, há 38 anos. Só na aparência. Pois hoje, nas escolas, nos palcos, nas salas de projeção, na tevê, nos livros, nos institutos culturais, nas artes da palavra e da imagem, encontramos sempre o criador de Paulicéia Desvairada.

Continua contando, definindo, encarnando e simbolizando o Movimento Modernista Brasileiro, que teve nele o seu trabalhador nº 1. Quer no exercício da produção literária em prosa e verso, quer na teorização e análise crítica das realizações e malogros estéticos do Movimento, quer, finalmente, na atuação em vários organismos públicos de finalidade cultural, inspirados na renovação modernista, Mário foi único e "trezentos e cinquenta". E isso não é arroubo de nostalgia arquivística. É história. E é vida.

Percebe-se por toda parte a sombra eficaz de Mário, informando, assuntando, rindo, sugerindo, participando do processo criativo brasileiro, tanto pelo exemplo (que é antes lição) como pela massa de propostas e reflexões que constituíram sua vida útil e que podem ser qualificados como um pensamento original e fecundo do fenômeno Brasil em termos universais.

Não sei de outro escritor que, fora de moda e propaganda, tenha conseguido esse prodígio. Cada jovem que o descobre, ao acaso de uma referência visual ou sonora, se enfeitiça com os produtos da sua máquina de pensar e sentir. Esse feitiço abre perspectiva a novas prospecções e acumulações de experiência e invenção. Como se o ouvíssemos hoje, entre brincalhão e sisudo: "Por isso que estou aqui."

Carlos Drummond de Andrade

Mário

Porque Mario de Andrade, agora ? Para mi foi, é, será o Mario de Andrade

permanente, o dos sempres, um destes pou os homens a quem na vida *dei* o tí

tulo de Mestre. Meu mestre e dos que o compreenderam na minha geração e cu

ja multiplicação *(resultou na)* mocidade de hoje, com seus milhões e milhões de *jo*

vens capazes de *entender a lição* mariana orque o deciframos nos anos vinte

e o passamos claro e explicado aos *rapazes.* que ainda o viram em 45 e aos de

depois, para quem ele virou um simbolo se misterios. A revolução que ele

pregou e fez, foram, na nossa historia, mai importantes que a Independência,

o Treze de Maio, a República e as tolice *(trágicas)* que ela trouxe no seu enxurro.

Ele, não. Seu movimento, sua subversão t veram continuidade e a *alforria*

mental que ele pregou, floresceu uma nova encarnação da lingua por

tugueza, enriquecida por todos os regiona ismos e modismos com que ela é fa

lada no Brasil; seu Treze de Maio foi a *emana de* Arte Moderna que pregou

e nos deu nova poesia, nova prosa, nova *intura* nova escultura, nova arqui

tetura e sobretudo uma *(originalidade)* criativa, um nenhum impossivel gramatical

que se chamaram Drummond, Meyer, Viniciu e Afonso Romano de Sant'Ana; Gil

berto Freyre, *(João Alphonsus)* Joaquim Inojosa, Zé Lins Rachel; *(Gra iliano)* ; *(Portinari,* *Tersila,* Nery e D

Figueira, Celso Antonio, Zani e Bruno Gi rgi ; Vilalobos e a onda, a vaga

de música erudita e popular que defluira de seu gênio. Que genealogia !

Que imensa teoria de montanhas. E tudo s indo do tronco paulista daqueles

dias da Semana - os maiores da nossa maioridade artistica, social e at

Belo Horizonte, no Rio. Depois da lição de suas cartas, nenhuma sem um ensinamento, sem uma consequência no meu modo de ser. Procuro pensar por mim mas antes vou ver como é que Mário resolveria esta, aquela, as inumeraveis situações em que o invoco e peço que ele apareça. Minha tolerancia, não meu amoralismo, minha libertação, minha liberdade nasceram dele e de seu filho Macunaima. E se eu fiz alguma coisa pregando e escrevendo, essa alguma coisa nasceu da fecundação de sua prosa , da sua poesia da lição de sua conversa e de seus mandos e desmandos

Pedro Nava

Caro Herminio Belo de Carvalho,

junto com meu abraço e meus renovados agradecimentos por tudo que V me mandou, aqui seguem palavras que me ocorreram lembrando o nosso querido Mario.

Seu

Nava

CAMARGO GUARNIERI
Rua Pamplona, 825 - Apto. 83 - CEP 01405
São Paulo - Brasil

A AUSÊNCIA DE MARIO DE ANDRADE

É com o passar do tempo que a ausência de Mario de Andrade mais se faz sentir. Durante um largo período de sua vida de polígrafo militante, Mario de Andrade exerceu uma poderosa influência orientadora e disciplinadora nos estudos daquilo que se denomina de "o espírito do Brasil". A sua morte física atirou a cultura brasileira a um estado de orfandade, pois, é a partir desse triste acontecimento, que se acentua entre nós um extenso e intenso processo de deformação cultural, com a assimilação passiva e mecânica das mais variadas influências alienígenas, pondo em xeque a orientação que Mario de Andrade imprimiu no sentido da identificação e do desenvolvimento das raízes da nossa cultura nacional. Após a sua morte e, graças à ignorância e falta de critério (para dizer o menos) daqueles que se dedicam à chamada "crítica das artes", a nossa cultura se transformou num pastiche, "uma macaqueação", como ele diria, de todos os modismos surgidos além de nossas fronteiras e que nos são impingidos como "últimas conquistas do progresso cultural". Perdemos a nossa fisionomia, deixamos de ser autênticos, ou melhor: deixamos de procurar aperfeiçoar a identidade da "alma brasileira". Em nome de um falso modernismo, como basbaques, adotamos passivamente todas as "receitas" provindas do exterior. E consideramos uma consagração meia duzia de palmas displicentes obtidas diante de platéias neurotizadas pela crise moral e espiritual de nosso tempo. No campo específico da música, onde foi poderosa e fecunda a influência do Mestre Mário de Andrade, vivemos hoje, num estado de completo cáos. Se surgir, no futuro, uma possibilidade, um milagre para recuperarmos o caminho perdido, isso só será possível com o sacrifício de algumas gerações de músicos verdadeiros. Sòmente assim recuperaremos um patrimônio cultural malbaratado. Mario de Andrade lutou bravamente procurando identificar e preservar os valores de nosso passado, com vistas a uma evolução futura.

Pessoalmente, como músico brasileiro, tenho profundo orgulho em proclamá-lo, tudo devo a Mario de Andrade pelos seus sábios conselhos. Lamento sinceramente a sua perda que não é somente minha - é da Nação Brasileira! E lamento muito mais ainda, não ter o privilégio de uma longa e fecunda sobrevida, para restituir ao povo do meu País, uma parte do muito que dele recebi pelas mãos generosas de Mario de Andrade.

Ilmo.Sr.
Dr. Herminio Bello de Carvalho
Diretor Adjunto da INM/Divisao de Musica
 Popular
rua Araujo Porto Alegre 80

   Rio de Janeiro

REMETENTE: Jose Bento Faria Ferraz
ENDEREÇO: rua Asia, 201, Cerq.Cesar. S.Paulo
CEP 0 5 4 1 3

CRÔNICA ANTIGA

(Para Mário de Andrade – 90 anos)

José Bento Faria Ferraz

Três horas da tarde sol bem quente sem cigarras bastante pó vai descendo ladeira ora de pressa ora de vagar conforme idéias' fustigam ou retardam passo dele pede cigarro aqui estaca fósforo ' alí retarda passo parece burro de leiteiro olha aquela menina loira pulando corda com negrinhos ora já se viu... Está se vendo que era racista ainda mais negrinhos com nariz escorrendo cuidado menina loira desce ele ladeira pensapensando Você já viu Ariti? cuidado ' menina loira olha Fai do mato! continua descendo encosta abaixo vê prego para pega continua acha porca se abaixa pega tanto para tanto anda e pega é mesmo graveto de enxurrada desce-que-desce e desemboca na praça arre! estou cansado também esta bronquite... bem que ' adivinhava lá vem garoto grudado no gibi que-nem vê gente com certeza esta lendo "Homem de aço na lua" uai e não é que está mesmo? Eh-tá ' intuição braba como é que eu sube vivência meu velho vivência contraponteava baixinho seu ego com pontinha de valdade ah seu convencido aparteia vozinha dentro do peito dele hum! como está fedendo esta praça também não limpam boca-de-lobo gente vagabunda mas aonde tem lobo por aqui num tempo deste gente sabe de cor de cima prá baixo de trás prá diante que essa criançada lê ou melhor vê ah! meus tempos idéias lhe iam soltas entre baforadas de cigarro de palha... também não sei porque fumo esta praga de arranca-peito que lhe provocava tosse escancarada a meninada de hoje só vê figuras que esperança de raciocinar também praquê no meu tempo sim eh-tá nóis você' se lembra do "Tico-Tico" ora se como Lili perde longe das loiras ' bem feitas de corpo de formas onduladas das revistas prá criançada ' de hoje que pernas elas têm bem que nóis do tempo do "Tico-Tico" eramos atrazados mesmo jacu no duro ele ia pensando ciscando pregos parafusos pela praça feito galinha como é que se chama mesmo aquele' passim que vive mexendo em porcaria na rua já sei vira-bosta

eh tiquinho porco gente lia conselhos do Dr. Sabe-Tudo gostava no
tempo do natal então nem se dormia quasi era só recortar armar colar
com grude-farinha que lambecava mão da gente figurinhas que "Tico-Ti
co" mandava prá nóis mas você não sabe seu bobo que mundo evolui dá
ele um puxão de orelhas em seu ego mas pra-quê que gente tem ego mes
mo é só prá encher também este diabo de Freud criatura chata incômo
da olha só que porca novinha achei deve ser de fordeco lá vai ela '
pró meu sapicuá dia pode servir eh se pode que nem latinha daquele'
menino da escola coitadinho quando professora descobriu latinha no
bolso dele praquê servia ingrediente dela levou surra que dói até '
hoje não sei porque gente tem bunda aonde será que seu Xico farma -
cêutico vai sempre maquitelando deixa-que-eu-chute ladeira acima?Ah!
fincada de agulha aqui dez-tões outra alí dez-tões ai! como dói ela
na veia então dá um calor que esquenta até impossível da gente che
ga no fim do dia quantas fincadas Seu Xico não deu quantos dez-tões'
também êh-pa ele parou em frente à casa do Dr. Ladeira ué mas não tem
ninguém doente lá... não vai não passou portão caminhou dez casas '
entrou na daquela moça que tomou veneno ontem dizem está passando me
lhor dose que ela tomou foi pouca só para tapear comover rapaz que '
já estava desiste-não-desiste do casamento também praquê casar que
bilhete ela deixou era de cortar coração parecia Isaura morta-virgem
agora ele casa mesmo pois dizem está grudadinho na cabeceira da cama
da namorada de dia de noite cabeceira mais macia era outra Ah! se e-
le soubesse que ela fez isso só pra enganar ele... Chi! que coisa pau
Da. Maria Plácida vem aí não gosto dessa mulher anda empinada prá '
frente bom dia Seu João bom dia Da. Maria Plácida aonde vai com tanta pressa Ih estou atrazada atrazadinha mesmo apertando o passo não
vê que hoje tem reunião na liga das beneméritas da orfandade tenho'
que estar lá tem gente importante hoje recepção prá filha da presidente da liga que chegou do colégio do Rio menina fina seu João es-
tudou no Sião Da. Maria então é colégio prá judeu é nada seu João
judeu não pisa lá é só prá gente fina prá elite que manda filho estu
                                                              dar

nas europas... Vamos estudar hoje problema da infância desamparada que não tem escola também este governo é só imposto mais imposto ' por cima de nóis que tem algum dinheirinho estamos trabalhando seu João estamos trabalhando será que diabo dessa mulher se esqueceu que tirou uma menina do orfanato diz que prá criar ela mas estou ' convencido mesmo era para servir de criada ainda e de graça dinheiro necas também dou sapato dou comida que mais quer ela quase

matou de pancadas de fome que a pobre um dia que-nem retirante ' resolveu sumir no mundo ninguém sabe dela mais não diz-que mulher -de-vida-fácil vida fácil como é que têm coragem de dizer isso da coitada... pois Da. Maria nem se incomodou entre padre-nossos ave-marias que ela desfiava em suas novenas de vez em quando uma ' idéia sem-vergonha cinicazinha se infiltrava em suas rezas como a lhe espicaçar consciência acomodada chamando-a á ordem coisa que e la repelia com vigor reagindo órfã é gente ruim sem coração tira -se ela do orfanato dá-se-lhe carinho calor da casa da gente paga é esta some no mundo sem nem agradecer ainda bem que seu vigário '

me consolou me '

abençoou mas também não é atôa que sou zeladora de Santa Edwirges Entro...não entro...entro porquê não houvera de entrar? ninguém ' só uma luizinha de óleo tremendo de medo no meio do mundo vou caminhando adentrando aquele lusco-fusco suave ajeitando os olhos prá ver melhor caminhando a passos largos cumprimentando com cabeça os moradores laterais que cheiro de incenso ainda bem! que outro dia entrou porta-a-dentro balança-balançando numa rede de lençol branco salpicado de barro um defunto dependurado por dois varais nos ' ombros de dois viventes vinha da roça entre benditos incelências' e toadas lúgubres empoeiradas como fedia o coitado enterro de pobre é assim mesmo seu vigário quase que não poude encomendar corpo tanto que fedia encharcou-o de água-benta apenas enrolou um miserere abreviou um pater-noster deu veredito final ao requiescat - in-pace nem sino tocou aquelas badaladas compassadas graves do quarto-sino amolado anunciando prós vivos que alguém se fora só de ' passagem de ida prás terras do pé-junto puxa que estou suando co-

mo está fresquinho aqui êh-pa cuidado com adjetivação sua benção
Senhora Suns Cristo Sinhô lá ia ele abanando cabeça respeitoso se'
dirigindo à Senhora que mal-le-pergunte não a tirei de seu trabalho na beira do rio lavando os paninhos de seu bendito Filho? Não
meu filho já está grandote você não se lembra que fizeram com ele'
então quanto andou por aí incompreensão mais incompreensão deu na
quilo horroroso que se viu me magoou muito que nem sete espadas '
no coração deixe isso prá lá ele já perdooù tudo eu também mas '
pelo meu Filho que veio fazer aqui não vê que vinha vindo fechan
do a braguilha da calça despencando ladeira abaixo conversando comigo mesmo desaguei no espraiado desta praça aonde fica a sua mora
da bendita onde tem o calix seu sangue santo mas como dizia vinha'
vindo encontrei porta aberta não sou cachorro não entrei me disse
comigo deixe eu bater papinho aí dentro não ve que entrei... ele
está ocupado na sua intimidade ocupado está sempre seu João pois'
vocês da terra lhe dão trabalhareira danada mas espere um pouco vou
chamá-lo a ele dei de olhos na luizinha que continuava tremer que
diacho que tem essa luizinha hoje será medo de dona Maria Plácida '
luizinha hum...mas como tapete está sujo pingado de cera sacris -
tão é assim mesmo gente desmazelada mas onde se viu passim sujar'
num lugar deste seu João ia ruminando enquanto esperava ara deixe
passim voar em paz pois deles será reino dos céus dono daqui gosta deles como é que se chamava mesmo aquele santo que dava comida
prós passim é... é... inferno desta minha cabeça boa tarde João '
sua benção Nosso Sinhô que-é-de você há tanto tempo por onde tem'
andado banzando por aí meu Sinhô Sinhô como vai pois é como dis
se à Senhora sua Mãe não vê que vinha vindo vinha vindo resolvi '
entrar prá gente se ver um pouco se falar também fez muito bem que
manda então eu nada... conversar conversar somente que-nem aquela
poetisa que dizia andar andar somente an! mas ia me esquecendo lhe
perguntar se não estou atrapalhando não até foi bom estou com u-
ma imundicie de processos prá despachar você quer saber de uma coi
sa tudo pedido pedido mais pedido quando não é direto é pela minha
Santa Mãe por meio dessa imundicie de santalada tenho aqui mais '
me atrapalha que me louva Oh gente pidonha deu graças a meu Pai '
quando alguém vem por aqui fazer que

você está fazendo dar um dedinho de prosa igualzinha como faziam a
migos de Amadeu de Queiroz a hora do almoço lá na drogaria Baruel
na cidade de São Paulo era Fernando Goes Mário da Silva Brito Ed
gar Cavalheiro Leão Machado Zé Bento tantos outros mas isto já faz
tempão velho de guerra danado... Ninguém se preocupa de perguntar
se estou contente com mundo éu não se recebo alguém pode estar '
certo que lá vem pedido mas não me aborrece não que me azucrina'
de verdade são outras coisas que você não pode saber razões de es
tado João nem que lhe contasse você não entenderia só hermenêuti-
ca ajudaria por falar em contar meu Sinhô sube ontem pelo meu a-
migo Amadeu de Queiroz aquele da Baruel de coisa que está revolu-
cionando pondo em polvorosa terra onde eu mais ele nascemos de '
onde você é mesmo João ara! de minha terra uai! agora já me esque
ci po do que estava falando esta minha cabeça de velho ah já sei
me alembrei sobre que aconteceu semana passada lá nas bandas onde
vi luz do dia Chi meu Sinhô moçada de lá sube pelo Amadeu está
tinindo de raiva nunca se viu tamanha concorrência desleal des-le
-al sim Sinhô que é isso João não precisa ficar tão vermelho olha
enforto parece que está despeitado com coisa que venha enfarto '
que bem me importa espera aí Sinhô já sabia que? no céu também '
tem rádio-pião? como corre notícia meu pai-do-céu eu que vinha com
ela na ponta-da-língua prá le contar como sou burro mesmo nem sus
peitava até ia me esquecendo que Sinhô já era já estava Sinhô antes que eu tivesse nascido não tem nada não João conte lá seu fa
to que isso me diverte até que dança aquela dança de ombros num'
remeleixo danado daquele poeta grande que morreu na Lopes Chaves'
aí em sua cidade até que está comigo aqui agora conte é nota pi-
toresca do dia eu já sei disso até adivinhava que ia acontecer um
dia mas confiava na vontade do rapaz na fortaleza dele nos votos'
que fez mas qual seu João quando vocês ficam caído por alguém de'
saia melhor é largar mão é fogo de serra acima água de serra abai
xo mas ande João vá dizendo logo que estão me esperando lá dentro pois é Sinhô coisa estourou feia por lá para mulherada falar
resto do ano vae lá gente se fiar em mulher nem em mulher ren -
deira era tão religiosa a sensinha de fita então era santinha...

mas que foi desleal foi foi isso foi mas seu João já está de novo se exaltando já lhe avisei me desculpe agora deixa acabar com
esse suplício de contar de uma vez pois não é que ele se engraça-'
se enrrabicha pela sonsinha zás ele que tinha obrigação de dirigir
ela ele que era um ah! carne fraca meu Sinhô olhe João tenho mui
to que fazer lá vem gente roupa suja se lava em tanque de fundo'
de quintal com pão de sabão de cinza ouviu fechou portinha por on
de aparecera mas será possível que não consigo passar pra diante'
essa história que tá entalada no gorgomilo olho prá traz lá vem uma
negra velha que nem aquela de poema do Manuel Bandeira que nem pre
cisou pedir licença prá ir prô céu pois era amiga de Mestre Carlos
que aprendeu sem se insiná naquelas palgelanças do nordeste arras-
tando seus chinelos pa-lá-que pa-lá-que olho prá luizinha coisa '
engraçada está quietinha quietinha vou descendo fulo de raiva ao'
passar pela negra mentalmente dou-lhe bruto de empurrão no trazeiro
dela ela me xinga cumprimento moradores laterais recebo na porta '
banho de sol treis-e-meia da tarde de abril vaca vitória entrou '
por buraco saiu por outro quem quiser que se avexe em contar outra
estória

JOSÉ BENTO - 1940/1983

Para Uso da Programação Visual da FUNARTE   Fl. n.º _1_

Tipo _____ Corpo _____ Entrelinha _____ JOB n.º _____
Redator _____ *Sclian* _____ Visto do responsável _____
Título do texto _____

1234567890 1234567890 1234567890 1234567890 1234567890 1234567890 1234567890

1. Me pediram que escrevesse um pequeno texto sobre Mario de Andrade
2. crítico de arte. Seria excessiva pretensão tentar. Mas valeu a suges-
3. tão. Reli o que tinha a mão e, mais uma vez, me enriqueci. Vejam:
4. "Em Minas, o ouro já quase que ocupava apenas os faiscadores. O pró-
5. prio distritito diamantino desfalecia, depois de ter abarrotado a Eu-
6. ropa. Fulgor legítimo fora o dos três primeiros quartos do século,
7. com as maluquices esplendorosas dos contratadores, com o naviozinho
8. da Chica da Silva, com o Triunfo Eucarístico de 1733, e com as matri-
9. zes das comarcas, feiosas na arquitetura, empetecadas de talha doira-
10. da e bonitas no interior sem harmonia. Toda essa brilhação correspon-
11. dera a um bem-estar econômico incontestável. E até social, se poderá
12. dizer. O episódio dos Emboabas solidificara bem a prepotência portu-
13. guesa, e abatera nos paulistas a pretensão de mando. Mas no momento
14. em que Aleijadinho, ali pelos trinta anos de vida ou talvez, mais,
15. impôs o gênio dele, Minas decaía como quem despenca. O que percevera-
16. va era apenas o brilho exterior. E este, essa tradição de fausto é
17. que alimentou e graças-a-deus fez funcionar Antônio Francisco Lisboa,
18. e o parceiro dele na pintura, Manoel da Costa Ataíde". E mais: "Eis
19. que Lasar Segall vem ao Brasil. Já estivera uma vez em nossa terra,
20. por 1912, mas então era ainda muito mocinho pra ver. Si amou o Bra-
21. sil, o amou em... Lasar Segall. Aliásnnem o Brasil o viu. A presença
22. do moço expressionista era por demais prematura para que a arte brasi-
23. leira, então em plena unanimidade acadêmica, se fecundasse com ela.
24. Mas em 1923 o pintor aportava de novo em nossa pátria, já homem fei-
25. to, em busca duma pátria. Então ele viu o Brasil e o Brasil o viu,
26. num primeiro amor que o artista se entregou com toda a sua generosi-
27. dade apaixonada. E nessas núpcias delirantes Lasar Segall por pouco
28. não se perdeu". E ainda: "O que me agrada principalmente, na tão
29. complexa natureza do desenho, é o seu caráter infinitamente sutil,
30. de ser ao mesmo tempo uma transitoridade e uma sabedoria. O desenho

O texto deverá ser datilografado em pitch 10 e espaço 2, sem considerar parágrafos.

Para Uso da Programação Visual da FUNARTE   Fl. n.º _2_

Tipo _____ Corpo _____ Entrelinha _____ JOB n.º _____
Redator _____ *Scliar* _____ Visto do responsável _____
Título do texto _____

1234567890 1234567890 1234567890 1234567890 1234567890 1234567890 1234567890

1. fala, chega mesmo a ser muito mais uma espécie de escritura, uma cali
2. grafia, que uma arte plástica". Depois dessas amostras de que os tex
3. tos de Mário de Andrade são plenos, penso que todos aqueles que não
4. os conhecem desejarão procurá-los. Cumpri minha parte.

6. Carlos Scliar

0 texto deverá ser datilografado em pitch 10 e espaço 2, sem considerar parágrafos.

Para Uso da Programação Visual da FUNARTE   Fl. n.º _____1_____

Tipo _____ Corpo _____ Entrelinha _____ JOB n.º _____
Redator _____O neyda_____ Visto do responsável _____
Título do texto _____

1234567890 1234567890 1234567890 1234567890 1234567890 1234567890 1234567890

1 - Outro dia, Mário amigo, lhe mandei um embrulho das minhas velhas car
2 - tas. Serão tão velhas assim? Elas batem forte no meu peito, como se
3 - estivessem sendo escritas agora. É a saudade, amigo velho, que não
4 - deixa que elas envelheçam, nem morram. Faz um bem enorme relê-âas,
5 - com aquele suave ventinho do passado, agitando as folhas. Quanta coi
6 - sa vem junto! Em primeiro lugar, o piano de estréia, em que eu pen-
7 - sei que ia ser mesmo pianista. Doce ilusão! Você me arrancou do ca-
8 - minho que eu me traçara, e em vez de sons musicais e poéticos, me ati
9 - rou num papelório que, não sei como, não me sufocou. Foi bom? Foi
10 - ruim? Estou no fim da vida e ainda não sei; apenas algumas coisas, is
11 - so é certo, mas não sei se terá válido a troca. Na mudança veio muita
12 - amargura junto, , muita desilusão, que não compensou (como poderia?)
13 - o sonho substituído. Sonhos não se trocam e eu ainda sigo, de olhos
14 - espantados, "o que teria sido e que não foi". Essa frase é sua? É de
15 - quem? Mas expressa a verdade amarga. Desculpe, mestre: às vezes a gen
16 - te tem dessas sapitucas contra o passado, duras de roer. Mas passam,
17 - quando a gente pensa que a mudança trouxe bens valiosos. Trouxe a
18 - sua amizade de pai, de irmão, de amigo, bens inestimáveis para todo o
19 - sempre. Um dia reencontraremos tudo isso, que não tem preço? Num can
20 - to do céu eles nos esperarão, juvenis e frescos, como quando nos en-
21 - contramos: você madurão, eu broto cheio de esperanças. Que não morrem,
22 - rem, sempre viçosas e renascíveis.

23 -

24 - Oneyda Alvarenga

25 -

26 -

27 -

28 -

29 -

30 -

0 texto deverá ser datilografado em pitch 10 e espaço 2, sem considerar parágrafos.

Para Uso da Programação Visual da FUNARTE   Fl. n.º _____

Tipo_____ Corpo_____ Entrelinha_____ JOB n.º_____

Redator *Drummond* Visto do responsável_____

Título do texto_____

1234567890 1234567890 1234567890 1234567890 1234567890 1234567890 1234567890

MARIO DE ANDRADE, 1983

"E o homem sou eu, minha gente, e eu fiquei pra vos contar a história
Por isso que vim aqui." Estas palavras, que parecem versículo bíblico transposto em linguagem brasileira, estão na página final de Macunaíma. Depois que a tribo Tapanhumas se extinguiu, e o herói, ganhando o espaço, se converteu na constelação da Ursa Maior, era preciso
que existisse na Terra alguém para narrar a saga, "As frases e os casos de Macunaíma, herói de nossa gente". A saga modernista acabou;
seus heróis, com duas exceções apenas, se mandaram para as estrelas.
Na aparência física, Mário de Andrade também fez essa viagem sem retorno, há 38 anos. Só na aparência. Pois hoje, nas escolas, nos palcos, nsa salas de projeção, na tevê, nos livros, nos institutos cultu
rais, nas artes da palavra, e da imagem, encontramos sempre o criador de Paulicéia Desvairada. Continua contando, definindo, encarnando e simbolizando o Movimento Modernista Brasileiro, que teve nele o
seu trabalhador nº 1. Quer no exercício da produção literária em
prosa e verso, quernaa teorização e análise crítica das realizações
e malogros estétioos do Movimento, qqer, finalmente, na atuação em vá
rios organismos públicos de finalidade cultural, inspirados na renova
ção modernista, Mário foi único e "trezentos e cinquenta". E isso não
é arroubo de nostalgia arquivística. É história. E é vida. Percebe-
se por toda parte a sombra eficaz de Mário, informando, assustando,
findo, sugerindo, participando do processo criativo brasileiro, tanto
pelo exemplo (que é antes lição) como pela massa de propostas e fefle
xões que constituíram sua vida útil e que podem ser qualificadas como
um pensamento original e fecundo do fenômeno Brasil em termos universais. Não sei de outro escritor que, fora de moda e propaganda, tenha conseguido esse prodígio. Cada jovem que o descobre, ao acaso de
uma referência visual ou sonora, se enfeitiça com os produtos da sua

0 texto deverá ser datilografado em pitch 10 e espaço 2, sem considerar parágrafos.

Para Uso da Programação Visual da FUNARTE   Fl. n.º __1__

Tipo _____ Corpo _____ Entrelinha _____ JOB n.º _____
Redator _____ C.D.A. _____ Visto do responsável _____
Título do texto _____

1234567890 1234567890 1234567890 1234567890 1234567890 1234567890 1234567890

1. máquina de pensar e sentir. Esse feitiço abre perspectiva a novas pro
2. prospecções e acumulações de experiência e invenção. Como se o ouvís-
3. semos hoje, entre brincalhão e sisudo: "Por isso que estou aqui".
4.
5. Carlos Drummond de Andrade

0 texto deverá ser datilografado em pitch 10 e espaço 2, sem considerar parágrafos.

Para Uso da Programação Visual da FUNARTE   Fl. n.º ___ 1 __ 5/8/8.

Tipo _____ Corpo _____ Entrelinha _____ JOB n.º ____
Redator _Pedro Nava_ Visto do responsável _____
Título do texto __PROJETO MARIO DE ANDRADE_____

1234567890 1234567890 1234567890 1234567890 1234567890 1234567890 1234567890

1. Porque Mario de Andrade, agora? Para mim foi, é, será o Mario de An
2. drade permanente, o dos sempres, um destes poucos homens a quem na vi-
3. da dei o título de Mestre. Meu mestre e dos que o compreenderam na
4. minha geração e cuja multiplicação resultou na mocidade de hoje, com
5. seus milhões e milhões de jovens capazes de entender a lição mariana
6. - porque o deciframos nos anos vinte e o passamos claro e explicado
7. aos rapazes que ainda o viram em 45 e aos de depois, para quem ele
8. virou um símbolo sem mistérios. A revolução que ele pregou e fez, fo-
9. ram, na nossa história, mais importantes que a Independência, o Tre-
10. ze de Maio, a República e as tolices trágicas que ela trouxe no seu
11. enxurro. Ele, não. Seu movimento, sua subversão tiveram continuidade
12. e a alforria mental que ele pregou, floresceu numa nova encarnação
13. da língua portuguesa, enriquecida por todos os regionalismos e modis-
14. mos com que ela é falada no Brasil; seu Treze de Maio foi a Semana de
15. Arte Moderna que pregou e nos deu nova poesia, nova prosa, nova pin-
16. tura, nova escultura, nova arquitetura e sobretudo uma originalidade
17. criativa, um nenhum impossível gramatical, que se chamaram Drummond,
18. Meyer, Vinícius e Afonso Romano de Sant'Ana; Gilberto Freyre, João
19. Alphonsus, Joaquim Inojosa, Zé Lins Graciliano e Rachel; Tersila Por-
20. tinari, e Nery e Di; Figueira, Celso Antonio, Zani e Bruno Giorgi;
21. Villalobobos e a onda, a vaga de música erudita e popular que deflui-
22. ram de seu gênio. Que genealogia! Que imensa teoria de montanhas. E
23. tudo saindo do tronco paulista daqueles dias da Semana - os maiores
24. da nossa maioridade artística, social e até política. Para mim, em
25. mim, a influência de Mario de Andrade foi decisiva, definitiva, per-
26. manente e eu a sinto hoje como a senti depois contato que tivemos em
27. Belo Horizonte, no Rio. Depois da lição de suas cartas, nenhuma sem
28. um ensinamento, sem uma consequência no meu modo de ser. Procuro pen-
29. sar por mim mas antes, vou ver como é que Mário resolveria esta, aque-
30. la, as inumeráveis situações em que o invoco e peço que ele apareça.

O texto deverá ser datilografado em pitch 10 e espaço 2, sem considerar parágrafos.

Para Uso da Programação Visual da FUNARTE   Fl. n.º _2_

Tipo _____ Corpo _____ Entrelinha _____ JOB n.º _____
Redator ___ *Pedro Nava* ___ Visto do responsável _____
Título do texto _____

1 2 3 4 5 6 7 8 9 0 1 2 3 4 5 6 7 8 9 0 1 2 3 4 5 6 7 8 9 0 1 2 3 4 5 6 7 8 9 0 1 2 3 4 5 6 7 8 9 0 1 2 3 4 5 6 7 8 9 0 1 2 3 4 5 6 7 8 9 0

1 Minha tolerância, meu não moralismo, minha libertação, minha liberda-

2 de nasceram dele e de seu filho Macunaíma. E se eu fiz alguma coisa

3 pregando e escrevendo, essa alguma coisa nasceu da fecundação da sua

4 prosa, da sua poesia, da lição de sua conversa e de seus mandos e des

5 mandos.

6

7 Pedro Nava

O texto deverá ser datilografado em pitch 10 e espaço 2, sem considerar parágrafos.

JOSE BENTO FARIA FERRAZ

Para Uso da Programação Visual da FUNARTE   Fl. n.º __1__

Tipo _____ Corpo _____ Entrelinha_____ JOB n.º_____
Redator _____ Visto do responsável_____
Título do texto_____

1234567890 1234567890 1234567890 1234567890 1234567890 1234567890 1234567890

Hoje e ontem, os planos se interpenetram e se confundem em uma intem
poralidade enorme. Vejo-me, ainda agora,- como que voltando, na máquina-do-tempo, ao tempo do nunca mais - aluno de Mário de Andrade,
em 1934, a beber por todos os poros de meu ser suas palavras proferidas em aulas de História da Música e Estética, no velho casarão do
Conservatório Dramático e Musical de São Paulo. Isto acontecia duas
vezes por semana, à noite, e era de se ver a paciência de Mário ao
tentar explicar àqueles jovens despreparados o milagre da música atra
vés dos tempos. Agora avalio de como ele estava mil anos-luz acima
de todos nós pela sua inteligência e sensibilidade, e no entanto i-
gualado a nós tamanha a sua humildade. Ele nos encantava com seu ri
so amplo, jovial, misto de dança de ombros em que todo seu corpo gingava gostoso: "EU DANÇO MANSO A DANÇA DO OMBRO... EU DANÇO... NÃO
SEI MAIS CHORAR!:::" Era impossível para nós, tal a nossa pequenês,
imaginar que estávamos diante de um homem de uma grandeza moral a to
da prova, possuidor de si mesmo, dono de sua consciência, auto disci-
plinado em uma filosofia de trabalho severa, e educado na prática diá
ria de um julgamento lúcido e objetivo do fato social e estético.
"POSSUIR A CONSCIÊNCIA DE SI MESMO / ISSO É A FELICIDADE, ISSO É A
GLÓRIA / DE SER, FAZENDO O QUE SERÁ". Depois que ele me concedeu a
graça de ser seu bibliotecário e secretário pelo espaço de onze anos
(1934/1945), é que, passo a passo, pude ir compreendendo a grandeza
do homem que tinha a minha frente, em um convívio diário e democrático, onde pude descobrir um coração enorme, sedento de paz e daquela
"charitas" que somente os grandes místicos e os grandes poetas possuem. E estou a me lembrar de seu último poema, terminado uma semana antes de sua morte, verdadeiro testamento, repositório doloroso e
trágico de seu estado de espírito ao findar da vida, e no entanto,
ainda onde brilha uma mensagem de esperança para os jovens de hoje,
iguais aos jovens de ontem. Mário de Andrade hoje e Mário de Andra-

O texto deverá ser datilografado em pitch 10 e espaço 2, sem considerar parágrafos.

Para Uso da Programação Visual da FUNARTE   Fl. n.º ___2___

JBFF

Tipo _____ Corpo _____ Entrelinha _____ JOB n.º _____

Redator _____ Visto do responsável _____

Título do texto _____

1234567890 1234567890 1234567890 1234567890 1234567890 1234567890 1234567890

de ontem, um só, tal a continuidade,de conduta que soube imprimir a
sua personalidade, e a diretriz imposta a sua obra vasta, seja poéti
ca e crítica, seja de pesquisa no campo das artes. Tudo que ordenou
e fez, como disse, o foi com uma seriedade e responsabilidade "de
quem constrói umprojeto de casa": "TUDO O QUE GERO E MANDO, E QUE
PARECE / TÃO SEM DESTINO E SEM RAZÃO, SE AJUNTA / NUMA ORDEM VER-
DADEIRA."..".   E não será isto uma mensagem de trabalho que Mário, ho
je como ontem, deixa para os jovens de hoje, para os seus alunos de
1983? Porque, é inacreditável, mas passados tantos anos sde sua mor
te, ele que desejava ser esquecido como um nome de rua qualquer,
"MAMÃE ! ME DÁ ESSA LUA, / SER ESQUECIDO E IGNORADO / COMO ESSES
NOMES DE RUA". está, cada vez,mais, presente na consciência crítica,
nos temários de teses literárias e na preocupação criadora dos exege
tas de hoje, o que, aliás, cofirma o que foi dito por Antonio Cândido,
dez anos após a morte do autor de Macunaíma, isto é, acontecexta com
ele e sua obra o que aconteceu com Machado de Assis. Seria descoberto, analisado, julgado e valorizado de maneira satisfatória ao passar dos anos, tal a atualidade, a autenticidade e sinceridade de sua
obra, feita no dia-a-dia de seu ganha-pão, e fruto trabalhado de seu
ímpeto criador: "A EXISTÊNCIA ADMIRÁVEL QUE LEVO CONSAGREI-A / TO-
DA A PROCURAR. DEUS QUEIRA QUE NÃO ACHE NUNCA... PORQUE ENTÃO SERIA
O DESCANSO EM VIDA, PARAR MAIS DETESTÁVEL QUE A MORTE. MINHAS OBRAS
TODAS NA SIGNIFICAÇÃO VERDADEIRA DELAS EU AS MOSTRO NEM MESMO COMO
SOLUÇÕES POSSÍVEIS E TRANSITÓRRAS. SÃO PROCURAS. CONSAGRAM E PERPETU-
AM ESSA INQUIETAÇÃO GOSTOSA DE PROCURAR. EIS O QUE É, O QUE IMAGINO
SERÁ TODA A MINHA OBRA: UMA CURIOSIDADE EM VIA DE SATISFAÇÃO". E
HAVERá uma lição mais positiva e otimista para os moços de hoge que
estas palavras de incentivo ao trabalho criador? Mário de Andrade
hoje, como ontem, sempre guia dos moços (Ele, que não desejava fazer
escola) desejosos de paz, de serenidade, de dignidade, ávidos por um

0 texto deverá ser datilografado em pitch 10 e espaço 2, sem considerar parágrafos.

Para Uso da Programação Visual da FUNARTE   Fl. n.º ___3___

JBFF

Tipo _____ Corpo _____ Entrelinha _____ JOB n.º _____

Redator _____ Visto do responsável _____

Título do texto _____

```
1  mundo melhor - como Mário o foi-onde todos sejam iguais, onde todos
2  possam, de camisa aberta ao peito, ir penetrando na terra dos homens:
3  "NÓS IREMOS DE CAMISA ABERTA AO PEITO, DESCENDO VERDADEIROS AO LÉU
4  DA CORRENTE DO RIO, ENTRANDO NA TERRA DOS HOMENS AO CÔRO DAS QUATRO
5  ESTAÇÕES".   Esta a lição, a última, que Mário deixou na terra.  Este
6  o Homem a que procurei servir e amar como se fora um ato de fé.
7
8  José Bento Faria Ferraz
```

O texto deverá ser datilografado em pitch 10 e espaço 2, sem considerar parágrafos.

PROJETO MÁRIO TREZENTOS, 350

ACERVO: FUNDAÇÃO CASA DE RUI BARBOSA
P. 211-212 SUGESTÕES ENCAMINHADAS À DIVISÃO DE MÚSICA POPULAR (DMP), EM 19 JUL. 1983
P. 214-217 ANTEPROJETO I
P. 218-219 ANTEPROJETO II

PROJETO "COMPLEXO MÁRIO DE ANDRADE" POR OSCAR NIEMEYER

ACERVO: HERMÍNIO BELLO DE CARVALHO
P. 221 BILHETE DE OSCAR NIEMEYER ANEXADO AO PROJETO
P. 223 BILHETE DE HERMÍNIO BELLO CARVALHO A WELFORT ANEXADO AO PROJETO
P. 224-235 PROJETO "COMPLEXO MÁRIO DE ANDRADE"
P. 237-239 COMUNICAÇÃO DE HERMÍNIO BELLO DE CARVALHO AO GABINETE DO GOVERNADOR JOSÉ
APARECIDO DE OLIVEIRA APRESENTANDO O PROJETO "COMPLEXO MÁRIO DE ANDRADE"
P. 239 DESENHO DE OSCAR NIEMEYER PARA RESTAURANTE

Rio, 19.07.83

SUGESTÕES ENCAMINHADAS À DMP PARA O
PROJETO MARIO DE ANDRADE 90

1) Paulo Estellita Herkenhoff Filho - INAP
   a) Lançamento do número do Caderno do ABC dedicado à Semana de 22
   b) Exposições

2) Lélia Coelho Frota
   - Reedição pelo INF, do Boletim Etnográfico de que MA participou

3) Paulo Veríssimo (Rio, tel. 220.9346)
   - Filme sobre MA (Ele está terminando uma nova versão do Macunaíma)

4) Telê Ancona Lopes (Instituto de Estudos Brasileiros, da USP)
   - Edição de um álbum-caixa. O IEB tem fotolitos excelentes das músicas Viola Quebrada e Grupo Garubá, compostas por MA. Indica Flávia Toni, do IEB, para um bom comentário.

   - Exposição: sugere que se aproveite, com algumas reduções, a exposição Mario e a Música, trabalho de alto nível organizado em 1981 por Flávia Toni e Jorge Coli (especialista em MA, que vive na França mas que estará no Brasil em agosto), incluindo-se o IEB entre os organizadores da mostra.

   - Espetáculo: só sabe de um filme em que MA aparece muito rapidamente (inauguração da casa de Warchavichik) mas ouviu falar de outro, na Discoteca ou no SPHAN. Indicou Julio Lerner, da TV-2, como capaz de informar a respeito.

   - Edições - Entende que talvez pudesse a FUNARTE editar, o Catálogo de 14 séries do Arquivo Mario de Andrade, que pesquisadores do IEB acabam de completar:
     a) Os catálogos de maior importância
     b) O volume de correspondência passiva não lacrada (com Introdução, cartas de Rodrigues de Abreu, Alberto de Oliveira, Prudente de Morais, Luciano Gallet, Villa-Lobos e outros.

   - Congresso sobre MA - Realização de Mesas-redondas com participação de especialistas em cada uma das atividades de MA: Literatura, Artes Plásticas, Estética, Música, Folclore, Jornalismo, etc. Sugere, além dos nomes já indicados pelo Diretor da DMP: Antonio Cândido, Gilda de Melo e Souza, João Luís Lafeta, Jorge Cali, Victor Knoll, José Miguel Wesnick, Flavia Toni, Oneyda Alvarenga,

José Augusto Avancini (Artes Plásticas), Marta Rossetti Batista
    Ioni Soares de Lima, (estas duas últimas especialistas na coleçã
    de quadros de MA)

5) Drummond:
   1 - Exibição de danças dramáticas
   2 - Exposição com bibliografia e palestras
   3 - Audição de modinhas
   4 - Convocação de Mignone, Guilherme Figueiredo, Alceu
       de Amoroso Lima
   5 - Contacto com a família de MA

6) Carlos Augusto de Andrade Camargo, sobrinho de MA:

Filmes e teatro:

- Exibição de Macunaíma, versão teatral, direção Antunes Filho,
  e/ou do filme Macunaíma, direção de J.P. Andrade; filme "Lições
  de Amor", direção Eduardo Escorel, e teatro "Amar verbo Intran-
  sitivo", direção Roberto Cordovani.

- Exibição da ópera Pedro Malazarte, de Camargo Guarnieri, com
  libreto de MA.

- Edição: lançamento dos livros póstumos "Os cocos" e "Melodias do
  Boi e outras peças", este organizado por Oneyda Alvarenga com material
  coletado por MA; apoio para edição da tese de livre docência da
  profa. Edith Pimentel Pinto sobre a "Gramatiquinha da Fala Brasileir

ANTEPROJETO

1) PLACA DE BRONZE, REAFIXAÇÃO - essa placa, afixada em 25 de fevereiro de 1960 no prédio nº 5 da Rua Santo Amaro, por ocasião do 15º aniversário do desaparecimento do artista, assinalava o período em que MA ali residiu. Vale citar Carlos Drummond de Andrade in "A lição do amigo" (Liv. José Olympio Editora, p.214): "Bruno Giorgi executou em granito a cabeça de MA, colocada no Jardim da Glória, no Rio de Janeiro de onde ela foi roubada em 1967. Fez também a placa instalada no frontispício da casa da Rua Santo Amaro nº 5, onde morou MA. Esta placa está hoje desaparecida". Essa placa acaba de ser resgatada e a temos em poder da Divisão de Música Popular do INM/FUNARTE. Graças à sensibilidade de Secundino Augusto Geada e Losita Paula Machado, que dirigem o atual Condomínio do Edifício "Minas Gerais", da Rua Santo Amaro nº 5, consegui ainda o compromisso de reafixar a placa durante as comemorações de outubro próximo. Resta, agora, localizar o busto erguido no bairro da Glória.

2) EDIÇÃO DE UM ÁLBUM-CAIXA - conterá dois discos. O primeiro, com a participação de grandes figuras do teatro brasileiro, conterá fragmentos da obra de MA: poemas, contos, romances, ensaios, trechos de "Macunaíma" e de cartas que escreveu aos amigos, nas vozes de alguns de seus interlocutores. O segundo será dedicado ao Mário-músico, com especial relevo para as "Modinhas Imperiais" que ele recolheu e fez editar primorosamente. Os dois discos serão acondicionados nu-

ma caixa, que acoplará um álbum-encarte em papel de 1a. qualidade, com uma parte iconográfica inédita pertencente ao "Arquivo Mario de Andrade", que integra o acervo da USP-Universidade de São Paulo, para o que já estamos procurando obter a necessária autorização da universidade paulista. Desse álbum constarão ainda depoimentos inéditos sobre MA.

3) EXPOSIÇÃO - Uma exposição, de caráter itinerante, será mostrada inicialmente no Rio, e posteriormente em São Paulo e Brasília. Participação da Fundação Nacional de Arte-FUNARTE, através do Instituto Nacional de Música, Instituto Nacional de Artes Plásticas, Instituto Nacional do Folclore, e de outros organismos que compõem o organograma da Secretaria de Cultura do Ministério da Educação e Cultura. Essa exposição será organizada a partir de pesquisas a serem feitas no Arquivo de MA, mediante permissão especial do Instituto de Estudos Brasileiros da USP, ao qual para este efeito estamos nos dirigindo.

4) ESPETÁCULO - Um espetáculo musical, com a participação dos artistas envolvidos no Lp de tributo ao Mario-Músico, e com aproveitamento de filmes e de material iconográfico a ser cedido pelo Instituto Estudos Brasileiros - Arquivo de MA. O show será encenado nas Salas FUNARTE do Rio de Janeiro, São Paulo e Brasília, com o lançamento simultâneo do Álbum-Caixa.

5) TELEVISÃO - Especial de televisão, extraído do espetáculo anteriormente citado, e enriquecido com depoimentos dos amigos de MA. O programa será gravado pela TVE do Rio de Janeiro, com aproveitamento do

.3.

rico material iconográfico sobre a figura de "Ma
rienorme de Andrade" (Pedro Nava). Do programa
participarão ainda, intérpretes da música popular
e erudita,

ADENDOS AO ANTEPROJETO

a) Carlos Drummond de Andrade sugere "fazer coisas excelentes, como uma exibição de danças dramáticas brasileiras, matéria que ocupa três volumes das obras completas dele; uma exposição com bibliografia e iconografia, palestras, etc.; uma audição de modinhas, inspirada no livro também das Obras Completas, e muitas outras coisas que meia hora de conversa entre amigos do Mario decerto lembraria. Sugiro a você convocar Mignone e Guilherme Figueiredo; Alceu Amoroso Lima poderá dar um bom depoimento. O contato com a família de Mario, você o fará escrevendo ao Dr. Carlos Augusto de Andrade Camargo".

b) O Instituto Nacional do Folclore, através de sua diretora, Prof. Lelia Coelho Frota, sugere ajudar-se a finalização do Dicionário Musical de MA, cuja grande parte cuida da música do povo, e também a reedição de um boletim etnográfico de cuja feitura ele participou.

c) O Instituto Nacional de Artes Plásticas, através de seu diretor, Paulo Estelita Herkenhoff Filho, poderá lançar o número do Caderno do ABC, dedicado à semana de 22 e que foi preparado para as comemorações dos 60 anos da Semana de Arte Moderna.

> A sugestão da antropóloga Lélia Coelho Frota resultou na edição do *Dicionário musical brasileiro*, em 1989, pela editora Itatiaia em linha com o Instituto de Estudos Brasileiros e a Universidade de São Paulo. Nos agradecimentos aparece uma carinhosa observação: "A Hermínio Bello de Carvalho, padrinho do Dicionário, de Oneyda e de Flávia". Na verdade, captei recursos para que o trabalho da profª Oneyda Alvarenga e de sua equipe fosse retomado e concluído, após o falecimento de Oneyda, por Flávia Camargo Toni. [N. do E.]

ANTE - PROJETO

" MARIO 300, TREZENTOS-E-CINCOENTA "

01. EXPOSIÇÃO

Será realizada uma exposição que constará de duas partes, ou, de duas ex - posições, de fato : "Mario de Andrade : Retratos e Caricaturas ", e " Mario de An - drade e a música ". Estas exposições serão a reapresentação de duas amostras já realizadas pelo Instituto de Estudos Brasileiros : a primeira em 1979, pesquisa, catálogo e montagem sob a responsabilidade da Prof. Yone Soares de Lima e a se - gunda, em 1981, com pesquisa, catálogo e montagem a cargo dos Profs. Jorge Sidney Coli Jr. e Flavia Toni (v. catálogos em anexo).

Esta exposição/ções representará uma visão documental e do passado. Deverá criar o clima de ontem que se fundirá ao clima do hoje , isto é, Mario de Andrade valendo como matriz geradora de interpretações contemporâneas de desenhistas que o retratarão ou glosarão aspectos seus na caricatura : Millor, Chico Caruso, Ziraldo, Miran, Loredano, Jaguar, Henfil, Elifas Andreato, Luiz Pessanha, etc. É impor - tante que a marca do hoje tenha o tom de uma comemoração boa, jocosa, mostrando Mario, pai da moderna cultura brasileira, como figura viva no pensament o daqueles que criam; será a visão de Mario de Andrade que já se incorporou ao Brasil, menciona falado, como se sabe, por gente que nem conhece sua obra.

Estas sugestões/propostas estão sendo oferecidas ao INAP que deverá adminis- trar a mostra que terá lugar no RJ entre 14 de set e 19 de outubro.

02. LP

O Projeto da DMP/INM é editar dois Lps : o prim eiro, "Pensamento", com fragmentos da obra de Mario através de vozes famosas, incluindo-se depoimentos de alguns interlocutores de MA lendro trechos de suas cartas. Tentar no SPHAN o registro da voz de MA. O segundo Lp, "Viola (não) quebrada", com as canções recolhidas por MA e interpretadas por Lenita Bruno e Teca Calazans, com pesquisa de Flavia Toni, consul - tadas as fontes Mozart de Araujo e Aloisio Alencar Pinto. A supervisão do trabalho será de Tulio Feliciano, diretor do espetáculo " Mário-doce musica" que será encenado de 04 a 15 de outubro na Sala Funarte Sidney Miller, e parcialmente aproveitado em televisão.

Do encarte constará uma seleção de textos ("Mario hoje"), de Carlos Drummond de Andrade, Pedro Nava, Mozart de Araujo, José Mindlin, José Bento, Telê Ancona Porto Lopez, Antonio Cândido e outros.

O encarte será enriquecido ainda com uma parte iconográfica, a saber : fotocopias das partituras de "Viola queb rada" e o hino do "Grupo Gambá", fotocopias de Telê A.P. Lopes; texto do pianista espanhol Tomás Teran; cartões ostais enviados por músicos (Tagliaferro, V. Lobos, Guarnieri, Souza Lima) a MA; fotos inéditas de Mario e caricaturas especialmente encomendadas a cartunistas famosos.

02. ESPETACULO

O Projeto prevê a realização de um espetáculo de músicas e textos que mos - trem o universo da música e poesia de MA. Desse espetáculo será extraido um outro residuo : um especial de TV a ser programado na TVE.

FUNARTE

Outros orgãos da Funarte participarão do evento, tais como : INAP (Instituto Nacional de Artes Plásticas, INM (Instituto Nacional de Música), INF (Instituto N acional do Folclore) e Nucleo de Fotografias.

COMPLEXO

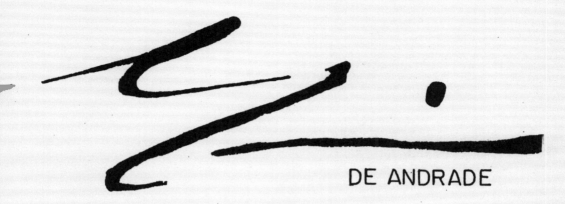

DE ANDRADE

Meu caro Weffort,
Projeto que desenvolvi na gestão
do José Aparecido.
O Niemeyer está (presumo) com
as plantas.
Fica a sugestão. Abraço,

herminio bello de carvalho

COMPLEXO

MÁRIO DE ANDRADE

COMPLEXO MÁRIO DE ANDRADE

Pretende o Complexo Mário de Andrade ser um espaço polivalente, voltado para todos os tipos de experimentalismos de caráter profundamente nacional, e obediente à preocupação do polígrafo de "abrasileirar o brasileiro".

Dessa forma, há necessidade não só de reformular como também ampliar o espaço que atualmente abriga, através de um Termo de Comodato, o escritório da Funarte - já requisitado ao MinC pelo GDF.

A recapacitação daquele espaço, e sua conseqüente ampliação, poderá ser feita observadas as seguintes sugestões.

ESPAÇO ALTERNATIVO PORTINARI

Galeria destinada às artes visuais (pintura, fotografia, artes gráficas), com exposições de artistas
nacionais. As linhas de atuação da Galeria obedece-
rão a normas específicas, ouvida a comunidade artís
tica brasiliense, através de suas entidades de clas
se.

SALA PIXINGUINHA

Destinada às manifestações musicais, populares ou eruditas, não só da comunidade brasiliense (compre endida a produção musical das cidades satélites) como também de artistas de outros estados. Será ca pacitada ainda para exibição de filmes (em linha com cineclubes de arte), curta-metragens, além da realização de conferências, work-shops musicais,etc. A Sala terá que ser recapacitada para 300 lugares, inclusive com a construção de camarins e banheiros.

CORREDOR CULTURAL

Aproveitamento das instalações já existentes (uma
longa marquise), para manifestações artísticas in
fantís, supervisionadas por técnicos em educação
artística. A exemplo dos "Domingos de criatividade"
idéia implementada em Curitiba por Jayme Lerner,ta
bém as crianças aí terão à sua disposiçao bobinas
papel e material de desenho e pintura para dar vaz
à sua criatividade.

CONCHA ACÚSTICA TOM JOBIM

Construçao de uma concha acústica com capacidade pa
ra 2.000 pessoas, ao lado do Complexo Mário de Andra
de. Ela será destinada a concertos ao ar livre   de
maior envergadura, não compatíveis com a lotação da
Sala Pixinguinha.

OBSERVAÇÕES

A) O amplo estacionamento já existente permite pre_
ver que ·o chamado Setor de Divulgação Cultural,
onde está situada a atual sede da Funarte, sofre
rá uma profunda revitalização - condizente com a
metas de atendimento cultural à população, para
qual aquele setor foi vocacionado.

B) Sendo um espaço de caráter alternativo e polivalente, pode-se prever sua utilização por artistas de todas as áreas e tendências.

C) Os nomes dados àqueles espaços são de figuras expo-
nenciais da cultura brasileira,todos eles ligado
à biografia de Mário de Andrade.

300, 350

Um bar que funcione até madrugada.
Se possível, com música ao vivo.
Onde os músicos possam dar uma " canja ".
Protegido da chuva.
Comidinhas brasileiras.
Ponto de encontro.
Ponto dos músicos, poetas, da boêmia intelectual.

BIBLIO-DISCOTECA

Livros de arte.
Discos chamados " independentes ".
Video-cassetes. Cassetes.
Troca-troca.
Discos novos & antigos.
Posters.

Um posto de venda de produtos culturais.
De lançamentos.
Estimular os boquineiros, tal e qual Drummond e Eneida,
catando pelos "sebos" raridades bibliograficas.

VIDEOFITOTECA ONEYDA ALVARENGA

Dotar o Complexo de instalações (cabines de som, te
lão de vídeo, arquivos) que permitam sua utilização
por uma clientela jovem, que terá oportunidade de
conhecer o acervo musical brasileiro, através de fi
tas de vídeo a serem obtidas através de convênios
com a Funtevê e Fundação Padre Anchieta, e fitas do
acervo do pesquisador Lúcio Rangel (amigo e discípu
lo de MA, cuja discoteca está à venda).

APOIOS A SEREM BUSCADOS PELO GDF

- Sharp (video, telão, aparelhos de Tv)
- IBM
- Petrobrás
- Transbrasil ou Vasp (transportes aéreos)
- Estabelecimentos comerciais sediados em BSB
- Bancos

PROGRAMAS & PROJETOS

1 - Trabalhar sempre em linha com a com a Fundação Cultural
2 - Não impor nem interferir
3 - Trabalhar sempre com a comunidade artística de BSB
4 - Auscultar as cidades satélites
5 - Evitar superposições

APOIOS DESEJÁVEIS

- Secretaria de Transportes (para trazer adultos e crianças das
  cidades satélites, levando-os depois de volta aos locais de
  origem, mediante um passe-cultural grátis)

- LBA (para fornecer "quentinhas" às famílias que desejarem par
  ticipar das promoções culturais do GDF)

- Gráfica do Senado (para imprimir cartazes, que serão fixados
  nos 1.300   criados pela GDF, com a programação
  de eventos e projetos em execução no DF e cidades satélites)

OBSERVAÇÕES

- Criar um marco, uma sinalização gráfica-visual para o Complexo.

  Talvez o busto de Mário, afixado de forma semelhante ao de JK.

- Criar-se também uma linha de ônibus especial, que tenha uma
  parada obrigatória no Complexo.

- Dotar de segurança (e alardear isso) os estacionamentos já exis
  tentes no local.

- Criar uma Assessoria de Imprensa ágil e leve, voltada unicamente
  para as atividades do Complexo Mário de Andrade.

DISTRITO FEDERAL
GABINETE DO GOVERNADOR

NOTA

Depois de apresentado o projeto do Complexo MA a Oscar Niemeyer, tive a oportunidade de constatar a grandeza de seu gênio.
No projeto que já havia esboçado, todas as unidades que sonhei implementar já estavam por ele previstas em seu projeto arquitetônico.
Todas, não : bem mais.
Agradeço ao Governador José Aparecido e à divina loucura que o guia nessa restauração de BSB que proporciona ao gênio Niemeyer fazer, a oportunidade que me dá de homenagear a mais fascinante figura da cultura brasileira.
A Niemeyer, doce cúmplice desse projeto, meu agradecimento especialíssimo por dar ouvidos tão atentos a um poetinha brasileiro, a um agitador cultural que deseja colaborar com José Aparecido nesse maravilhoso sonho de agitar as almas e corações de Terra Brasilis.

MARCO

Construção de um marco em homenagem a Mario de Andrade, e que ao mesmo tempo sinalize, diante da população do DF, o Complexo que leva seu nome.
Peço ao meu querido Oscar Niemeyer que pense num lago, fonte ou algo parecido.
Existe o busto feito por Bruno Giorgi e que está no gabinete desse Exu descabelado que é o nosso Darcy Ribeiro.
Pediríamos a Carlos Drummond de Andrade que fizess um texto, que seria marcado no monumento.

ANEXO

Prever a construção de um anexo para 30/40 funcionários.
Essa lotação de pessoal deverá ser discutida mais amplamente.

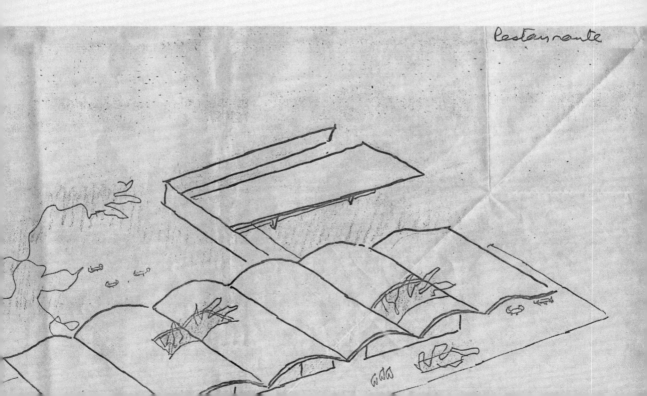

Restaurante

HERMÍNIO NA FUNARTE

P. 242-247 20 LPS DO PROJETO ARY BARROSO
ACERVO: HERMÍNIO BELLO DE CARVALHO

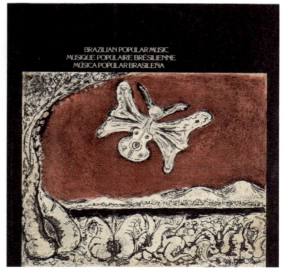
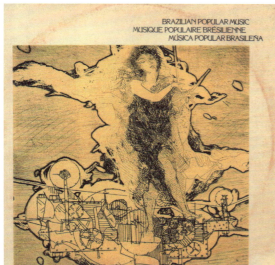

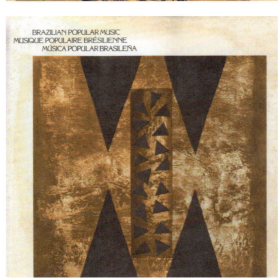

BRAZILIAN POPULAR MUSIC
MUSIQUE POPULAIRE BRÉSILIENNE
MÚSICA POPULAR BRASILEÑA

BRAZILIAN POPULAR MUSIC
MUSIQUE POPULAIRE BRÉSILIENNE
MÚSICA POPULAR BRASILEÑA

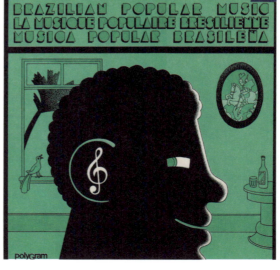

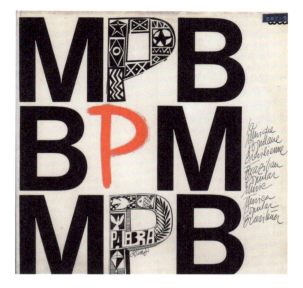

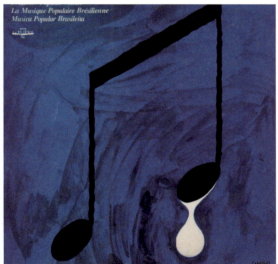

PROJETO LÚCIO RANGEL DE MONOGRAFIAS/83

Cr$ 4.000.000,00 em prêmio

1983

A influência dos bares cariocas n[o] desenvolvimento da música popula[r]

Orlando Silv[a]

Wilson Baptis[ta]

Radamés Gnatta[li]

PRAZO DE ENTREG[A]
2 de janeiro de 19[84]

FUNARTE/INM
Divisão de Música Pop[ular]

P. 248-249 CARTAZES DE LANÇAMENTO DOS CONCURSOS PARA
O PROJETO LÚCIO RANGEL DE MONOGRAFIAS
FOTO: CLEO VELLEDA
ACERVO: CEDOC-FUNARTE

SILAS DE OLIVEIRA
Do jongo ao samba-enredo

Marília T. Barboza da Silva
Arthur L. de Oliveira Filho

MEC/FUNARTE

MEC/SECRETARIA DA CULTURA

TIA CIATA
a pequena África no Rio de Janeiro

Roberto Moura

FUNARTE

WALDEMAR HENRIQUE
O Canto da Amazônia

Claver Filho

MEC/FUNARTE

MEC/SECRETARIA DA CULTURA

JARARACA E RATINHO
a famosa dupla caipira

Sonia Maria Braucks Calazans Rodrigues

FUNARTE

Filho de Ogum Bexiguento

Marilia T. Barboza da Silva
Arthur L. de Oliveira Filho

MEC/FUNARTE

GAROTO Sinal dos tempos

Irati Antônio
Regina Pereira

MEC/FUNARTE

JOÃO PERNAMBUCO

Arte de um povo

José de Souza Leal
Artur Luiz Barbosa

MEC/FUNARTE   CNDA

PAULO DA PORTELA
Traço de união entre duas culturas

Marília T. Barboza da Silva
Lygia Santos

MEC/FUNARTE

PATÁPIO
músico erudito ou popular?

MEC/SECRETARIA DA CULTURA

Maria das Graças Nogueira de Souza • Henrique Pedrosa
elma Alves Pantoja • Sinclair Guimarães Cochine

FUNARTE

P. 257 CARTAZ DE *J. CARLOS: 100 ANOS*
FOTO: CLEO VELLEDA
ACERVO: CEDOC-FUNARTE

LANÇAMENTO DO LIVRO
J. CARLOS 100 ANOS

CONFERÊNCIAS DE ÁLVARUS, MENDEZ, FREDERICO MORAIS E MÁRIO BARATA.

Álvarus

Iniciou suas atividades em 1925 nas colunas do jornal *A Pátria*.

Caricaturista, escritor e historiador de arte, dirigiu a revista *Noite Ilustrada*, trabalhou para *A Noite*. Organizou exposições para a Biblioteca Nacional, destacando-se O Rio e a Caricatura (1965). Realizou conferências no Peru, Portugal e Espanha. Colaborador permanente do *Jornal do Brasil*, da revista *Cultura* (MEC) e das publicações do grupo Bloch entre outras.

Mendez

Desenhista e caricaturista, natural do Ceará. Colaborador nas páginas de *A Noite* e *A Noite Ilustrada*, destacando-se por seus *portraits-charges*. Publicou o livro *Aprenda a desenhar caricaturas*. (1950).

Frederico Morais

Crítico de arte do jornal *O Globo*, professor universitário, autor de vários livros sobre arte, organizou as manifestações de arte Do Corpo à Terra (BH-1970) e Domingo da Criação (MAM-Rio/1971), entre outras. Premiado como autor de audiovisuais, participou de simpósios e conferências em todo o Brasil, e no exterior. Integra o júri dos principais salões de arte no Brasil.

Mário Barata

Professor titular de História da Arte da UFRJ, Doutor em História da Arte pela antiga Universidade do Brasil, RJ, 1954. Licenciado "ès lettres" pela Université de Paris — 1984. Antigo secretário regional para a América Latina da Association Internationale des Critiques d'Art. Autor de vários ensaios e livros, entre outros: *Poder e independência do Grão-Pará-1820/1823* (1975).

P. 258 FOLHETO DE LANÇAMENTO DO LIVRO *J. CARLOS: 100 ANOS*
FOTO: CLEO VELLEDA
ACERVO: CEDOC-FUNARTE

P. 259 CONVITE PARA O EVENTO *J. CARLOS: SUA OBRA E SUA ÉPOCA*
FOTO: CLEO VELLEDA
ACERVO: CEDOC-FUNARTE

P. 260 CONVITE DO LANÇAMENTO DO CATÁLOGO
LUIZ SÁ: 50 ANOS DA CRIAÇÃO DE RECO-RECO, BOLÃO E AZEITONA
FOTO: CLEO VELLEDA
ACERVO: CEDOC-FUNARTE

P. 261 CARTAZ DA EXPOSIÇÃO *LUIZ SÁ:*
50 ANOS DA CRIAÇÃO DE RECO-RECO, BOLÃO E AZEITONA
FOTO: CLEO VELLEDA
ACERVO: CEDOC-FUNARTE

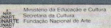

Ministério da Educação e Cultura
Secretaria da Cultura
Fundação Nacional de Arte

50 ANOS DA CRIAÇÃO DE RECO-RECO, BOLÃO E AZEITONA

DE 14 DE AGOSTO A 8 DE SETEMBRO DE 1981
ESPAÇO ALTERNATIVO/FUNARTE   RUA ARAÚJO PORTO ALEGRE 80, RJ

P. 263 CARTAZ EM HOMENAGEM A JOTA EFEGÊ POR SEUS 80 ANOS, EM 1982
FOTO: CLEO VELLEDA
ACERVO: CEDOC-FUNARTE

P. 264-265 CARTAZES DO PROJETO PIXINGUINHA
FOTO: CLEO VELLEDA
ACERVO: CEDOC-FUNARTE

PROJETO PIXINGUINHA

MINISTÉRIO DA CULTURA — FUNARTE — AÇÃO NACIONAL

1º Elenco:
Garganta Profunda / Luis Dillah e Edson Denizard (MG)

2º Elenco:
Claudio Nucci / Eliana Printes (AM)

3º Elenco:
José Renato / Rosa Passos (DF)

	1º Elenco	2º Elenco	3º Elenco
Rio de Janeiro-RJ	22/08	24/08	28/08
Porto Alegre-RS	24/08 e 25/08	31/08 e 01/09	07/09 e 08/09
Montenegro-RS	27/08	03/09	10/09
Cascavel-PR	30/08	06/09	13/09
Joinville-SC	01/09	08/09	15/09
São Paulo-SP	03/09	10/09	17/09

• Secretaria Municipal de Cultura do Rio de Janeiro • Secretaria de Estado de Cultura do Rio Grande do Sul / Instituto Estadual de Música • Prefeitura Municipal de Cascavel • Secretaria Municipal de Cultura de Cascavel • Prefeitura Municipal de Joinville • Fundação Cultural de Joinville • Secretaria de Estado de Cultura de São Paulo • Prefeitura Municipal de Caxias do Sul • Secretaria Municipal de Educação e Cultura • Casa de Cultura • Fundarte • SMEC/Diretoria de Cultura

VARIG

P. 266-267 FOLHETOS DE DIVULGAÇÃO DAS ATIVIDADES MUSICAIS DA SALA FUNARTE
FOTO: CLEO VELLEDA
ACERVO: CEDOC-FUNARTE

Grande Gala
RADAMÉS 80

RADAMÉS GNATTALI, piano
RAFAEL RABELLO, violão 7
&
LUCIANO PERRONE, bateria
CHIQUINHO, acordeão
JOSÉ MENEZES, guitarra
ZECA ASSUMPÇÃO, baixo

Direção: TÚLIO FELICIANO

PREÇO ÚNICO: CR$ 15.000,

Rio
12 a 23 NOV - 21 h
SALA FUNARTE SIDNEY MILLER
RUA ARAÚJO PORTO ALEGRE, N.º 80 CENTRO

SÃO PAULO
9 à 11 DEZ - 21 h
SALA GUIOMAR NOVAES
RUA APA, N.º 83 CAMPUS ELÍSIOS

BRASÍLIA
DIAS 13 e 14 DEZ - 21 h
DIA 15 - 18:30 h
SALA FUNARTE
SETOR DE DIFUSÃO CULTURAL

EM
- **LIVRO** (PROJETO LUCIO RANGEL)
- **DISCO** (PROJETO ALMIRANTE)
- **PARTITURAS** (PROJETO AIRTON) (CADERNO)

DIVISÃO DE MÚSICA POPULAR/INM

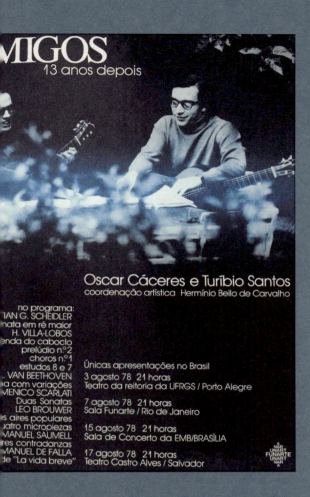

P. 268 CARTAZ DO SHOW
GRANDE GALA: RADAMÉS 80
FOTO: CLEO VELLEDA
ACERVO: CEDOC-FUNARTE

P. 269 Á ESQUERDA, CARTAZ DA PROGRAMAÇÃO *AMIGOS 13 ANOS DEPOIS: OSCAR CÁCERES E TURÍBIO SANTOS*
FOTO: CLEO VELLEDA
ACERVO: CEDOC-FUNARTE

À DIREITA, CARTAZ DO ESPETÁCULO
TRIBUTO A JACOB DO BANDOLIM
FOTO: CLEO VELLEDA
ACERVO: CEDOC-FUNARTE

seis & meia
outubro/novembro 79

Carmen Costa apresenta
Miriam Fernandes
direção: Antonio Chrysóstomo

23 de outubro a
3 de novembro

Zezé Gonzaga apresenta
Eduardo Aragão
direção: Roberto Moura

6 a 17 de novembro

Adelayde Chiozzo e Eliana
participação especial:
Carlos Mattos
direção: Creuza de Carvalho

20 de novembro a
1 de dezembro

sala funarte
rua Araújo Porto Alegre 80 - de terça a sábado
preço único Cr$ 50,00

P. 270-271 CARTAZES DO PROJETO SEIS E MEIA
FOTO: CLEO VELLEDA
ACERVO: CEDOC-FUNARTE

P. 272-273 DISCOS DE LANÇAMENTO DO PROJETO ALMIRANTE
VIVALDI E PIXINGUINHA E *TRIBUTO A GAROTO*
FOTO: CLEO VELLEDA
ACERVO: CEDOC-FUNARTE

Vivaldi & Pixinguinha

RADAMÉS GNATTALI piano, cravo
CAMERATA CARIOCA (solista Joel Nascimento)

Apoio **SOUZA CRUZ**

PA 82002

Projeto Almirante

O Projeto Almirante, nome com que se presta justa homenagem à memória do grande radialista, cantor e pesquisador Henrique Foréis Domingues, tem por objetivo ampliar o raio de ações mobilizadas pela Fundação Nacional de Arte em favor da música popular brasileira.

O Projeto Lúcio Rangel de Monografias tem propiciado o registro bibliográfico e o levantamento de todo um repertório ainda inédito em disco ou em partituras de compositores que cobrem riquíssima diversidade de estilos e formas musicais.

O Projeto Pixinguinha tem mobilizado uma enorme massa de intérpretes, levando-os a todos os recantos do Brasil numa tentativa de formação de platéias. Um trabalho paralelo, desenvolvido pela Entidade através do Projeto Ary Barroso, divulga nossa música popular no exterior, em convênio celebrado com o Ministério das Relações Exteriores.

Com o Projeto Almirante, amplia-se este ciclo harmonioso, que objetiva atender ao escoamento de uma produção artística que dificilmente seria absorvida pelo circuito discográfico comercial, pelos aspectos menos convencionais de sua proposta. O Projeto pretende documentar não só essa produção, como também editar e fazer difundir aquele tipo de bem cultural que jamais chegou ao disco, ou que nele teve vida efêmera, objetivando dessa forma reeditar títulos essenciais ao entendimento de nosso processo de criação. Pretende ainda recuperar acervos de música popular confinados em arquivos de particulares, restritos portanto ao acesso de alguns poucos privilegiados, resgatando-os para o domínio público. E, dentro dessa ótica, fixar em disco os resíduos decorrentes da própria ação da Funarte dentro da área da música popular, na sua qualidade de produtora de bens culturais. Dentro desse espírito, expresso no documento da Secretaria de Cultura, Diretrizes para operacionalização da política cultural do MEC, se desenvolverá a atuação do Projeto Almirante, que se propõe abranger, em sua coleção de títulos na esfera da música popular, a criatividade nacional na extensa multiplicidade de suas formas.

lado A

1. *Concerto grosso op. 3 n. 11 (Estro armonico)* Antonio Vivaldi (10'34)
   Allegro (introdução e fuga) (4'25)
   Largo (3'09)
   Allegro final (3'00)
   Radamés Gnattali, cravo
   Camerata Carioca
2. *Carinhoso* Pixinguinha choro (2'35)
3. *Ingênuo* Pixinguinha/Benedito Lacerda choro (3'20)
4. *Vou vivendo* Pixinguinha/Benedito Lacerda choro (2'45)
   Camerata Carioca
   (19'14)

lado B

1. *Jubileu* Anacleto de Medeiros dobrado (3'02)
   Radamés Gnattali, piano
   Camerata Carioca
2. *Batuque* Henrique Alves de Mesquita choro (5'30)
   Camerata Carioca
3. *Marreco quer água* Pixinguinha polca (2'38)
   Camerata Carioca
4. *Devagar e sempre* Pixinguinha/Benedito Lacerda choro (2'37)
5. *Tapa buraco* Pixinguinha polca (1'51)
6. *Um a zero* Pixinguinha/Benedito Lacerda choro (2'39)
   Radamés Gnattali
   Camerata Carioca
   (18'17)

foto Loca

Ficha Técnica

Produção Funarte/Consórcio para Projetos Especiais
Produção artística e co-produção executiva Hermínio Bello de Carvalho
Arranjos e transcrições Radamés Gnattali
Co-produção artística e direção musical da Camerata Carioca João Pedro Borges
Engenheiro de som e remixagem Carlos R. O. Freitas
Supervisão de estúdio Ian Guest
Auxiliar técnico José Antonio Baldrini
Assistentes de mixagem João Pedro Borges, Joel Nascimento, Maurício Carrilho e Hermínio Bello de Carvalho
Programação visual Ana Monteferrante
Arte-final Sonia Maria de Moraes e José Ferreira Loça
Produção gráfica Sérgio de Garcia
Gravação 11 a 14 de junho de 1980
Remixagem 16 e 17 de junho de 1980
Estúdio Sir Laboratório de Som e Imagem - Curitiba-Paraná
Equipamento Studer A 80MK-2 - 16 canais
Corte Ademilton
Prensagem Gravações Elétricas S.A.

Instrumentos:

Radamés Gnattali (piano acústico Essenfelder e cravo Wittmayer), Joel Nascimento (bandolim Sonos, modelo Jacob 1974), João Pedro Borges (violão Daniel Friederich 1974), Maurício Carrilho (violão Shiguemitsu Sutsuyama 1978), Luiz Otávio Braga (violão de sete cordas De Souto, 1979, no Concerto grosso e violão Sonos no restante do disco), Henrique Leal Cazes (cavaquinho De Souto) e Humberto Leal Cazes (pandeiro, reco-reco e pandeiro).

As obras constantes deste disco foram gravadas sob os auspícios do Governo do Estado do Paraná/Secretaria de Estado da Cultura e do Esporte/Fundação Teatro Guaíra Sub-Chefia de Comunicação Social, de 11 a 14 de junho de 1980, em Curitiba, Paraná. Foram, ainda em primeira audição nacional no Auditório Bento Munhoz da Rocha do Teatro Guaíra em 19 de junho de 1980.

TRIBUTO A GAROTO

RADAMÉS GNATTALI piano
RAFAEL RABELLO violão 7

Apoio SOUZA CRUZ

Projeto Almirante

O Projeto Almirante, nome com que se presta justa homenagem à memória do grande radialista, cantor e pesquisador Henrique Foréis Domingues, tem por objetivo ampliar o raio de ações mobilizadas pela Fundação Nacional de Arte em favor da música popular brasileira.

O Projeto Lúcio Rangel de Monografias tem propiciado o registro bibliográfico e o levantamento de todo um repertório ainda inédito em disco ou em partituras de compositores que cobrem riquíssima diversidade de estilos e formas musicais.

O Projeto Pixinguinha tem mobilizado uma enorme massa de intérpretes, levando-os a todos os recantos do Brasil numa tentativa de formação de platéias. Um trabalho paralelo, desenvolvido pela Entidade através do Projeto Ary Barroso, divulga nossa música popular no exterior, em convênio celebrado com o Ministério das Relações Exteriores.

Com o Projeto Almirante, amplia-se esse ciclo harmonioso, que objetiva atender ao escoamento de uma produção artística que dificilmente seria absorvida pelo círculo discográfico comercial, pelos aspectos menos convencionais de sua proposta. O Projeto pretende documentar não só essa produção, como também editar e fazer difundir aquele tipo de bem cultural que jamais chegou ao disco, ou que nele teve vida efêmera, objetivando dessa forma reeditar títulos essenciais ao entendimento de nosso processo de criação. Pretende ainda recuperar acervos de música popular confinados em arquivos de particulares, restritos portanto ao acesso de alguns poucos privilegiados, resgatando-os para o domínio público. E, dentro dessa ótica, fixar em disco os resíduos decorrentes da própria ação da Funarte dentro da área da música popular, na sua qualidade de produtora de bens culturais. Dentro desse espírito, expresso no documento da Secretaria de Cultura, *Diretrizes para operacionalização da política cultural do MEC*, se desenvolverá a atuação do Projeto Almirante, que se propõe abranger, em sua coleção de títulos na esfera da música popular, a criatividade nacional na extensa multiplicidade de suas formas.

lado A

1. *Desvairada* Garoto valsa-choro (2'50)
2. *Gente humilde* Garoto canção (2'40)
3. *Enigmático* Garoto choro (2'54)
4. *Nosso choro* Garoto choro (3'28)
5. *Duas contas* Garoto samba (3'00)

Radamés Gnattali, piano
Rafael Rabello, violão 7
(14'52)

lado B

1. *Concertino para violão e piano* (redução do *Concertino n.º 2 para violão e orquestra*) Radamés Gnattali
   Allegro moderato (6'10)
   Adágio (Saudoso) (4'10)
   Presto (Com espírito) (6'15)

Radamés Gnattali, piano
Rafael Rabello, violão 7
(16'35)

foto Eduardo Stuckert

foto Eduardo Stuckert

Ficha Técnica

Produção Funarte/Consultoria para Projetos Especiais
Produção artística Hermínio Bello de Carvalho
Produção executiva Cláudio Guimarães
Arranjos e transcrições Radamés Gnattali
Engenheiro de som Toninho Barbosa
Projeto gráfico Ana Monteleone
Arte-final Sonia Maria de Moraes   José Ferreira Leça
Produção gráfica Sergio de Garce
Gravação e montagem de 23 a 26 de agosto de 1982
Estúdio Sonoviso
Equipamento Studer A-80 (8 canais)
Instrumentos Radamés Gnattali, piano Steingraeber de 1/4 cauda; Rafael Rabello, violão 7, Di Souto 1964.
Corte Ademiltom
Prensagem Gravações Elétricas S.A.

MÁRIO TREZENTOS, 350

P. 276-279 DOCUMENTOS DA CAIXA *MÁRIO TREZENTOS, 350*
ACERVO: HERMÍNIO BELLO DE CARVALHO

P. 280 PLACA DE MÁRIO DE ANDRADE, NO EDIFÍCIO MÁRIO DE ANDRADE,
NA RUA SANTO AMARO, N° 5
FOTO: CLEO VELLEDA

P. 281 BUSTO DE MÁRIO DE ANDRADE, NA UNIRIO
FOTO: CLEO VELLEDA

Ilustração: Sclar

Ministra da Educação e Cultura
Esther de Figueiredo Ferraz

Secretário da Cultura
Marcos Vinicios Vilaça

Fundação Nacional de Arte

Diretora-Executiva
Maria Edméa Saldanha de Arruda Falcão

Diretor do Instituto Nacional de Música
Edino Krieger

Diretor-Adjunto da Divisão de Música Popular
Hermínio Bello de Carvalho

Instituto de Estudos Brasileiros/USP

Diretora
Myriam Ellis

Produção: INM/Divisão de Música Popular
Trabalho de seleção e pesquisa: *Telê Porto Ancona Lopez, Flávia Toni, Yone Soares de Lima e Júlia Peregrino*
Material iconográfico: *USP/Instituto de Estudos Brasileiros/Arquivo Mário de Andrade*
Reproduções fotográficas: *Rômulo Fernando Fialdini*
Programação visual: *José Cruz*

Edição FUNARTE
RIO DE JANEIRO, 1983

Trezentos, 350

Mário de Andrade (SP 09-10-1893 - SP 25-02-1945) exerceu uma liderança intelectual que não cessou com seu desaparecimento. Musicólogo, escritor, poeta, professor, conferencista, crítico de todas as artes, fotógrafo e pintor bissexto, ainda hoje se torna impossível dimensionar-se com precisão a amplitude de sua importância na vida cultural do País e que parece avultar-se com o passar do tempo, esse tempo que fez Mário de Andrade multiplicar-se além dos "trezentos, trezentos-e-cincoenta" que sentia habitarem nele. Também assim o entende a Fundação Nacional de Arte, no momento em que o grande polígrafo faria noventa anos caso estivesse fisicamente vivo. Daí a homenagem que ora lhe presta, desde logo reconhecendo que nenhum tributo seria bastante expressivo diante do enorme vulto desse homem que provocou rupturas dentro das artes brasileiras, perfilou ideais estéticos, sedimentou pensamentos e influiu na formação da maioria dos nomes que, a partir do movimento modernista da Semana de 22, edificaram um novo Brasil no domínio das letras e das artes. Através de ações culturais que pré-moldou nos livros e nas cartas que escreveu (cartas que traduziam ensinamentos, dirimiam dúvidas, traziam lições preciosas, não só para os destinatários de então, mas para todos nós a quem, hoje se vê, eram também endereçadas), pode-se entender o que Mário significa para o exercício do fazer cultural das modernas gerações e da própria ação dessa Casa, impregnada que está de seus ideais. Ao promover exposição, estimular debates e mostrar num espetáculo um pouco dos "trezentos-e-cincoenta" Mários, a Fundação Nacional de Arte-FUNARTE realiza um ato cultural que deverá ter desdobramentos nos principais centros deste país que ele tão profundamente amou e a quem deu o que de melhor pôde produzir o seu espírito fecundo e inovador.

MARIA EDMÉA SALDANHA DE ARRUDA FALCÃO
Diretora-Executiva da FUNARTE

ONEYDA ALVARENGA — AI, SAUDADES!

Outro dia, Mário amigo, lhe mandei um embrulho das minhas velhas cartas. Serão tão velhas assim? Elas batem forte no meu peito, como se estivessem sendo escritas agora. É a saudade, amigo velho, que não deixa que elas envelheçam, nem morram. Faz um bem enorme relê-las, com aquele suave ventinho do passado, agitando as folhas. Quanta coisa vem junto! Em primeiro lugar, o piano de estrêla, em que eu pensei que ia ser mesmo pianista. Doce ilusão! Você me arrancou do caminho que eu me traçara e, em vez de sons musicais e poéticos, me atirou num papelório que, não sei como, não me sufocou. Foi bom? Foi ruim? Estou no fim da vida e ainda não sei; apenas algumas coisas, isso é certo, mas não sei se terá valido a troca. Na mudança veio muita amargura junto, muita desilusão, que não compensou (como poderia?) o sonho substituído. Sonhos não se trocam e eu ainda sigo, de olhos espantados, "o que teria sido e que não foi". Essa frase é sua? É de quem? Mas expressa a verdade amarga. Desculpe, mestre: às vezes a gente tem dessas sapitucas contra o passado, duras de roer. Mas passam, quando a gente pensa que a mudança trouxe bens valiosos. Trouxe a sua amizade de pai, de irmão, de amigo, bens inestimáveis para todo o sempre. Um dia reencontraremos tudo isso, que não tem preço? Num canto do céu eles nos esperarão, juvenis e frescos, como quando nos encontramos: você madurão, eu broto cheio de esperanças. Que não morrem, sempre viçosas e renascíveis.

JOSÉ BENTO FARIA FERRAZ

Hoje e ontem, os planos se interpenetram e se confundem em uma intemporalidade enorme. Vejo-me, ainda agora — como que voltando, na máquina-do-tempo, ao tempo do nunca mais — aluno de Mário de Andrade, em 1934, a beber por todos os poros de meu ser suas palavras proferidas em aulas de História da Música e Estética, no velho casarão do Conservatório Dramático e Musical de São Paulo. Isto acontecia duas vezes por semana, à noite, e era de se ver a paciência de Mário ao tentar explicar àqueles jovens despreparados o milagre da música através dos tempos. Agora avalio de como ele estava mil anos-luz acima de todos nós pela sua inteligência e sensibilidade, e no entanto igualado a nós tamanha a sua humildade. Ele nos encantava com seu riso amplo, jovial, misto de dança de ombros em que todo seu corpo gingava gostoso: "EU DANÇO MANSO A DANÇA DO OMBRO... EU DANÇO... NÃO SEI MAIS CHORAR!..." Era impossível para nós, tal a nossa pequenez, imaginar que estávamos diante de um homem de uma grandeza moral a toda prova, possuidor de si mesmo, dono de sua consciência, autodisciplinado em uma filosofia de trabalho severa, e educado na prática diária de um julgamento lúcido e objetivo do fato social e estético.
"POSSUIR A CONSCIÊNCIA DE SI MESMO/ ISSO É A FELICIDADE, ISSO É A GLÓRIA/DE SER, FAZENDO O QUE SERÁ". Depois que ele me concedeu a graça de ser seu bibliotecário e secretário pelo espaço de onze anos (1934/1945), é que, passo-a-passo, pude ir compreendendo a grandeza do homem que tinha a minha frente, em um convívio diário e democrático, onde pude descobrir um coração enorme, sedento de paz e daquela "charitas" que somente os grandes místicos e os grandes poetas possuem. E estou a me lembrar de seu último poema, terminado uma semana antes de sua morte, verdadeiro testamento, repositório doloroso e trágico de seu estado de espírito ao findar da vida, e no entanto, ainda onde brilha uma mensagem de esperança para os jovens de hoje, iguais aos jovens de ontem. Mário de Andrade hoje e Mário de Andrade ontem, um só, tal a continuidade de conduta que soube imprimir a sua personalidade, e a diretriz imposta a sua obra vasta, seja poética e crítica, seja de pesquisa no campo das artes. Tudo que ordenou e fez, como disse, o que foi com uma seriedade e responsabilidade "de quem constrói um projeto de casa": "TUDO O QUE GERO E MANDO, E QUE PARECE/TÃO SEM DESTINO E SEM RAZÃO, SE AJUNTA/NUMA ORDEM VERDADEIRA...". E não será isto uma mensagem de trabalho que Mário, hoje como ontem, deixa para os jovens de hoje, para os seus alunos de 1983? Porque, é inacreditável, mas passados tantos anos de sua morte, ele que desejava ser esquecido como um nome de rua qualquer, "MAMÃE! ME DÁ ESSA LUA,/SER ESQUECIDO E IGNORADO/ COMO ESSES NOMES DE RUA." está, cada vez mais, presente na consciência crítica, nos temários de teses literárias e na preocupação criadora dos exegetas de hoje, o que, aliás confirma o que foi dito por Antonio Cândido, dez anos após a morte do autor de Macunaíma, isto é, aconteceria com ele e sua obra o que aconteceu com Machado de Assis. Seria descoberto, analisado, julgado e valorizado de maneira satisfatória ao passar dos anos, tal a atualidade, a autenticidade e sinceridade de sua obra, feita no dia-a-dia de seu ganha-pão, e fruto trabalhado de seu ímpeto criador: "A EXISTÊNCIA ADMIRÁVEL QUE LEVO CONSAGREI-A TODA A PROCURAR. DEUS QUEIRA QUE NÃO ACHE NUNCA... PORQUE ENTÃO SERIA O DESCANSO EM VIDA, PARAR MAIS DETESTÁVEL QUE A MORTE. MINHAS OBRAS TODAS NA SIGNIFICAÇÃO VERDADEIRA DELAS EU AS MOSTRO NEM MESMO COMO SOLUÇÕES POSSÍVEIS E TRANSITÓRIAS. SÃO PROCURAS. CONSAGRAM E PERPETUAM ESTA INQUIETAÇÃO GOSTOSA DE PROCURAR. EIS O QUE É, O QUE IMAGINO SERÁ TODA A MINHA OBRA: UMA CURIOSIDADE EM VIA DE SATISFAÇÃO". E haverá uma lição mais positiva e otimista para os moços de hoje que estas palavras de incentivo ao trabalho criador? Mário de Andrade hoje, como ontem, sempre guia dos moços (Ele, que não deseja fazer escola) desejosos de paz, de serenidade, de dignidade, ávidos por um mundo melhor — como Mário o foi — onde todos sejam iguais, onde todos possam, de camisa aberta ao peito, ir penetrando na terra dos homens: "NÓS IREMOS DE CAMISA ABERTA AO PEITO, DESCENDO VERDADEIROS AO LÉU DA CORRENTE DO RIO, ENTRANDO NA TERRA DOS HOMENS AO CÔRO DAS QUATRO ESTAÇÕES". Esta a lição, a última, que Mário deixou na terra. Este o Homem a que procurei servir e amar como se fora um ato de fé.

2.

3.

FERNANDO SABINO — ESSES NOMES DE RUA

"Nesta Rua Lopes Chaves/envelheço, e envergonhado/nem sei quem foi Lopes Chaves./Mamãe! Me dá essa lua,/Ser desconhecido e ignorado/como estes nomes de rua." Certo dia, em Belo Horizonte, uma carta me chegou às mãos pressurosas em rasgar avidamente o envelope, na excitação dos 18 anos, tão logo dei com o nome do remetente e o famoso endereço. Passei a ser respeitado em casa. Era a propósito do meu primeiro livro, que eu lhe havia mandado e ele havia lido quase por acaso, numa noite qualquer de ócio. Foi o início de uma correspondência e de uma amizade (apesar dos trinta anos de diferença entre nós) que durou até sua morte. A última vez que o vi foi à saída de um bar na Avenida São João, depois de uma rodada de chopes com vários amigos comuns, por ocasião do Congresso de Escritores. Ele se despediu de mim na calçada, e, já se afastando, voltou-se, acenou com a mão enorme num gesto muito seu, dizendo: adeus. Adeus por quê? — protestei: você não pretende morrer, e eu muito menos; vamos nos ver breve, se Deus quiser, aqui ou no Rio. Ele sorriu e se afastou sem dizer mais nada. Alguns dias depois eu recebia a notícia de que ele havia morrido. Foram vinte e tantas cartas, ao longo de três anos — mais de uma por semana, às vezes. Representavam o que podia haver de mais precioso para quem pretendesse se iniciar na literatura. Por isso as publiquei no ano passado, sob o título "Cartas a um jovem escritor": para que fizessem a outros jovens o bem que fizeram a mim.
Relidas agora, diante dos problemas de hoje, parecem falar de outros tempos e de assuntos já sem memória. Que lugar ocuparia ele atualmente, na ordem das coisas? No entanto a sua presença na vida cultural do Brasil era a de um gigante, de corpo e alma, através da sua obra e da influência pessoal. Basta lembrar suas cartas a Manuel Bandeira, Carlos Drummond de Andrade, Pedro Nava, Alphonsus de Guimaraens Filho, Oneyda Alvarenga, Etienne Filho, Rubens Borba de Moraes, Murilo Miranda, Rodrigo M.F. de Andrade, para ficar apenas nas já publicadas. O papa do modernismo! Cada novo livro seu era uma sensação na praça literária. Sei que continuam sendo editados, constituindo mesmo algum sucesso de livraria. E acredito firmemente que ele esteja sendo redescoberto pelas novas gerações, para ocupar enfim o lugar que lhe cabe na imortalidade. Os jovens, graças às versões para o cinema e o teatro, já conhecem Macunaíma, começam a entender a importância de seu autor na história da cultura brasileira. E principalmente a importância da sua poesia para os que aprenderam a amar os seus versos — aquela inesperada e gratificante sutileza poética entre uma palavra e outra que só ele sabia ter. O nome de Mário de Andrade não será apenas o de uma rua, como aquela que lhe dedicaram no Jardim Botânico, ali no Largo dos Leões. Já lhe deram a lua — jamais será desconhecido e ignorado como estes nomes de rua.

4

5.

PEDRO NAVA

Porque Mário de Andrade, agora? Para mim foi, é, será o Mário de Andrade permanentemente, dos sempres, um desses poucos homens a quem na vida deu o título de Mestre. Mas mestre e dos que compreendem na minha geração e cuja modificação recebeu na sua órbita de hoje, com seus milhões e milhões de jovens capazes de enxergar a lição mateuna — porque o decifrarem nos seus vinte e o passarmos dos e explicado aos rapazes que ainda o vivem em 45 e aos de depois, para quem ele vireu um símbolo sem mistério. A revolução que ele propos e fez foi, na nossa história, mais importante que a Independência, o Treze de Maio, a República e as lutas trágicas que ele trouxe no seu ensaio. Ele, não. Seu movimento, sua subversão tiveram continuidade e a alberta mental que ele propiciou portuguesas, enriquecida por todos os regionalismos e modismos com que ela é falada no Brasil, seu Trezre de Maio foi a Semana de Arte Moderna que pegou e nos deu nova poesia, nova prosa, nova pintura, nova escultura, nova arquitetura e sobretudo uma originalidade criativa, um momento impossível gramatical, que se chamaram Drummond, Meyer, Vinícius e Afonso Romano de Sant'Ana, Gilberto Freyre, João Alphonsus, Joaquim Inojosa, Zé Lins, Graciliano e Rachel, Tarsila, Portinari, e Rery e Di, Figueira, Celso Antonio, Zani e Bruno Giorgi. Villa-Lobos e a horda, a vaga do música exalta e popular que definharam de seu gênio. Que genealogia! Que imensa teoria de montanhas. E tudo saindo do tronco escalpido daqueles dias da Semana — os maiores da nossa maioridade artística, social e política. Para mais, em mim, a influência de Mário de Andrade foi decisiva, definitiva, permanente e a ele eu deo o que eu senti depois no contato que tivemos em Belo Horizonte, no Rio. Depois da lição de suas cartas, nenhuma sem um ensinamento, sem uma convergência no meu modo de ver. Procuro passar por mim, mas serei voz ver como é aquilo da lição recebido esta, aquele, ou inumeráveis situações em que o trovou e pago de que ele aparece. Mário lembrança, da minha liberdade, minha liberação, minha liberdade nascerem dele e de seu filho Macunama. E se eu fui alguma coisa pregando e escrevendo, essa alguma coisa nasceu da lucidação da sua prosa, da sua poesia, da lição de sua conversa e de seus amigos e demandos.

Hino do Grupo de Gondol. Partitura manuscrita a lápis, letra e música de Mário de Andrade. Da carta a Tafé Pedro Accioli Lopes (29/10/82) Roberto Borba de Moraes conta que o hino foi composto pouco tempo após o casamento de Oswald de Andrade com Tarsila do Amaral (20/10/30). Mário fazia "o grupo" nessa se perenbrevando e o moderno de Verde-amarelismo e o fugia com outros, seu clericos, e sua disivida, a esta, terra, em 1928, com a poeta do CB do Jaboti, Mário de Andrade escolha e outros brasileiros, simbolo de solidão e resistência a jaboti. Agora, em seu tempo, o "clima" dos modernos" grânzia esses escolhas. Hino do Grupo de Gondol.

"Sobre a Música... Você quer escutar uma confidência só meu pra você? Pois isso é o pedaço mais indeterminante plagiado que tem. No que allio são tento a culpa porque todo a gente sabe que não sou compositor. A Música fm filarmonia feita assim, pagui na minha maldição da Cabocla do Caxangâ e mudar as notas pra tentacola me meu duas seções forem também do meu enfado étnico qual, somente tentar sena diferente por me dar uma ocupação neses quando me viera. Assim seis a Música que por acaso saindo bords regional e lo menor por... So o edirão não é partitura de minha melódica de vime do Cexalo, E a linha que traverde ema dois des tals torinetes melódicos que especificam ne Technisti tem até ele velificou agra pols nunca hélia até sin manado misso. Além o refrão não feito de proprietamente brasileiro com aquele remedio sentimental..."

BANDEIRA, Manuel, ed. — Cartas a Manuel Bandeira, RJ, Ed. de Ouro, 1966, p. 188. (Carta datada de São Paulo, 7 set. 1926).

CARLOS SCLIAR

Me pediram que escrevesse um pequeno texto sobre Mário de Andrade crítico de arte. Senta escavara penando tentar. Mas veleu a sugestão. Rei o que tinha a rec o e, mas com uma vez, me enriqueci Vejam: Em Mário, o que já quase que ocuparei apenas do fascadores. O próprio distrito diamantino desfalecia, depois de ter albercegiado a Europa. Fulgor rellano foce o dos três primitivos quartetos do século, com os traficantes esplandorosos dos contrabandores, com o navicolisnho da Chica da Silva, com o rinjardo Economístico de 1733, e com os maestres das commssens, Ísticos na arguaturna, empalcaalso de talha glorada e boutas no exterior sem harmonia. Todo essa brihação corresponda e a um bem-estar econômico transitório. É até setcol, se podei dizer. O episódio dos Ennissários soulificara-bem a pretensão portuguesa, e estava nos paradirios a preondónicia de mundo. Mas no movimento em que Alejadinho, al pelo trinta ases de vida ou limita mais, inplus o gênio dele. Minas declara, como quem desperta. Ó que perseverança era apenas o brelio exterior. E um ser, esta tradição de fasido é que alejamente a ação a deus. Ne funcional Anônimo Francidico Libosa, e é percorirs-deia na pitura. Manuel da Costa Atatílle. É invasio. "Eis que Lazar Segall vem ao Brasil." Ja estamos uma vez em nossa terra, por 1912, mas estão em ainda muito mexico pra ver. Si armou Studio, e armou em... Lasar Segall. Aliás nem o Brasil e viu. A presença do moço espanhatismo era derrien prematura pata que a acte brasileira, então em plena univalade Francisco Libosa e o peroerto-elia na pintura. Mas em 1923 o pintor apertava de novo em nossa Corinda, já tomaron filho, em busca desta pátria. Emivão ele vi o Brasil e o Brasil e viu, mais primeiro anor a que o artista se entregou com toda a sua generosidade igualitaria. E nossas aperas dellegentes Lasser Segall por pouco não de gordas... E aqui. "O que me agrada principalmente, na obra complexa nacionalista do desenho, é o seu caráter felizmente seu, de sei ou muitssi sempre uma transordinade e uma sacotora. O desenvo fala, chega mesmo e se multo motil uma espécie de viciar, uma cigarra, que uma arte plástica." Depois dessas amostras do que os textos de Mário de Andrade são pensa, penso que todos aqueles que o contacem denique procurem-fos.! Cumpri minha parte.

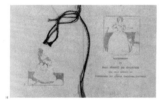

GUILHERME FIGUEIREDO

MÁRIO E AS CARTAS

A falta que me fez Mário de Andrade é a falta que faz ao país, ao seu pensamento estético, à sua busca de autenticidade, ao conhecimento múltiplo da formação e do desenvolvimento. Mário de Andrade exigiu de seu discípulo o compromisso da arte interessada, não em obediência à partidos, mas a uma finalidade social que o próprio artista busque desesperadamente com toda a sua independência. Tudo começou quando, em 1937, Fernando Mendes de Almeida, poeta já maduro e amigo ainda recente, me aproximou de Mário, levando-lhe para conhecer minhas peças, das quais de cantos passavam impilhava e bravura. "Desejaria conversar com você, rapaz — me disse ele — suas idéias e intenções, estão conhecer algumas com o que você já deve se debruçado perdido precidio do troféu e tão cuidadosamente longual, que só no seu militeu." Republ "Um violino na sombra". Mas estou chando e preserva carta de meu amigo ! E ao oufras, ensino constante, pelos tremendos, palmiroadas do meu aluno, elogios de encolhuia, lições de coisas, de todas as coisas até a freiralidade, censura e bronca, confidência, explosões a quietas, entusiasmo sincero e ditos vida ainda texts criados, categorias de desanuário! O meu sucessor na caluma de crítica ê teatro do jornal, recepto, prague, pedido, sotques... De 1937 a 1945 se o o e de olhar de temas de cartas, se impercebibles quanto Mário em começou no Rio serial há como dois, vamos depois do trabalho, em notes de chopes, de aperçoes de guerra e da constante insalubre exercício sobre luz — Carlos Lacerda, Lúcio Rangel, Murilo Miranda, Otávio Diaz Leite, Moacir Werneck de Castro! e quando o meio de escrever pare sempre tempadri vira contada. Ao fler, muitas vezes cartas, onde fora muitas vezes o cuidado com que anolvia à margem 'não voli', e a insistência no sagrado sigilo da correspondência mesmo quaintel literaria, nei perigou 'Deve violar o legado que me dou tão terário como revestiram! Deve somente a reconsideração é reencia essas cartas nossa ouvincia de que e é uma valia e omraário do designa do múnio. Ou devo outra lei um passeada como glória minha, sim, sua tantinho como permanente lúceo de dignidade artistica? Não se parceiam e a ariarinho nume à posterioridade. Mas Mário já é postoriado vai. Só que tem que a potestidade mais consotrad. Mário do que oi L. Para dizer do co, de poucos escrituras podímdos entre nós, que abreguam os nossos tempos. — com contaulado, nela aspraá-me-ma... tranqülomente dos não desstinários. Resgatcorco querem nasgo o caração, gustar corto quem se embarrouse uma fímera! Ou violar o segredo e dizer: "Amigo morto, vive e fala para o teu irmão desconhecido. Não precisado de tí quanto eu." Ainda não sei se estou com a minha valtade, a minha generosidade ou o meu ciúme.

CARLOS DRUMMOND DE ANDRADE   MÁRIO DE ANDRADE, 1983

Índice das ilustrações:

9

"O DRUMMOND JÁ ESTEVE AQUI DUAS VEZES TE PROCURANDO".

A curiosidade
e o ineditismo da visita superaram o espanto de se referirem a ele com
tal intimidade, como se fosse um simples mortal. E o *aqui* era a Funarte, onde eu me exercia inventando e administrando projetos — e Drummond era solícito às minhas demandas. Não muitas, sejamos claros.

No caso específico da publicação dos livros de Jota Efegê[46], posso
até imaginar que tenha, de alguma forma, partido dele a sugestão de
fazer com que o cronista saísse da quase ociosidade em que andava.
Drummond era um tanto avesso à televisão, e eis que um dia me sur-
preendo gravando o programa *Entre Amigos*[47] em que o homenageado
era o Jota. A presença do poeta simbolizava o respeito que devotava ao
decano da crônica dos costumes cariocas, ao pesquisador que saía de
casa com uma lista de deveres a cumprir. E os cumpria com alegria
de estudante, peregrinando por bibliotecas, catando informações onde
elas repousavam incógnitas e irreveladas, com a lupa da curiosidade
e a ciência do saber. E era de uma honestidade a toda prova. Igual ao
samba do Monarco alusivo à Portela, se eu for falar do Jota Efegê, "hoje
eu não vou terminar".

Para a visita, eu evidentemente não estava preparado. A informali-
dade com que ocupava meu cargo me permitia algumas brincadeiras
um tanto insólitas. Como, por exemplo, colocar um pôster do Agnaldo
Timóteo, em tamanho natural, atrás da mesa de reunião — induzindo,
num primeiro olhar a quem chegasse, que o cantor estivesse ali. Brincadeira de velho caduco: "Já falou com o Agnaldo?" — e a trapaça quase sempre surtia efeito.

Finalmente, após duas tentativas de visita, o encontro ocorreu. Re-
verências dos funcionários, Drummond chega à sala e não resisto à
compulsão: "Conheces o... ?" — e a frase foi-me secando a garganta

---

46 *Figuras e coisas da música popular brasileira*. Rio de Janeiro: Funarte, v. 1, 1978,
com prefácio-poema de Carlos Drummond de Andrade; *Figuras e coisas da música
popular brasileira*. Rio de Janeiro: Funarte, v. 2 1979; *Figuras e coisas do carnaval
carioca*. Rio de Janeiro: Funarte, 1982; *Meninos, eu vi*. Rio de Janeiro: Funarte, DMP,
1985, prefácio de Carlos Drummond de Andrade. [N. do E.]
47 O programa foi ao ar pela TV Educativa do Rio de Janeiro (TVE) em maio de 1984,
com as participações de Hermínio Bello de Carvalho, Álvaro Cotrim, Nássara, Carlos
Drummond de Andrade e Jota Efegê. Reproduzimos fotogramas do programa nas
páginas 298 e 299. [N. do E.]

e os grugumilos, possivelmente me descolorindo a face enquanto via o poeta estender a mão ao maldito pôster e retirá-la, sem graça, diante da brincadeira despropositada.

Paspalho, palerma, síntese dos 3 patetas, debiloide — é assim que, desenxabido, me vejo mentalmente adjetivado pelo poeta atrás de seus óculos-escudo. Passa um filme em minha cabeça naquela fração de segundos em que o imagino na chefia de gabinete do ministro Gustavo Capanema onde, deduzo, que tal brincadeira seria inadmissível, passível de suspensão, perda do cargo — algo assim. Aguardo a reprimenda.

Seria de extrema leviandade tentar reproduzir aquela parolagem — até porque a memória, indigente nata, não saberia relatar o que se conversou naqueles dez minutos, 15 horas, uma eternidade — porque sempre tive a dimensão do que é estar diante de um mito.

E lá se foi o poeta da mesma forma itabirana com que se fez anunciar.

Fiquei só, absorto com meus pensamentos, figura patética que restou naquela sala: eu, Piolin-Carequinha, numa sem-gracice só, o pôster gigante e aquele cumprimento solto no ar[48].

---

48 Fernando Sabino desfaria o sentimento de remorso de Hermínio logo depois em sua crônica semanal "Dito e Feito", na Seção B, *Diário de Pernambuco*, 21 ago. 1983, reproduzida na página 289 desta edição. De 1977 a 1989, Fernando Sabino publicou no jornal *O Globo* e sua colaboração era reproduzida em oitenta jornais no Brasil. [N. do E.]

Sr. Hermínio Belo de Carvalho
Rua Bartolomeu Portela, 4   4º andar
22290   Rio de Janeiro RJ

C. D. Andrade
Cons. Lafayette, 60/701
22081   Rio de Janeiro RJ

Ao caro Hermínio,

com abraços de octogenário para
o menino cinquentenário a quem
a gente não se cansa de admirar,
pois está sempre surpreendendo
com belas coisas,
o
Drummond

29. 3. 85

PÁGINA SEGUINTE, CARTA DE HERMÍNIO BELLO DE CARVALHO A CARLOS DRUMMOND DE ANDRADE, 24 MAIO 1985
ACERVO: CEDOC-FUNARTE

MEC-FUNARTE

CARTA Nº: 092/DMP - INM

Rio de Janeiro, 24 de maio de 1985.

Ilmo. Sr.
Carlos Drummond de Andrade
Rua Conselheiro Lafayette, 60/701
22.081 - Rio de Janeiro, RJ

Ref.: Centenário Manuel Bandeira

Drummond,

Continuo acarinhando a idéia de festejar o centenário de Manuel Bandeira. Tenho essas manias, você sabe. Teimoso
como sou, acho que poderia fazer pelo menos algo semelhante aoao
noventenário de meu amadíssimo Mário de Andrade: um álbum, como
poemas musicados pelo Milton Nascimento, Jobim, Mignone ...

Nem posso demorar muito. Levei à MPM um pouco da
idéia, e ela me pediu um projeto - que apresentarei pela Funarte.

Gostaria de receber sugestões. Você, afinal, foi
quem primeiro acreditou no projeto "Mário trezentos, 350" -   e
posso até informar que a equipe do IEB continua trabalhando no
"Dicionário Musical", devendo terminá-lo aí pelo princípio de 86.

Acredite neste poetinha obstinado e tinhoso, que
anda pensando seriamente em pendurar as chateiras - mas só depois
de homenagear um poeta que, aafinal, foi bastante responsável pela minha presença na animação cultural deste país tão confuso, não
é ?

Carinhosamente

Original assinado por
HERMINIO BELLO DE CARVALHO

Millôr Fernandes, não me lembro onde, manifestou sua aversão à essas datas redondas comemoradas com algum respaldo midiático. Bobagem. Celebrar os 90 anos de Mário, os centenários de Manuel Bandeira ou de Clementina de Jesus é uma forma de lembrar aos jovens a existência dessas pessoas – e de provocar, e essa é sempre a intenção principal, a reedição de suas obras, relembrar-lhes a vida, o que contribuíram para a nossa cultura. Lembro quando, à frente da Consultoria de Projeto Especiais da Funarte, provoquei uma mega-exposição sobre o centenário de Picasso – e tendo como tema a Guernica, revi-sitada por artistas plásticos de todas as áreas. Lembro que a Funarte ocupou algumas galerias com aquela exposição, e encomendou-se ao Chico Caruso (a ideia foi do diretor Mário Machado) um álbum sobre as mulheres de Picasso. A respeito de Manuel Bandeira (1886/1968), já o havíamos homenageado pelos seus 80 anos, com um samba-exaltação composto por mim, Maurício Tapajós e... Cartola. Tal fato, já relatei, causou uma ciumei-rinha legal em Drummond, segundo relato do próprio Bandeira. Mas não tenho registro de algum evento especial sobre o centenário do poeta.

HBC/rr

Secção B, Página Um

Fernando Sabino

Dito e Feito

O DIRETOR Adjunto da Divisão de Música Popular da Funarte, Hermínio Bello Carvalho, é um exemplo típico do homem certo para o lugar certo. Música popular é com ele. Tanto assim que conta, entre outros títulos, o de haver convencido o "pianeiro" Antônio Adolfo a tocar Nazareth, resultando num maravilhoso long-play recentemente lançado, com apresentação sua. Ou de haver descoberto Clementina de Jesus, que lhe transferiu parte da bela homenagem prestada há pouco tempo à cantora, no Teatro Municipal.

Pois outro dia Carlos Drummond de Andrade foi visitá-lo na Funarte, onde teve ocasião de verificar mais uma vez que se trata, além do mais, de um homem de bom humor. Encontrou-o em companhia de outro ilustre visitante:

— Vocês já se conhecem?

O recém-chegado se adiantou para cumprimentar aquele que lhe era apresentado: o famoso cantor, hoje deputado Agnaldo Timóteo. Chegou a estender-lhe a mão, para só então perceber que não se tratava do próprio em carne e osso, mas uma reprodução fidelíssima em foto colorida, tamanho natural, colocada junto à mesa, como se ele estivesse sentado ao lado do diretor.

Diz o poeta que na hora, tamanha foi a sua surpresa, que deixou escapar um palavrão, mas acabou rindo — e agora, ao contar-me o caso, admite:

— É o tipo da brincadeira que eu gostaria de fazer com os outros.

PÁGINA ANTERIOR, CRÔNICA DE FERNANDO SABINO NA COLUNA "DITO E FEITO", 21 AGO. 1983
ACERVO: HERMÍNIO BELLO DE CARVALHO

P. 291 POEMA DE CARLOS DRUMMOND DE ANDRADE EM HOMENAGEM AO CINQUENTENÁRIO
DE HERMÍNIO BELLO DE CARVALHO
ACERVO: HERMÍNIO BELLO DE CARVALHO

P. 292-293 CARTA DE HERMÍNIO BELLO DE CARVALHO A CARLOS DRUMMOND DE ANDRADE,
17 ABR. 1986
ACERVO: FUNDAÇÃO CASA DE RUI BARBOSA

Hermínio Bello de Carvalho
de tal modo vive abraçado
à doce música sua amada
que não se sabe onde termina
ou de onde brota a luz divina
sobre o seu destino pousado.

Hermínio Bello de Carvalho
é som cantante, ultra-afinado
que sobre o desamor dos ruídos
sobrepostos à natureza
sabe erigir à arte flórea
de um fluido estado de beleza.

Carlos Drummond de Andrade
Rio, 27.3.9.85

Rio de Janeiro, 17 de abril de 1986.

Ilmo. Sr.
Carlos Drummond de Andrade

Drummond,

Meu coração anda às tontas. Confesso que, ao contrário de comemorações pelos noventa anos de Mario, desta vez nenhuma boa vontade encontrei para levar adiante meu projeto de festejar os cem anos de Manuel Bandeira. Outros o farão, mas ficará aquela frustraçãozinha que se equipara à uma outra: a de jamais ter concretizado a feitura de um Lp de Dame Aracy D'Almeida, arquiduquesa do Encantado. Até a capa (que a tenho aqui guardada em casa) já tinha sido feita pelo Di, num gesto de extremo carinho. E ontem, falando com Tom Jobim pelo telefone e ouvindo-o cantarolar um samba meu e de Maurício Tapajós (Mudando de conversa/onde foi que ficou aquela velha amizade), desabafei minha última desilusão: estou sob censura na TVE vetam nomes para meu "Contra-luz", sob pretextos os mais absurdos. A "Nova República" fez aflorar em muitas cabeças um autoritarismo que estava camuflado, uma luta do poder pelo poder, destituída de qualquer preocupação co o coletivo. Daí eu estar também com um pé fora da Funarte, situação que se aclarará a partir de uma decisão de Celso Furtado. Foi correto comigo, o Ministro: apesar de minha pública desaprovação à censura ao "Je vous salue Marie", me designou para um Festival em Bourges (acabei não indo) e para a Comissão do Ano Villa-Lobos (centenário em 1987). Ainda acredito em dignidade, embora ela esteja a cada dia mais difícil de ser exercida - sobretudo na área em que atuo.

Meu coração, porém, sofre alumiamentos que reacendem a velha chama - e essa é, afinal, a razão de minha carta. Nos sebos que frequento, como você o fazia com Eneida, acabo de adquirir o "Caminhos de João Brandão" que, à época de seu lançamento, sei lá por que razões não adquiri. E na página 64 vejo citado o "Fala baixinho", música de Pixinguinha letrada por mim. Que alegria ! que lufada boa de carinho neste coração carentíssimo (e também caretíssimo: é de chorar à-tôa, embobecer-se todo com esses galanteios). Precisava, enfim, agradecer a você. Seu poema pelo meu cincoentenário eu tive bastante vontade de pedir autorização para incluí-lo em meu próximo livro que reune as bobajadas que escrevo desde 1956, ano da tal carta a Manuel Bandeira - trinta anos já! Não o fiz, mas que fico me coçando ah ! isso é que fico. Mas sossegue, que o livro está quase no prelo (e, como sempre, às minhas custas ...).

Enfim: grato pela citação. Grato por todas as grandes lições de vida que você tem me proporcionado. Vou agora indignar-me noutras direções: uma carta para Niemayer (eu o conheci há pouco tempo, e é irrepetível o que disse a respeito de meu trabalho) - que só mesmo no Brasil poderia estar sofrendo uma crítica que, afinal, me soa bastante ressentida e despeitada. E outra para a direção da TVE, protestando contra a Censura. Estou envolvido até a alma no episódio Funarte - mas isso é coisa que logo se resolverá.

Soube que você andou gripado. E ontem, na Urca, encontrei nosso Sergio Ricardo - combativo como sempre. Como você é amado ! Esse tipo de inveja eu confesso ter. Inveja boa, musical, pixinguesca.

Carinhos

Do admirador de sempríssimo,

De 1986 a 1988, Celso Furtado foi ministro da Cultura do governo José Sarney, quando criou a primeira legislação de incentivos fiscais à cultura, a "Lei Sarney". [N. do E.]

O filme mais polêmico de Jean-Luc Godard foi proibido pelo Vaticano e seu diretor considerado herege pelo papa João Paulo II. No Brasil, a pressão da Igreja Católica foi apoiada pelo governo federal – o que gerou protestos na sociedade civil. [N. do E.]

O trecho citado na crônica "No festival" é: "Ninguém/ é capaz de compreender/ meiguices de Pixinguinha/ em tempos de desamor." [N. do E.]

Poema manuscrito reproduzido na página 291 e transcrito na página 354. [N. do E.]

Em 1956, na edição n° 12 da *Revista de Música Popular* foi publicado o texto "Literatura de violão", de Manuel Bandeira em que ele analisava o instrumento e o seu repertório. Hermínio escreveu uma carta ao poeta contestando vários pontos da análise. A "Carta ao poeta Manuel Bandeira" foi publicada na edição n° 14, com consentimento do autor de *Libertinagem*. Esse episódio é narrado por Alexandre Pavan em *Timoneiro: perfil biográfico de Hermínio Bello de Carvalho*. Rio de Janeiro: Casa da Palavra, 2006, p.46-47 [N. do E.]

P. 295 CAPA DE *CAMINHOS DE JOÃO BRANDÃO*. RIO DE JANEIRO: LIVRARIA JOSÉ OLYMPIO EDITORA, 2ª ED., 1976
FOTO: CLEO VELLEDA
ACERVO: BIBLIOTECA JOSÉ E GUITA MINDLIN

DRUMMOND
CAMINHOS DE JOÃO BRANDÃO

Livraria José Olympio Editora

2.ª edição

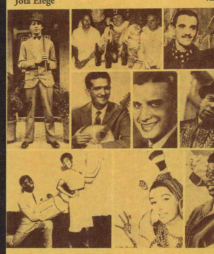

FIGURAS E COISAS
DA MÚSICA POPULAR BRASILEIRA

Jota Efegê

volume 1

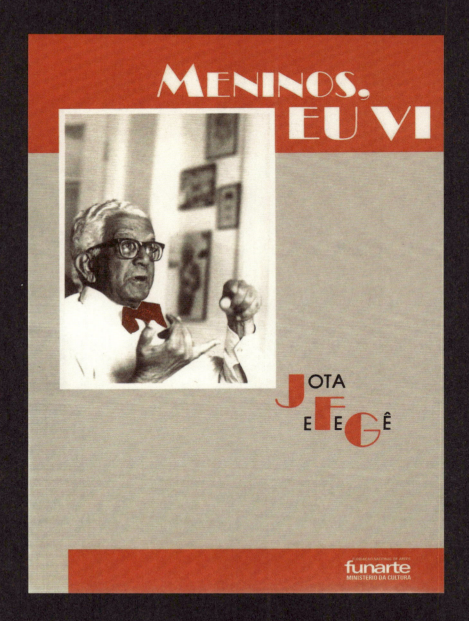

CAPA DE *MENINOS, EU VI*. RIO DE JANEIRO: FUNARTE, DMP, 1985
ACERVO: HERMÍNIO BELLO DE CARVALHO

P. 298-299 FOTOGRAMAS DO PROGRAMA *ENTRE AMIGOS* EXIBIDO PELA TV EDUCATIVA DO RIO DE JANEIRO (TVE) EM MAIO DE 1984 COM HERMÍNIO BELLO DE CARVALHO, ALVARO COTRIM, NÁSSARA, CARLOS DRUMMOND DE ANDRADE E JOTA EFEGÊ

ALVARO COTRIM

NÁSSARA

HERMÍNIO BELLO DE CARVALHO

CARLOS DRUMMOND DE ANDRADE

JOTA EFEGÊ

10

DRUMMOND FORA ESCOLHIDO ENREDO

da Estação Primeira de Mangueira, em 1987. Já se sabia de antemão que o poeta não compareceria ao desfile. Tinha diversas razões pessoais, e a mais forte naturalmente preponderaria: sua timidez, notória. E também a saúde de Julieta, sua filha. Mas a comissão de frente teria de ser tão significativa quanto aquela de 1978, quando os baluartes e fundadores da escola vieram à frente, belíssimos e comoventes com os destaques devidos a dois de seus criadores: o Divino Cartola e Carlos Cachaça — além, claro, de Nelson Cavaquinho.

A euforia era grande dentro da escola. Primeiro, porque o tema era de grande responsabilidade. E o critério para formar aquela comissão de frente fora entregue a Marília Trindade Barbosa. Ela já escrevera pelo menos dois livros que a habilitavam com larga credibilidade para a função convocadora: o *Fala, Mangueira*[49] e *Cartola, os tempos idos*[50]. Acho que ainda não havia publicado o livro que lhe encomendei: o *Alvorada: um tributo a Carlos Cachaça*[51], sobre a vida do principal parceiro do Divino. A história: Carlos me mandara um calhamaço de poemas, outorgando-me a tarefa de transformá-lo em livro. Isso é comum à gente simples do morro — enxergar-nos com mais poderes do que realmente possuímos. Mangueirense, diretor-adjunto na Funarte, padrinho de casamento de Zica e Cartola, idealizador do banco de memórias da escola — claro, teria de ser eu o destinatário de seu pedido. Transformando em monografia o que seria livro de poemas, a Funarte chancelou a publicação.

Fiquemos ainda dentro da escola, mas na casa de Neuma, Neuma Gonçalves — a célebre d. Neuma. A Mangueira tinha suas facções, e uma delas por vezes colocava em "saia justa" a diretoria da escola, porque, embora unha e carne quando se tratava da Verde e Rosa, Neuma e Zica tinham lá suas diferenças. Neuma mais politizada, digamos assim. Talvez politicamente incorreto, mas de qualquer forma justo, o posto de primeira-dama, por natureza indivisível, todos nós (eu pelo menos) o repartíamos simbolicamente entre as duas.

49 Escrito com Carlos Cachaça e Arthur de Oliveira Filho. Rio de Janeiro: José Olympio, 1980. [N. do E.]
50 Escrito com Arthur Oliveira Filho. Rio de Janeiro: Funarte, 1983. [N. do E.]
51 *Alvorada: um tributo a Carlos Cachaça*. Edições Mec/Ibac, 1989. [N. do E.]

Há que se traçar o perfil de d. Neuma: filha de Saturnino Gonçalves, fundador e primeiro presidente da escola. Criada no morro, com voz elogiada por Villa-Lobos — amigo de Cartola e Zé Espinguela — que de quando em vez aparecia na escola e ficava encantado com os sambas que ouvia — notadamente o "Ao amanhecer", com arranjo vocal de Cartola. O maestro convocara a escola para participar de um daqueles delirantes encontros cívicos por ocasião de 7 de setembro, Dia da Pátria. E enchia o Estádio do Vasco da Gama com 30, 40 mil vozes e ainda levava, de lambuja, cantores como Augusto Calheiros, Vicente Celestino, o modinheiro Paulo Tapajós e Silvio Caldas.

Voltemos à d. Neuma. Sábia no tratar de carraspanas, esbórnias — ainda jovem fora iniciada pelo Bloco dos Arengueiros, sinônimo de arruaceiros brabos, numa época em que Cartola ainda aprontava no morro. Assim diplomada, foi ela quem por diversas vezes socorrera aquele compositor magricela de Vila Isabel, que Cartola arrastara tantas vezes para seu barraco — Noel Rosa. Lá ele era devidamente banhado, enxaguado e quase pendurado no varal pelas moças comandadas por d. Neuma, encarregada de passar-lhe talco no corpo miúdo e esbodegado. Curiosa, lembrava até do tamanho de seu, digamos, instrumento mijador, conforme me relatara com minúcias aqui dispensáveis.

Falemos então de Welles, Carmen Miranda, da política de Boa-Vizinhança praticada, então, por Roosevelt[52]. Foi dentro desse projeto aliciador que Zé Espinguela e Cartola foram convocados para baixar em peso com a bateria da Mangueira no transatlântico *Uruguay*, para gravar algumas faixas na série de discos em 78 rotações intitulada *Native Brazilian Music*[53] sob a batuta de Leopold Stokowski — que repartia com

52 A chamada Política de Boa-Vizinhança foi implementada durante o governo de Franklin Delano Roosevelt nos Estados Unidos (1933-1945), procurando estabelecer no período um melhor relacionamento com os países da América Latina, na tentativa de minimizar a influência europeia (principalmente do poder alemão) na região. [N. do E.]
53 Em 1940, a Política de Boa-Vizinhança financiou uma turnê do maestro norte-americano Leopold Stokowski por Brasil, Argentina, Uruguai e alguns países da América Central. Viajando no navio S.S. *Uruguay*, acompanhado pela All-American Youth Orchestra, Stokowsky promoveu concertos e gravações nas cidades em que passou. No Rio de Janeiro, Heitor Villa-Lobos reuniu a pedido do amigo norte-americano alguns

Toscanini as glórias de maior regente do século. Dentro do mesmo espírito cooptador, logo viria Walt Disney para criar a figura de Zé Carioca, cujo esboço inicial teria sido traçado pelo grande J. Carlos. Disney vinha com outra missão: levar nosso Ary Barroso e sua *Aquarela do Brasil* para a América.

D. Neuma tudo observava, enquanto no quadro negro, ela, admiradora do método de ensino de Paulo Freire, se tornara uma espécie de professora informal da meninada da Mangueira. Dava broncas monumentais nas crianças que custavam a aprender a grafar as palavras mais corriqueiras do nosso vernáculo. Sem obter bons resultados, um dia escreveu a giz na lousa: "caralho", "boceta" — e todo mundo riu meio encabulado. "Ah, sacanagem vocês sabem, não é?"

E foi assim que adaptou o método Paulo Freire à sua prática, com excelentes resultados.

Drummond me telefonava apavorado em meio a tantas homenagens que o punham excitado mas extremamente feliz. Claro que o assédio da imprensa foi enorme. E numa dessas abordagens, pediram-lhe que desse uma entrevista ao lado de d. Neuma — ele, que não a conhecia, não sabia a grande figura que ela era. Desconhecia a admiração imensa que ela nutria pelo poeta. "Sou doida para conhecer o Drummond, abraçá-lo, dizer o quanto gosto da poesia dele" — derramou-se, um dia, diante de mim, embasbacado. Neuma era inteligente, não daquelas inteligências polidas nas universidades, mas no trato com a gente de seu morro que ela, com percepção de suas necessidades, punha-se de plantão para verificar suas marmitas, e completá-las se estivessem magras e sem os nutrientes essenciais. Madrinha de metade das crianças do morro, cervejeira célebre, frequentadora assídua da birosca da Efigênia do Balbino, num Buraco Quente[54] ainda frequentável, onde íamos em bando cantar sambas: Cartola, Zica e sua irmã Menininha, mulher de Carlos Cachaça e o primeiro mestre-sala da escola, o divino Marcelino, também

dos principais nomes da música popular brasileira da época, para participarem de uma gravação a bordo do *S.S. Uruguay*. O registro daria origem ao álbum clássico *Native Brazilian Music* com as participações de Pixinguinha, Donga, Cartola e Zé Espinguela, entre outros. [N. do E.]

54 Buraco Quente é uma das localidades que formam o complexo do Morro da Mangueira. [N. do E.]

chamado de Maçu, que acabou como latrineiro da quadra; ainda Leléo, Zagaia, Preto Rico, Nelson Sargento e o grande Padeirinho. De quando em vez, apareciam o estivador Albino Pé Grande e sua esplendorosa mulher, Clementina de Jesus. Às vezes, Nelson Cavaquinho.

Cuidei de atenuar o nervosismo, seu medo de ser confrontado com aquela mulher, cujo perfil não haviam desenhado para ele. Pediu-me que intercedesse naquilo que lhe parecia ser uma enrascada, temendo ser vítima de uma situação grotesca (uma *palhaçada*, registro sem ter a certeza do termo que usou) — algo, enfim, que não condizia com seu discreto e itabirano modo de levar a vida.

"Saia justa", aquela. Melhor dizendo: fui obrigado a dela me esquivar, enquanto o poeta se mantinha em sua reclusão itabirana, suando em calafrios diante daquele encontro que nem sei se aconteceu, mas que secretamente torci para que acontecesse.

E se acontecesse, tal e qual naquele dia, na casa dos pais de Kiko Horta, quando produzimos o disco *Mangueira, sambas de terreiro e outros sambas*, com direção musical do Mestre Paulão 7 Cordas e supervisão da antropóloga Lélia Coelho Frota? Neuma já havia contado histórias, bebido todas as cervejas a que tinha direito e, em determinado momento, levantou-se e avisou: "Com licença, mas preciso dar uma enxaguada na minha boceta porque ela está pu-tre-fac-ta."

Estivesse presente o poeta, qual seria a sua reação? Acho que sorriria aquele discreto sorriso itabirano e depois acabaria contando para o Fernando Sabino o ocorrido.

Ao amanhecer
Ao anoitecer
Cantam em bando aves fazendo o verão
Ouve-se acordes de um violão
E são eles verdes periquitos
Tem o peito forte tal qual o granito
E são lindas
As suas canções

[Fragmento de "Ao amanhecer", de Cartola]

No reino das palavras
Mangueira
De mãos dadas com a poesia
Traz para os braços do povo
Este poeta genial
Carlos Drumond de Andrade
Sua obras são palavras
De um reino de verdade
Itabira
Em seus versos ele tanto exaltou
Com amor
Eis a minha verde e rosa
Cantando em verso e prosa
O que o poeta inspirou
É Dom Quixote, ô
É Zé Pereira
É Charlie Chaplin
No embalo da Mangueira
Olha as carrancas
Do rio São Francisco
Rema, rema, remador
Primavera vem chegando
Inspirando o amor
O Rio toma forma de sambista
Como o artista imaginou
Na ilusão de um sonho
Achei
O elefante que eu imaginei

["No reino das palavras", samba-enredo da Estação Primeira de Magueira, em 1987, homenageou Carlos Drummond de Andrade. Composto por Rody, Verinha e Bira do Ponto e interpretado por Jamelão.]

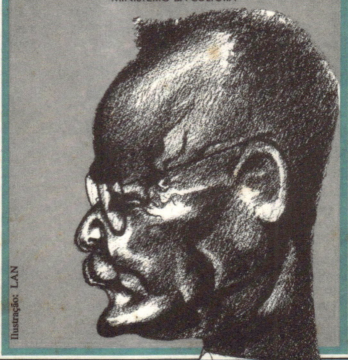

CAPA DE *ALVORADA, UM TRIBUTO A CARLOS MOREIRA DE CASTRO (CARLOS CACHAÇA)*.
RIO DE JANEIRO: EDIÇÕES MEC/IBAC, 1989
ACERVO: HERMÍNIO BELLO DE CARVALHO

11

SE HAVIA UMA CERTEZA QUASE QUE ABSOLUTA,

é a de que Drummond não compareceria ao desfile da Mangueira, que, naquele 1987, o elegeu como enredo da escola. Julieta, sua filha, já andava com a saúde abalada — e a face peralta, máscara que poucas vezes desatara, estava fechada para balanço. Aquele Drummond moleque, filmado por Fernando Sabino entre as pilastras do Palácio da Cultura[55], andava taciturno. O único detalhe a ser ressaltado em seu traje quase burocrático nos últimos tempos eram os inusitados e juvenis tênis brancos com que o surpreendi pisando a calçada de pedras portuguesas do prédio onde se instalara a Funarte.

Na Mangueira, o sentimento geral era de euforia. A Verde e Rosa exultava, claro! e d. Neuma era das mais entusiasmadas. Presume-se que o episódio do seu encontro com Drummond — até prova em contrário, frustrado — tenha se dado nessa época em que a imprensa, alvoroçada com a homenagem, fazia mil especulações. Exemplo: em qual dos camarotes se instalaria? Comentei (acho que com Aldir): em nenhum. Ficaria em casa, instalado numa poltrona, longe do foguetório e dos flashes.

Carlinhos de Jesus, caso já estivesse no comando da comissão de frente como brilhantemente atuou nos últimos anos, por certo seria nosso ensaiador. E esse perfil, cá entre nós, caía como uma luva no Mello Menezes — autor de algumas das mais belas capas de discos brasileiros. Toda a programação visual dos projetos Seis e Meia e Pixinguinha receberam sua assinatura. Mellinho é um animador cultural que cultiva as tradições cariocas. É baloeiro, por exemplo. Emérito furdunceiro, capaz de produzir um banho de mar à fantasia ou um concurso de pandorgas, de criar belíssimas alegorias e estandartes para um bloco de carnaval de rua da sua Tijuca. Foi mais do que acertada a escolha (de quem? não me lembro) para que ensaiasse, com todas as pompas e glórias, a nossa comissão de frente.

Terá escolhido os trajes imaculadamente brancos, as faixas, a rosa na lapela, os chapéus de palha? Isso, não sei. Mas estava tudo nos trinques. As barrigas adiposas e mais protuberantes apareciam sim, mas camufladas talvez por um ou dois números maiores que os defuntos. Se a

---

55 Ver o documentário *Encontro marcado com o cinema de Fernando Sabino e David Neves*. Rio de Janeiro: Biscoito Fino, 2006.

princípio a comissão seria formada apenas por poetas e compositores, a escolha foi ficando mais flexível. E a responsabilidade de homenagear Drummond obrigou-nos, inclusive, a uma discreta lei seca — e é claro que violada por alguns furdunceiros cujos nomes aqui não declinarei — mas entre os quais me incluo.

O ensaio, claro, eu jurava que tivesse sido em minha casa. Mas o Mello Menezes me recorda que foram um ou dois ensaios na quadra e um outro, no dia do desfile, em minha residência. Este último fato é atestado pelas fotos que tiramos — numa das quais nosso Chico aparece tirando uma soneca num sofá.

Logo apelidei de "Régisseur" Cardoso nosso querido Regis, pelas sugestões que dava — e nem sempre acatadas pelo ensaiador oficial, Mellinho Menezes. Não deveria destacar este ou aquele nome, mas é evidente que todos estavam imbuídos da missão que classificaria de histórica. Até o sisudo Affonso Romano de Sant'Anna afrouxava o riso, obediente à batuta do nosso ensaiador, fazendo as curvaturas para o público, uma voltinha para a esquerda e outra para a direita — e agora marchar reto em frente, chapéu no peito, até voltar o refrão do samba. E outros meneios, ora pra arquibancada, ora para os camarotes. Nenhum desfile militar me parecera tão organizado quanto aquele. "E brindemos à Mangueira" que ninguém era de ferro.

Chico era dos mais compenetrados e pontuais. A coisa só desandou um pouco foi na hora do desfile, propriamente dito. Os componentes foram alinhados conforme sua altura — os mais graúdos ficavam no meio. Chico ficou numa das pontas. Quando Jamelão soltou o hino da escola e veio aquele arrepio, as arquibancadas balançaram. E já na entrada do sambódromo a arrumação teve que ser desfeita: todo mundo queria tirar uma lasquinha de Chico que, por uma questão de segurança, logo foi deslocado para o meio de campo, a salvo de abraços, beijos, tentativas de estupro etc. Melhor: fora para o meio da comissão de frente, onde estaria à salvo dos fãs, porém jamais dos fotógrafos. Garboso, aqueles olhos de ardósia fulgurando, a multidão o ovacionava. A comissão de frente, enfim, era Chico Buarque de Hollanda. E nós, seus competentes coadjuvantes.

O que me causou surpresa foi quando, na área da dispersão, nos despedimos e cada um foi para o seu lado. À saída do sambódromo esbarro com Chico passando sozinho e serelepe, sem qualquer segurança (que talvez tenha dispensado), ele passando quase que incógnito pela multidão, como se fora o mais simples dos mortais, um ou outro perguntando "não é o Chico?". Naquele passo ligeirinho, logo sumiu do mapa.

Minha casa já conhecera dias de glória em verde e rosa quando do último aniversário de Cartola, festejado com todas as pompas e também com a certeza de que o veríamos partir dali a pouco. Quando Chico foi eleito como enredo da escola, em 1993, a cerimônia oficial e protocolar foi feita igualmente lá em casa, obedecidos os ritos da escolha: a alta cúpula da Mangueira reunida na sala, e o Chico trancado em meu escritório — até que fossem lidos os enredos, aprovada a ata e, claro, só então abertos os portões para a imprensa que se acotovelava do lado de fora.

Voltando a Drummond, não o imagino sendo alçado por um guindaste até o carro alegórico que o conduziria durante o desfile, caso a ele comparecesse. Seria uma prova de fogo para o tímido itabirano, mas uma retumbante vitória para a nação mangueirense. Posso imaginar sua reação, se ouvisse — como ouvi — o comentário de d. Neuma ao final apoteótico da homenagem: "Foi foda! Quase me mijei de emoção".

(Nunca perguntei para o Drummond o que achou do desfile.)

CARTAZ DO SEIS E MEIA, POR MELLO MENEZES
ACERVO: HERMÍNIO BELLO DE CARVALHO

P. 315 CARTAZ DO PROGRAMA PIXINGUINHA, POR MELLO DE MENEZES
ACERVO: HERMÍNIO BELLO DE CARVALHO

P. 316 FOTOS DO ENSAIO DA MANGUEIRA EM CASA DE HERMÍNIO BELLO DE CARVALHO
ACERVO: HERMÍNIO BELLO DE CARVALHO

CHICO BUARQUE DE HOLLANDA E HERMÍNIO BELLO DE CARVALHO
ANTES DO DESFILE
FOTÓGRAFO: WALTER FIRMO
ACERVO: HERMÍNIO BELLO DE CARVALHO

P. 317 DESFILE DA ESTAÇÃO PRIMEIRA DE MANGUEIRA E SUA COMISSÃO DE FRENTE, EM 1987
FOTÓGRAFO: LUIS DANTAS
ACERVO: EDITORA ABRIL LIVRO

um projeto carinhoso

A
NAR
UNART
MEC FUNARTE
UNART
NAR
A

programa

12

"SOB A CHUVA DE PALMAS, BATEU A CLAQUETE:

fim".

Foi a imagem que me ocorreu para encerrar a última cena do livro *Cartas cariocas para Mário de Andrade*: Grande Otelo, num desenho do Lan, anunciando o final daquela epistolografia em que eu mergulhara metafísica e semimemorialisticamente.

O editor me pede um fecho para este *Áporo itabirano*, daí ter lembrado a doce figura de Grande Otelo, e do recurso que usara naquele livro. Lembro seu último telefonema: era a própria voz de Macunaíma, que encarnara tão bem no cinema, agradecendo um programa que eu gravara na TVE com a grande e então já esquecida Linda Batista.

Entre intenção e efeito, já aprendemos com Brecht, há que se evitar o foguetório inútil e o recurso fácil — mas não há como evitar o que a memória teima em expelir. A caminho dos 75 anos, já soterrei alguns fantasmas, li e reli o que se escreve nas lápides de cemitérios onde foram enterrados meus mortos. Sem querer, faço associação entre lápide e claquete.

Sempre disse que nunca irão ver uma foto minha num velório de amigos. Quando Nara Leão morreu e faltava alguém para segurar uma das alças do caixão, fiz uma aparente grosseria ao recusar-me à tarefa. Quando minha mãe morreu, na pequena fila da missa de sétimo dia estava a filha de um general, alçado à presidência da República por força do rodízio que imperava desde o Golpe de 1964. Ela era uma pessoa doce e atenciosa, e não me furtei de retribuir seu gesto quando, ao falecer sua mãe, fui levar meu abraço na capela do São João Batista. Me lixei para possíveis críticas. A morte, enfim, é para mim sempre trágica.

Escrevo, num impulso, esse ato final do livro. Um tanto assustado, confesso, porque nunca me imaginei escrevendo sobre essas coisas. Por força do destino, e igual à ópera com o mesmo nome, procuro minimizar essas perdas, tentando torná-las banais e o menos mórbidas possíveis. Faria, se quisesse, um pequeno livro sobre o assunto — escapando ao juramento que me fiz de nunca mais providenciar velórios: já me basta lembrar o que é lidar, e sempre áspera e grosseiramente, com os falsamente compungidos mercadores do ofício: escolher o caixão, a capela, as coroas de flores, o religioso para fazer a tal última prece, as gorjetas para os coveiros — e mergulho na piada infalível: pudesse, nem ao meu velório compareceria. E à terna lembrança dos encontros com o poeta, adiciono agora essas outras publicadas pelos jornais: Drummond, virando estátua, é sempre lembrado porque seus óculos em bronze nela instalados são constantemente roubados e repostos, repostos e roubados em seguida. Acho até que isso, um dia, vai deixar de ser notícia de jornal. Deram-lhe o mar que em Itabira não havia, além de solitários visitantes ou anônimos adoradores que se deixam ficar momentaneamente ao seu lado, fotografando-se para uma possível posteridade.

Enfim: lembro que fui ao velório de Drummond numa hora de menos assédio, até porque a perda de um poeta raramente se torna um espetáculo que atraia multidões, embora cem mil pessoas (o equivalente à célebre passeata) tenham comparecido às exéquias do cronista João do Rio. As de Drummond foram discretas como ele mesmo sempre foi. Recordo apenas que lá fiquei por poucos minutos.

Tento lembrar se fui ao velório de Julieta, filha do poeta. Mas é nítida a fotografia congelada na memória: Drummond sentado, as mãos cruzadas sobre as pernas, depois Ziraldo levando-o de volta para casa. Talvez não tenha mesmo assistido, pois recentemente também, não compareci às exéquias de Fernando Torres. A família se reservara o direito a uma cerimônia fechada, temendo, talvez, que o ato se tornasse um espetáculo midiático. Queria ter discretamente enlaçado Fernanda Montenegro e agradecido a gentileza com que ela e Fernando costumavam me agraciar, mesmo com um aceno de longe, quando nos encontrávamos em estreias — ela sempre sob os refletores, cercada de repórteres, os admiradores disputando uma foto ao seu lado.

O que me faz lembrar o poeta no memorável apontamento que fez, quando sentou-se para descrever a perda de Julieta[56]. A injustiça divina em reverter um papel que se tem como mais natural: a dos filhos sepultarem seus pais. Agora a caligrafia não mais ostentava a fixidez de um poema que me ofereceu manuscrito há alguns anos, com a nobre

---

56 "Dizem que o rosto estava lindo, puro, sem rugas, juvenil. Compareceram muitos amigos e às 4 horas saímos para a longa caminhada até a sepultura, colocada em lugar elevado. Dolores não agüentou ir até o fim, apesar de insistir em caminhar. Eu fui mais além, mas também não ousei subir a escadinha final, que subia até a cova. Ziraldo arranjou um taxi que entrou num portão do cemitério, na rua General Polidoro, e que nos conduziu até a casa. Assim termina a vida da pessoa que mais amei neste mundo. Fim" In: *Drummond, frente e verso, fotobiografia de Carlos Drummond de Andrade*, Rio de Janeiro: Edições Alumbramento, Livroarte, 1989, p. 203. [N. do E.]

curvatura da vogal *U* desenhada e grafada em vermelho. A última palavra, escrita fechando o texto, parece comprimir a vogal entre duas consoantes — uma fricativa surda e a outra, bilabial nasal, zoando como um áporo aos meus sentidos, ou como um *plac* seco e compungente de uma claquete que anunciasse seu próprio FIM.

MANUEL BANDEIRA
&
CARLOS DRUMMOND
DE ANDRADE

RIO DE JANEIRO
EM PROSA
&
VERSO

COLEÇÃO
RIO 4 SÉCULOS
vol. 5

LIVRARIA JOSÉ OLYMPIO EDITORA

Sr. Hermínio Bello de Carvalho
Rua Bartolomeu Portela, 4   4º andar
Botafogo
22290   Rio de Janeiro RJ

PÁGINA ANTERIOR, CAPA DA ANTOLOGIA *RIO DE JANEIRO: EM PROSA & VERSO*, ORGANIZADA POR CARLOS DRUMMOND DE ANDRADE E MANUEL BANDEIRA, RIO DE JANEIRO: LIVRARIA JOSÉ OLYMPIO EDITORA, 1965, CITADA NA CARTA À FELISBELA
ACERVO: HERMÍNIO BELLO DE CARVALHO

P. 324-325 ENVELOPE E CARTA DE CARLOS DRUMMOND DE ANDRADE A HERMÍNIO BELLO DE CARVALHO, 1º JAN. 1987
ACERVO: HERMÍNIO BELLO DE CARVALHO

P. 326-327 CÓPIA DA CARTA DE CARLOS DRUMMOND DE ANDRADE A FELISBELA, MULHER DE JOTA EFEGÊ, 28 MAIO 1987
ACERVO: DESCONHECIDO

Rio, 1º de janeiro, 1987.

Caro Herminio Bello de Carvalho:

em primeiro lugar: muita paz e muita música (e poesia) em 1987;

em segundo lugar, obrigado pelo presente lindo que é "Mudando de Conversa". Você não é só um criador e um crítico atilado nos domínios musicais: é também um escritor de grande espontaneidade, graça e invenção. A gente lê com delícia a sua prosa movimentada, rica de novidades, e muito bem estruturada.

Você achou graça na minha recusa às homenagens pelos 50 anos, seguida de aceitação ruidosa às ditas. Houve humor cinhadesca. Apenas fugi tempos às celebrações anunciadas. As minhas, ocorridas sem aviso prévio, aceitei filosoficamente. Acho que é a atitude mais sábia.

A viva admiração e o abraço amigo do velho

Drummond

Rio, 28 de maio, 1987.

Querida amiga Felisbela:

Não pude comparecer ao velório nem poderei ir agora de manhã ao enterro do nosso amigo João. O enfarte que sofri em novembro do ano passado inutilizou-me. Alguns passos dados a mais bastam para que eu tenha uma crise de angina. Estou sentindo muito esta minha ausência involuntária numa hora em que desejaria estar ao lado de você, para manifestar num abraço cheio de carinho, a falta que vou sentir do seu companheiro.

Meu conhecimento do Efegê data de 1965, quando tomei a iniciativa de procurá-lo, para levar-lhe um exemplar da antologia do 4º centenário do Rio de Janeiro, organizada por mim e por Manuel Bandeira. Nesse livro, eu aproveitei uma crônica de Efegê sobre o condutor de bonde e um tema de música de carnaval. Até então, costumava vê-lo, sempre na primeira fila, nas estreias de peças teatrais, muito sério e elegante, porém, sendo ambos tímidos, não me animava a procurá-lo, nem ele pensava em dirigir-se a mim. O pretexto da entrega do livro foi o começo de uma amizade que durou até hoje e que me deixa rico de boas lembranças. Senti que tinha muitas afinidades com ele, no julgamento do futuro das pessoas, na falta de ilusões sobre a natureza humana, e no sentimento filosófico de encarar a vida com independência de espírito e com a possível tolerância, mas sem concessões no essencial. Nossos papos telefônicos, pela manhã, eram uma agradável rotina, em que passávamos em revista os acontecimentos narrados pelos jornais e externávamos opiniões quase sempre coincidentes. Aprendi a admirar sua conduta reta, incapaz de dobrar-se a um...

veniências ou lisonjas interesseiras. Era um homem que resguardava com bravura a sua pobreza digna.

Como disse, a falta que a sua companhia vai me
fazer é grande. Pouco a pouco, fui perdendo os amigos
mais caros, e hoje me sinto quase completamente só,
sem ter os interlocutores da minha geração, com que eu afinava. Relações novas, por mais apráziveis que sejam
não substituem as das pessoas do nosso tempo, que
possuem um núcleo comum de vivências e recordações,
e com que se abastecem de alimento moral umas às
outras. O Eggo era desse tipo. Ele no Rio e eu no interior de Minas tivemos uma infância cronologicamente
idêntica, embora as circunstâncias exteriores fossem diversas.
Eu gostava de lembrar com ele as coisas antigas, de
1910 e 1920, completamente ignoradas pelos mais moços, e que nos davam autoridade para dizer, como o poeta:
"Meninos, eu vi vi."

Você, que foi a companheira dedicada e exemplar
dele por tantos anos, terá muitos motivos para lembrá-lo
na sua intimidade de homem puro e bom, que soube cultivar afetos e amizades e deixa um exemplo de integridade.
Receba o meu abraço comovido, benoumo o de Dolores,
e de Maria Julieta, por uma perda que eu sei avaliar.

Carlos

A crônica "Condutor de bonde, tema e personagem" está reproduzida nas
páginas seguintes. [N. do E.]

CONDUTOR DE BONDE, TEMA E PERSONAGEM

JOTA EFEGÊ [João Ferreira Gomes]

O CONDUTOR de bonde vem sendo, há bastante tempo, personagem glosada em muitos sambas e marchinhas carnavalescas. Os compositores transformaram-no em mote, em assunto satírico, chistoso, de suas produções.

As dificuldades que o humilde servidor da Light enfrenta nos dias da pagodeira quando os bondes rodam cheios, superlotados, carregando foliões em algazarra, dão motivo aos nossos musicistas de carnaval para canções humorísticas, ironizantes, maliciosas, quase sempre de estribilho leve, de letra fácil de ser aprendida.

Um sem-número de marchinhas e de sambas já foi feito. Seria difícil, quase impossível, rememorá-los todos com precisão. Todos foram cantados pela cidade inteira e passaram, muitas vêzes, de um carnaval para outro, a despeito de canções novas que apareciam, de outros sambas e marchinhas mais recentes que traziam, ainda, a figura do condutor como assunto de suas letras.

Uma dessas canções feita, há já bastante tempo, por J. Cascata e Leonel Azevedo, tinha o seguinte estribilho:

Não pague o bonde, iaiá,
Não pague o bonde, ioiô,
Não pague o bonde
Que eu conheço o condutor...
Quando estou na brincadeira
Não pago o bonde,
Nem que seja por favor.

Era uma marchinha bonita, de música simples, que os foliões retinham no ouvido. E, depois, em blocos, grupos e cordões, trepados no estribo ou sentados nas costas dos bancos do bonde entoavam bem alto, animados, enquanto o condutor, a custo, suando muito, equilibrando-se no balaústre, recolhia os níqueis, apanhava os tostões dos passageiros, ou seja das "iaiás" e dos "ioiôs". Êstes e aquelas, atendendo ao que pedia a canção, fazendo o que a marchinha mandava, esquivavam-se ao apêlo do "faz favor", relutavam em pagar a passagem.

Alvarenga e Ranchinho, os dois "caipiras" que o falecido Duque (Amorim Diniz) trouxe de São Paulo para apresentar ao Rio quando dirigia a Casa do Caboclo, que funcionou durante muito tempo no Teatro Fênix, também usaram o condutor numa marchinha feita para animar um de nossos carnavais passados.

Os dois conhecidos artistas, hoje já muito aplaudidos em nossos cassinos, teatros e auditórios de emissoras em que têm atuado com grande êxito, apresentaram, então, nessa canção carnavalesca o condutor, num segundo plano, pois que a letra se demorava passando em revista a nomenclatura e o itinerário dos bondes.

> *O bonde da Lapa*
> *É cem-réis de chapa.*
> *O bonde Uruguai*
> *Duzentos que vai.*
> *O bonde Tijuca*
> *Me deixa em sinuca*
> *E o Praça Tiradentes*
> *Não serve pra gente.*

A letra, engraçada, divertida, além de focalizar o recebedor da passagem, criticar os nomes das linhas, glosava o preço das viagens.

Na composição, para lhe dar característica própria, para colori-la, entrou com efeito musical o tintim da campainha, recurso que a tornou espontânea e interessantíssima.

Era assim o seu estribilho:

> *Seu condutor, tintim,*
> *Seu condutor, tintim,*
> *Pára o bonde*
> *Pra descer o meu amor.*

Nos idos de 46, no "Carnaval da Vitória", assim chamado por ser o primeiro que se realizou após o término da segunda guerra mundial, o mesmo Alvarenga, já então dissociado do seu companheiro Ranchinho e, agora, em parceria com Felisberto Martins, lançaram os dois uma sátira musicada ao sempre lembrado condutor.

Era ainda em ritmo de marcha a nova composição carnavalesca que teve o título de "Canção do Condutor".

Reproduzimos aqui seus maliciosos e satíricos versos:

> *Seu condutor,*
> *All right!*
> *Você assim*
> *Vai acabar sócio da Light.*
> *Seu motorneiro*
> *Toca o bonde, toca o bonde,*
> *O meu amor está esperando por mim.*
> *Senão eu canto a canção do condutor*
> *Que é sempre assim:*
> *Um pra Light,*
> *Um pra Light,*
> *E dois pra mim.*

P. 331 CARTA DE HERMÍNIO BELLO DE CARVALHO A CARLOS DRUMMOND DE ANDRADE, 9 AGO. 1987
ACERVO: FUNDAÇÃO CASA DE RUI BARBOSA

ua Cândido de Leão, 15
0.020 - Curitiba - PR - Brasil
eg. EMBRATUR N.º 020-10-00-21-1
po H - Cat.: ★★★

Fone: (041) 232-0433
Telegr.: Eduardotel
Telex: (041) 5456 TRNL BR
Cx. Postal, 6170

HOTEL EDUARDO VII
★★★
CURITIBA

Drummond,

Curitiba, 09 de agosto de 1987

Drummond,

    Coisa de duas semanas atrás eu estava em Tres Rios e aí entrou um passarinho no meu banheiro. Era um beija-flor que ficou se debatendo na vidraça buscando sua liberdade. Pensei muito em você. Há muito tempo acalento a absurda idéia de te soltar uns passarinhos aí pelos arredores, mas sei muito xxxxx bem o transtorno de certos presentes. Mas, encurtando a história, encurralei (no amplo e bom sentido) o beija-flor na janela; e o acariciei e balbuciei pra ele o seguinte : olha, tem um poeta que ...

    Não quero que você fique aí remoendo mais sofrimento, mas é claro que estou falando de Julieta. Acho sim que a conheci, que a vi pelo menos uma vez. Mas nem precisava. Teu amor por ela era uma coisa de raro esbanjamento, coisa que - não tendo filhos - guardo para samambaias, amigos, quadros, meus cachorros, livros, música.

    Aí soltei o beija-flor e disse : vai, seu Drummond ...

    Em dois meses xxxxxxxxx perdi pai e mãe. Sabes de quem falo. Nesse João me perfilhou, e agora mesmo estou escrevendo com os óculos legados pela bondade de Feliz-Bela. Mãe Quelé com suas rendas brancas ainda não deixou de esvoaçar em minha lembrança.

    Há pequíssimo tempo fui terrivelmente infeliz ao manipular palavras diante de dois amigos, e acho que você os conhece : Haroldo Costa,o Orfeu negro de Vinicius, e Mary Marinho. Haviam perdido o filho único de 23 anos. Tres ou 4 dias depois estavamos em Tramandaí, e sem querer falei em depressão ou coisa que o valha. Isso bastou para que Mary desabasse e aí só pude dizer pra ela, diante das desculpas que me deu por sua xxxxxxxx (suposta) fraqueza : chore mesmo, e nem adianta eu dizer que já passei por isso. Cada dor é uma dor, ela e Haroldo que ficassem com a deles e cuidassem e tentassem atenuá-la,porque perda é coisa intransferivel.

    Não tenho **filhos** , não pude fazê-los eu até não saberia. Perder é uma arte, dizem por aí os tolos. Meu quinhão de solidariedade eu não poderia deixar de te trazer. Faz muito muito frio por aqui. Te agasalhe e à Dona Dolores.

    Te ama o admirador de sempre

Helcânio Bello de Carvalho

ASIL
K MOTOR HOTEL - TEL.: 256-7473
16 - KM 4 - SAÍDA P/ SÃO PAULO
RITIBA

PORTUGAL
HOTEL EDUARDO VII - TEL.: 53-0141
TELEX: 18340 P - TELEG.: EDUARDOTEL
LISBOA

PORTUGAL
HOTEL TURISMO - TEL.: 22-205
TELEX 53760 - TELEG.: TURISMO
GUARDA

PORTUGAL
HOTEL DE TURISMO - TEL.: 21-261
TELEX 43-626 HTURIS P - Teleg. TURISMO
ABRANTES

CAPA DE *CARTAS CARIOCAS PARA MÁRIO DE ANDRADE*, DESENHADA POR NÁSSARA
ACERVO: HERMÍNIO BELLO DE CARVALHO

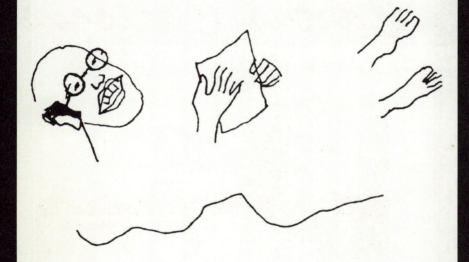

CAPA DE *CARTAS CARIOCAS PARA MÁRIO DE ANDRADE*, **DESENHADA POR OSCAR NIEMEYER**
ACERVO: HERMÍNIO BELLO DE CARVALHO

ILUSTRAÇÃO DE LAN, QUE ABRE O LIVRO *CARTAS CARIOCAS À MÁRIO DE ANDRADE*

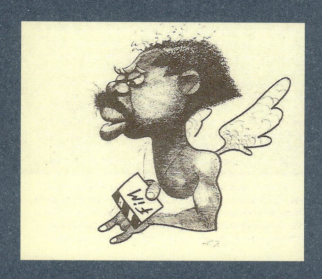

ILUSTRAÇÃO DE LAN, QUE FECHA O LIVRO *CARTAS CARIOCAS À MÁRIO DE ANDRADE*
ACERVO: HERMÍNIO BELLO DE CARVALHO

PROJETO PIXINGUINHA: UM OBITUÁRIO

HERMÍNIO BELLO DE CARVALHO, 1 DE SETEMBRO DE 2008

Parece que os coveiros foram convocados às pressas: removeram sete palmos de terra e enterraram o Projeto Pixinguinha num valão. Sem direito a velório, sem choro nem velas. A família artística brasileira veio saber do óbito pelos jornais, sem dar-se direito aos pêsames.

Façamos, pelo menos, o obituário[57]. O Projeto Pixinguinha nada mais é do que uma cópia, ampliada a nível nacional, de um sonho de Albino Pinheiro. Ao ser nomeado para dirigir o Teatro João Caetano do Rio de Janeiro em 1976, me chamou para dar o formato artístico a uma ideia que nasceu de uma constatação muito simples: havia um horário ocioso que ele sonhava aproveitar, colocando aquele mundão de gente que ficava nas filas dos ônibus, à saída do expediente, sem outra opção de lazer. O Zicartola, que revitalizara a praça Tiradentes, deixara de existir em 1965. Com o Estado subsidiando o ingresso do espectador e espetáculos de até uma hora e quinze minutos de duração, para que não se invadisse a clássica sessão noturna da peça que estivesse em cartaz, o horário escolhido deu o nome ao sonho de Albino: Seis e Meia, embrião do futuro Projeto Pixinguinha. A praça Tiradentes voltou a conhecer seus dias de esplendor.

Vivíamos os anos da ditadura, a gente da música se associava à Sombrás – que nascia com o sonho de moralizar a arrecadação e distribuição dos direitos autorais. Com a interrupção temporária do Seis e Meia, nada mais oportuno do que levar um projeto ainda mais ambicioso ao governo, que ensaiava a tal distensão lenta e gradual, acelerada com o assassinato de Herzog na prisão. O general Geisel estava no poder, Golbery na Casa Civil, Armando Falcão na Justiça, Nei Braga no Ministério da Cultura. A Roberto Parreira fora dada a missão de fundar a Funarte – Fundação Nacional da Arte. Contextualizada a situação, vamos aos fatos.

A pressão exercida pela classe artística, unida em torno da Sombrás, foi decisiva para que o governo, ao acolher a ideia do Projeto Pixinguinha, não ensaiasse qualquer gesto de cooptação, e nem tampouco tratou de medir o tamanho do elefante que lhe caiu às mãos. "Artista é um sonhador", imagino terem pensado, sem dar-se conta do sucesso que seria. Uma carta-relatório do já falecido Nei Braga ao presidente Geisel, recentemente revelada, não expressa o que se passou entre as quatro paredes do prédio da Rádio MEC, onde Chico Buarque foi convocado para um encontro que tinha um tom aliciador, a que abrandássemos as críticas ao governo – em função da tal distensão que se ensaiava nos porões ditatoriais. Convocados por Chico, fomos – Sergio Ricardo e eu – acompanhá-lo àquele encontro, que colocou uma pedra de cal nas possíveis intenções de aliciamento que o porta-voz governamental alimentasse. A carta-relatório, claro, omite nossa incisiva repulsa à situação que vivíamos – sobretudo na área da censura.

57 Publicado em *O Globo*, 2 set. 2008.

A ideia do projeto era fazer circular a cultura fora do eixo Rio-São Paulo, promovendo artistas que não frequentassem o circuito convencional abençoado pelos meios de comunicação (sobretudo rádio e televisão) – mas sempre acompanhados de um grande nome que atraísse um público que de há muito se ausentara dos shows cujos ingressos eram inalcançáveis para seu bolso. Quando, por exemplo, Paulinho da Viola saiu em circuito nacional acompanhado de um desconhecido Canhoto da Paraíba, todas as salas ficaram abarrotadas. Resgatavam-se "músicos e gêneros que são colocados à margem por uma indústria cultural que, por suas características econômicas, anda longe de beneficiá-los", reconheceria, depois, uma figura[58] de projeção internacional.

A Funarte, a partir do Projeto Pixinguinha, ganhou projeção incomum. Agregando diversos Institutos (música, artes plásticas, folclore) atuava a nível nacional, com projetos arrojadíssimos, administrados por um corpo de funcionários de altíssima competência. Na área da música popular, os projetos se interligavam: um concurso de monografias (Projeto Lúcio Rangel) provocava a edição de um livro, que por sua vez era transformado num espetáculo nas Salas Funarte, logo registrado em disco (Projeto Almirante) e na televisão, através de ações conveniadas – garantindo o registro para uma efetiva política de preservação da memória nacional. A Divisão de Música Popular, agregada ao Instituto Nacional de Música, colocava em prática diversas linhas de políticas culturais: formação de novas plateias, de novos recursos humanos na área de produção; também uma política de apoio ao músico que não conseguia sair de suas entranhas interioranas e muito menos ingressar no vicioso eixo Rio-São Paulo; uma política de difusão dos compositores e intérpretes que viam sua obra circulando de ponta a ponta do Brasil e também de apoio à formação de novos recursos humanos na área de produção. Teatros foram recuperados (ou até criados em função do Projeto, como o Sesc Pixinguinha/SP) – e sempre com a constatação maravilhosa: em cada Estado visitado havia sempre um projetinho Seis e Meia no rastro do Pixinguinha, dando apoio ao músico local, habilitando-o a ingressar no macro Projeto que o Brasil, enfim, passou a respeitar. E as "janelas" criadas pelo projeto em seu circuito, abriam-se, a cada espetáculo, para valores que hoje são nacionalmente reconhecidos.

Veio então, em 1990, o governo Collor e sua política arrasa-quarteirão, que esquartejou o Ministério da Cultura, enfraqueceu a Funarte e jogou no limbo todos os projetos que lá foram criados. E a remissão esperada deu-se muito depois, quando a cultura, que havia sido convertida à situação de mera secretaria, voltou a ter status de ministério. Muita água ainda rolaria, os ventos pouco soprando a favor da nossa cultura.

Quando me chamaram para fazer a curadoria do Projeto, em 2007, por ocasião de seus 30 anos, pude constatar o caos que a instituição vivia com a depreciação de seu corpo funcional, com uma burocratização violenta que tudo corroía e tudo fazia emperrar. Pior do que isso: promessas feitas, foram descumpridas sem qualquer justificativa, tais como a reedição dos Projetos Lúcio Rangel de monografias e Radamés

---

58 Quem assinou essas declarações foi Gilberto Gil, então Ministro da Cultura. Não tenho porque contestá-lo.

Gnattali de discos paradidáticos, reabertura da Sala Sidney Miller, etc. Apenas reeditaram quatro livros de Jota Efegê, cuja distribuição se ignora.

O artista volta agora à roda primitiva, a de circular entre as quatro paredes da cidade onde mora. Não mais conheceremos grupos regionais de altíssimo valor e que integraram as caravanas do Projeto.

Nem cabe chorar o defunto, porque o velório foi às escondidas. Apressadamente, os coveiros fincaram uma lápide anunciando um outro projeto, que devolve ao anonimato o músico médio brasileiro, aquele que não é bafejado pelas mídias ou gravadoras, e não faz parte de uma diminuta e operante casta que fulgura no olimpo estrelado de um mercado que funciona como algoz de jovens talentos. Revela-se, com essa extinção, o lado mais preguiçoso da administração pública: a de não correr riscos, de não apostar no novo, a desacreditar na cultura como fomentadora de algo bem maior, fazendo circular sua bela música pelos quatro cantos do Brasil, enternecendo-o e tornando-o mais brasileiro.

Não é de meu feitio desqualificar os feitos ou mal-feitos alheios, mas me parece uma apropriação indébita manter o nome de Pixinguinha para esse novo projeto, que se opõe visceralmente à proposta que o fez ser respeitado como é. Mudanças, de preferência para melhor, fazem parte da dinâmica da vida e do processo cultural.

E faço minhas as palavras de um músico importante: *"O Projeto promove, espetáculo a espetáculo, um novo modelo de circulação, de encontro entre música e público, essencial para dar vazão à diversidade da produção nacional que, quase sempre, é espontânea, mas esbarra muitas vezes nas dificuldades materiais de difusão e distribuição. Driblando tais obstáculos, o projeto vem fazendo a música brasileira chegar às plateias de todas as regiões. O Pixinguinha prova que é perfeitamente possível termos produções bem-cuidadas e de baixo custo, abrindo espaços e oferecendo remuneração a artistas e técnicos. (...) Também resultam em formação de plateias que, beneficiadas pela acessibilidade proporcionada por ingressos subsidiados, tomam contato com essas expressões da alma coletiva."*[59]

59 Extraído dos relatórios de 2004 e 2006 do Projeto Pixinguinha, publicados pela Funarte.

TRANSCRIÇÃO DOS MANUSCRITOS

p.71

Rio, 24 março 1974.

Meu caro poeta:

Um abraço pela poesia viva,
comunicante, dramática, de Amor Arma
Branca – e meu agradecimento, também

Boa sorte, amigo, em sua
viagem musical à América do Norte!
Cordialmente, e com admiração,

Carlos Drummond

----

p.73

28.3.79

Meu Drummond,

Um dia você fez
a minha cabeça com
o "Áporo". Grato!!!
Hermínio

----

p.75

Hermínio Bello de Carvalho

Obrigado! Mas você e a Funarte exageraram.
Terei som e leitura para os seis anos de Figueiredo.

Abraço do
Carlos Drummond

29.3.79

----

p.80

Meditacion en el ocaso

Queda callada la Pampa
Cuando se ausenta la lúz –
El chajá y el avestrúz
van buscando la espesura –
Y se agranda en la llanura
la soledad del ombú.

–

Ese es el justo momento
de pensar en el destino –
Si el hombre es un peregrino –
Si busca amor ó querencia –
ó si cumple la sentencia
de morir en los caminos. –

Atahualpa Yupanqui,
1978

–

Para el amigo Herminio –
Cordialmente

A. Yupanqui

---

p.85

Menino grande eu istou
muito grata pelo que esta
fazendo pôr mim só vou
lhe pedir um grande favor
não posso ficara lá só
meu muito obrigado e S.
Cosmo e S. Damião que
lhe ilumine cada vez
mais. sua mãe preta

que muito te quer e te
ama.

Clementina de Jesus da
Silva

_____

p.97

Cartola, no moinho do mundo

Você vai pela rua, distraído ou preocupado, não importa. Vai a determinado lugar
para fazer qualquer coisa que está escrita na sua agenda. Nem é preciso que tenha
agenda. Você tem um destino qualquer, e a rua é só a passagem entre sua casa e a
pessoa que vai procurar. De repente estaca. Estaca e fica ouvindo.
Eu fiz o ninho.
Te ensinei o bom caminho.
Mas quando a mulher não tem brio,
é malhar em ferro frio.

Aí você fica parado, escutando até o fim o som que vem da loja de discos, onde
alguém se lembrou de reviver o velho samba de Cartola; Na Floresta (música de Sílvio
Caldas).
Esse Cartola! Desta vez, está desiludido e zangado, mas em geral a atitude dele é
de franco romantismo, e tudo se resume num título: *Sei Sentir*. Cartola sabe sentir
com a suavidade dos que amam pela vocação de amar, e se renovam amando.
Assim, quando ele nos anuncia: "Tenho um novo amor", é como se desse a senha
para a renovação geral da vida, a germinação de outras flores no eterno jardim. O sol
nascerá, com a garantia de Cartola. E com o sol, a incessante primavera.
A delicadeza visceral de Angenor de Oliveira (e não Agenor, como dizem os
descuidados) é patente quer na composição, quer na execução. Como bem me
observou Jota Efegê, seu padrinho de casamento, trata-se de um distinto senhor
emoldurado pelo Morro da Mangueira. A imagem do malandro não coincide com
a sua. A dura experiência de viver como pedreiro, tipógrafo e lavador de carros,
desconhecido e trazendo consigo o dom musical, a centelha, não o afetou, não fez
dele um homem ácido e revoltado. A fama chegou até sua porta sem ser procurada.
O discreto Cartola recebeu-a com cortesia. Os dois convivem civilizadamente. Ele
tem a elegância moral de Pixinguinha, outro a quem a natureza privilegiou com a
sensibilidade criativa, e que também soube ser mestre de delicadeza.
Em *Tempos Idos*, o divino Cartola, como o qualificou Lúcio Rangel, faz o histórico
poético da evolução do samba, que se processou, aliás, com a sua participação
eficiente:

*Com a mesma roupagem
que saiu daqui,
exibiu-se para a Duquesa de Kent
no Itamaraty.*

Pode-se dizer que esta foi também a caminhada de Cartola. Nascido no Catete, sua grande experiência humana se desenvolveu no Morro da Mangueira, mas hoje ele é aceito como valor cultural brasileiro, representativo do que há de melhor e mais autêntico na música popular. Ao gravar o seu samba *Quem me vê sorrir* (com Carlos Cachaça), o maestro Leopold Stockowski não lhe fez nenhum favor: reconheceu, apenas, o que há de inventividade musical nas camadas mais humildes de nossa população. Coisa que contagiou a ilustre Duquesa.

* * *

Mas então eu fiquei parado, ouvindo a filosofia céptica do Mestre Cartola, na voz de Sílvio Caldas. Já não me lembrava o compromisso que tinha de cumprir, que compromisso? Na floresta, o homem fizera um ninho de amor, e a mulher não soubera corresponder à sua dedicação. Inutilmente ele a amara e orientara, mulher sem brio não tem jeito não. Cartola devia estar muito ferido para dizer coisas tão amargas. Hoje não está. Forma um par feliz com Zica, e às vezes a televisão vai até a casa deles, mostra o casal tranqüilo, Cartola discorrendo com modéstia e sabedoria sobre coisas da vida. "O mundo é um moinho..." O moleiro não é ele, Angenor, nem eu, nem qualquer um de nós, igualmente moídos no eterno girar da roda, trigo ou milho que se deixa pulverizar. Alguns, como Cartola, são trigo de qualidade especial. Servem de alimento constante. A gente fica sentindo e pensamenteando sempre o gosto dessa comida. O nobre, o simples, não direi o divino, mas o humano Cartola, que se apaixonou pelo samba e fez do samba o mensageiro de sua alma delicada. O som calou-se, e "fui à vida", como ele gosta de dizer, isto é, à obrigação daquele dia. Mas levava uma companhia, uma amizade de espírito, o jeito de Cartola botar em lirismo a sua vida, os seus amores, o seu sentimento do mundo, esse moinho, e da poesia, essa iluminação.

Carlos Drummond de Andrade

----

p.107

Rio, 5.2.81.

Poeta Hermínio:

     Não deu para ver o film
do Alex Vianny e homenagear

de perto o nosso ínclito Efegê.
Pois a minha filha numa clíni
ca, todos os momentos disponíveis
venho passando com ela, cujo
estado, felizmente, é animador.
    Mas escrevi uma coisinha
a respeito do filme e do Efegê,
a sair no JB de sábado, 7.
    Obrigado pela atenção,
abraçá-o o
    Drummond

_____

p.111

Fazer de areia, terra e água uma
                  canção.
Depois, moldar de vento a flauta
que há de espalhar essa canção.
Por fim, tecer de amor lábios e dedos
que a flauta animarão.

E a flauta, sem nada mais que puro
                      som,
envolverá o sonho desta vida
por todo o sempre, na amplidão.
    1981-1982

    (edição revista)

Hermínio:

    Por que não responder?
Respondo, sim, e com muito gosto.
    Felicidades!
    Criação cantante!

    Drummond

_____

p.114

Rio, 24 de março, 1982.

Caro Hermínio:

Obrigado por tudo – Dictionnaire des
Injures, fotos do almoço efegêano, palavras
generosas de sua carta. Abraços do velho
(e comovido)

Drummond

---

p.115

Rio, 15 de novembro, 1982.

Meu caro Hermínio:

Sua palavra amiga, seu belíssimo
presente deram alegria ao pré-centenário
deste rabiscador contumaz. Gratidão,
carinho e abraço do
Drummond

---

p.127

O maxixe e o livro

E aconteceu, ora vejam, o centenário do maxixe no Brasil. Para que ele não passasse despercebido (o pessoal não é muito ligado a História, só quer saber de presente, e olhe lá), o Alex Viana, cineasta que sabe das coisas, fez um filme que merece ser visto. Nele aparecem Jota Efegê e Gingers Rogers, e aqui previno, para evitar dúvidas: 1°) os dois não viram o maxixe nascer; 2°) também não formam par de maxixeiros. Mas se pintasse ocasião de maxixar com a moça hollywoodiana, duvido que, do alto dos seus 79 cajus, ele se esquivasse, alegando reumatismo nas juntas. Há uma cena de baile popular, desenhada por Seth (ver *Histórias da Caricatura no Brasil*, de Herman Lima) em que o lépido autor do livro sobre o maxixe, "dança excomungada", exibe com a maior elegância sua competência coreográfica especializada. Ele é o magro, alto, de pincenê, à direita.

Que distinção! A meu ver, o maxixe pode ser tão distinto quanto o minueto dançado na corte de Luís XIV. É alegria dos corpos, em ritmo lascivo, mas se consideremos bem, toda dança é lasciva, e qualquer modalidade pode ter um tratamento nobre ou reles, dependendo de quem a pratique. A carga de sensualidade do maxixe pode ser expressa da maneira mais artística possível, e os grandes maxixeiros o provam. Já gosto menos da maneira como os nossos maiores estão dançando o maxixe político. A inautenticidade de requebros, o exagero canhestro de parafusos, a ausência total de imaginação para improvisar passos novos dentro da tradição... meu Deus, como é que um dançarino que se respeita pode dar tão triste espetáculo de sua capacidade, errando o compasso, como estamos vendo a toda hora: mal se filia a uma sigla, passa para a outra sigla inteiramente diversa, quando não ri das siglas em conjunto e mais uma vez repete o velho sacolejo sem estilo, de um velho renunciante de 1961...

A turma dança mal ou pula a esmo. Impressionante como a liberdade nem sempre estimula a criação. Até hoje não se sabe o que querem os diferentes Partidos, mas sabe-se que os detentores do Poder nos acenam com uma democracia ao modo deles, consentida e condicionada, em que o jogo político obedeça a controles especiais e não ao simples e natural movimento da opinião, canalizada em Partidos bem nítidos. Na confusão atual, as combinações de interesse privado assumem o lugar de manifestações públicas de correntes populares, e há feitores do Governo percorrendo o país para indagar quem está sendo fiel, quem ameaça trair e quem pode ser seduzido. O Poder não confia em sua força, e as oposições fragmentadas parecem querer substituir-se umas às outras, como se cada uma delas fosse a verdadeira e única Oposição. A continuarem assim, alguns cavalheiros escondidos na sombra manipularão, brincando, o quadro das sonhadas eleições: os eleitos serão escolhidos e empossados numa reunião das 9 da manhã, em Brasília.

Mas chega deste assunto, e vamos às três meninas de São Paulo. Cristina, Patrícia e Anaelena é como se chamam, e Carlito Maia me diz que devem ser celebradas não só por serem lindas, o que já é um título muito mais sério que os vendidos em xerox pela Tieppo (ah, essa mania de brasileiro esperto, de levar vantagem pensando que os outros são bobos)... Não só pela lindeza, continuam, mas ainda porque montaram uma livraria e não por exemplo um salão de *roller skat*. Estou de acordo com Carlito. As garotas te oferecem idéias, obras-primas da literatura, o outro lado da vida vegetativa, o horizonte largo. E a livraria que elas instalaram chama-se machadianamente Capitu. O velho Assis, em sua poltrona de nuvens, há de sorrir para essas meninas, agradecido. E tu que me lês em São Paulo morador ou em trânsito, presta atenção: há no Brasil um número infinitamente maior de lojas de loteria do que de livrarias. Não te entristece isto? Quando a indústria editorial cambaleia devido ao preço esmagador do papel e dos outros componentes do produto, e livrarias se fecham por aí, dando lugar a lanchonetes ou pontos de jogo, Anaelena, Patrícia e Cristina preferem arriscar no comércio do livro, preferem a parte do anjo: um anjo brasileiro, consciente da necessidade de formação cultural de nosso povo, que não pode prescindir da letra impressa, digo mais: da letra que ensina, corrige, estimula, diverte, consola, empurra *pra* frente. Isto chama-se livro, objeto insubstituível na era eletrônica, por mais que digam o contrário os amantes da massificação pela simples imagem em movimento. O livro é a coisa que fica, o palpável, o sólido, o que está à nossa disposição a qualquer hora do dia ou da noite... Milagre! Velho milagre sempre novo. Falar nisso: que falta está fazendo um livro novinho em folha, para substituir o cansado, remendado volume que paira sobre as nossas cabeças: o livro da Constituição, que se quer legível e tranqüilizador, sem o apêndice indigesto da lei de segurança. Quando virá esse bom livro?

Carlos Drummond de Andrade

----

p.131

Ausência

Por muito tempo achei que a ausência é falta
e lastimava, ignorante, a falta.
Hoje não a lastimo.
Não há falta na ausência.
A ausência é um estar em mim.
E sinto-a tão pegada, aconchegada nos meus braços
que rio e danço e invento exclamações alegres.
Porque a ausência, esta ausência assimilada,
ninguém a rouba mais de mim.

Carlos Drummond de Andrade

Rio, 24 de março, 1982

----

p.149

Rio, 23 de maio, 1983

Meu caro Hermínio:

Suas idéias nascidas no vôo, a julgar
pela referente a Mario de Andrade, têm altura
e beleza. Nada mais justo e socialmente útil do
que essa comemoração dos 90 anos. A Funarte pode
fazer coisas excelentes, como uma exibição de danças

dramáticas brasileiras, matéria que ocupa três volumes das obras completas dele; uma exposição
com bibliografia e iconografia, palestras, etc.; uma
audição de modinhas, inspirada no livro também
das O.C., e muitas outras coisas que meia hora de
conversa entre amigos do Mário decerto lembraria.
Sugiro a você convocar Mignone e Guilherme Figueiredo,
Alceu Amoroso Lima poderá dar um bom depoimento.
O contato com a família de Mário, você o fará escrevendo ao Dr. Carlos Augusto de Andrade Camargo, Rua
Suécia, 278, CEP 01446, São Paulo. Eu estou às ordens
para o que puder. — Abraço cordial do

Drummond

----

p.177

S. Paulo, 25-8-83

Prezado Prof. Hermínio,

desculpe esta carta
completamente informal, escrito só para
comunicar-lhe que recebi a ordem de paga-
mento. Não estou passabdo bem, o que o Senhor
verá pela letra irregular, e não consigo
escrever mais.
Tenho ainda um mês de repouso obrigatório.

Depois desse tempo, irá o retrato.
Um cordial abraço da
Oneyda Alvarenga

----

p.221

Herminio,

Foi bom conhecer você,
conversar, saber que vai cola

borar neste fim do mundo.
E fazer esta cidade melhor,
mais alegre, mais humana
como todas as cidades deveriam
ser.
Um abraço
Oscar Niemeyer

_____

p. 223

Meu caro Welfort,

Projeto que desenvolvi na gestão
do José Aparecido.
O Niemayer está (presumo) com
as plantas.
Fica a sugestão. Abraços

_____

p.287

Ao caro Hermínio:

com abraços de octogenário para
o menino cinqüentenário a quem
a gente não se cansa de admirar,
pois está sempre surpreendendo
com belas coisas.
o   Drummond
29.3.85

_____

p.291

Hermínio Bello de Carvalho
de tal modo vive abraçado
à doce música sua amada
que não se sabe onde termina
ou de onde brota a luz divina
sobre o seu destino pousado.

Hermínio Bello de Carvalho
é som cantante, ultra-afinado
que sobre o desamor dos ruídos
sobrepostos à natureza
sabe erigir a arte flúvea
de um fluido estado de beleza.

Carlos Drummond de Andrade

Rio, 27, 3, 1985

——————————————————

p.325

Rio, 1º de janeiro, 1987.
Caro Hermínio Bello de Carvalho:

em primeiro lugar: muita paz e muita
música (e poesia) em 1987;
em segundo lugar, obrigado pelo presente
lindo que é "Mudando de Conversa". Você não é só
um criador e um crítico atilado nos domínios musicais: é
também um escritor de grande espontaneidade, graça
e invenção. A gente lê com delícia sua prosa
movimentada, rica de novidade, e muito bem estruturada.
Você achou graça na minha recusa às homenagens pelos 50 anos, seguida de aceitação ruidosa às
ditas. Não houve contradição. Apenas fugi sempre
às celebrações anunciadas. As outras, ocorridas sem aviso
prévio, aceitei filosoficamente. Acho que é a atitude
mais sábia.
A viva admiração e o abraço amigo do
velho
Drummond

——————————————————

p.326-327

Rio, 28 de maio, 1987

Querida amiga Felisbela:

Não pude comparecer ao velório nem poderei ir agora de manhã ao enterro do nosso amigo João. O enfarte que sofri em novembro do ano passado inutilizou-me. Alguns passos dados a mais bastam para que eu tenha uma crise de angina. Estou sentindo muito esta minha ausência involuntária numa hora em que desejaria estar ao lado de você, para manifestar-lhe num abraço cheio de carinho, a falta que vou sentir do seu companheiro.

Meu conhecimento do Efegê data de 1965, quando tomei a iniciativa de procurá-lo, para levar-lhe um exemplar da antologia do 4º centenário do Rio de Janeiro, organizada por mim e por Manuel Bandeira. Nesse livro, eu aproveitei uma crônica do Efegê sobre o condutor de bonde como tema de música de Carnaval. Até então, costumava vê-lo, sempre na primeira fila, nas estréias de peças teatrais, muito sério e elegante, porém, sendo ambos tímidos, não me animava a procurá-lo, nem ele pensava em dirigir-se a mim. O pretexto da entrega do livro foi o começo de uma amizade que durou até hoje e que me deixa rico de boas lembranças. Senti que tinhas muitas afinidades com ele, no julgamento dos fatos das pessoas, na falta de ilusões sobre a natureza humana, e no sentimento filosófico de levar a vida com independência de espírito e com a possível tolerância, mas sem concessões no essencial. Nossos papos telefônicos, pela manhã, eram uma agradável rotina, em que passávamos em revista os acontecimentos narrados pelos jornais e externávamos opiniões quase sempre coincidentes. Aprendi a admirar sua conduta reta, incapaz de dobrar-se a conveniências ou lisonjas interesseiras. Era um homem que resguardava com bravura a sua pobreza digna.

Como disse, a falta que a sua companhia vai me fazer é grande. Pouco a pouco, fui perdendo os amigos mais caros, e hoje me sinto quase completamente só, sem ter os interlocutores da minha geração, com que me afinava. Relações novas, por mais agradáveis que sejam não substituem as das pessoas do nosso tempo, que possuem um núcleo comum de vivências e recordações, e como que se abastecem de alimento moral umas às outras. O Efegê era desse tipo. Ele no Rio e eu no interior de Minas tivemos uma infância cronologicamente idêntica, embora as circunstâncias exteriores fossem diversas. Eu gostava de lembrar com ele as coisas antigas, de 1910 e 1920, completamente ignoradas pelos mais no-

vos, e que nos deram autoridade para dizer, como o poeta
"Meninos, eu e vivi."

Você, que foi a companheira dedicada e exemplar
dele por tantos anos, terá muitos motivos para lembrá-lo
na sua intimidade de homem puro e bom, que soube cultivar afetos e amizades e deixa um exemplo de integridade.
Receba o meu abraço comovido, bem como o de Dolores
e de Maria Julieta, por uma perda que eu sei avaliar.

Carlos

NOTA DO EDITOR

No meio do caminho

No meio do caminho tinha uma pedra
tinha uma pedra no meio do caminho
tinha uma pedra
no meio do caminho tinha uma pedra.

Nunca me esquecerei desse acontecimento
na vida de minhas retinas tão fatigadas.
Nunca me esquecerei que no meio do
caminho
tinha uma pedra
tinha uma pedra no meio do caminho
no meio do caminho tinha uma pedra

Carlos Drummond de Andrade

In *Revista de Antropofagia*, 1928
Alguma poesia 1930

Esta edição de *Áporo itabirano: epistolografia à beira do acaso*, de Hermínio Bello de Carvalho e Carlos Drummond de Andrade, previu desde o início, um texto à guisa de posfácio, da antropóloga Lélia Coelho Frota, que tanto fez pela cultura brasileira, e sempre recebeu de Hermínio mostras de afeto e admiração singulares. Carinho, afeto, admiração costumam ser recíprocos, e já o disse o poeta espanhol Antonio Machado: "El ojo que ves no es / ojo porque tú lo veas; / es ojo porque te ve".

Uma edição como esta – que nasce de um arvoredo de nome Hermínio Bello de Carvalho –, permite imaginar a alegria e as promessas que trará ao leitor. Hermínio escreveu textos, doze exatamente, para definir os períodos dessa diversificada epistolografia. Decidimos, no processo editorial, acrescentar a cada um desses capítulos, não apenas a reprodução das cartas trocadas, mas também as imagens e citações nelas contidas, tanto de Hermínio, como de Drummond. Essas inserções revelam muito da cultura brasileira, quase um corte longitudinal no século XX, século que propiciou nossa modernidade e amadurecimento artístico. Mário de Andrade, Pedro Nava, Clementina de Jesus,

Oscar Niemeyer, Gustavo Capanema, Eneida, Tom Jobim, Chico Buarque, Cartola, e tantos outros, aparecem evidenciando uma maneira de pensar e sonhar o Brasil.

Lélia Coelho Frota é citada nesta edição, às páginas 217 e 305, páginas em que Hermínio ressalta o fato de que foi graças a uma sugestão dela que se publicou o *Dicionário musical brasileiro*, em 1989, pela editora Itatiaia, o Instituto de Estudos Brasileiros e a Universidade de São Paulo.

Lélia se ocupou também do disco e livreto *Mangueira, sambas de terreiro e outros sambas*, e retratou ainda, após extensa viagem pelo Brasil, a riqueza de nossa arte popular no *Pequeno dicionário da arte do povo brasileiro, século XX* editado no Rio de Janeiro pela editora Aeroplano em 2005.

Com este livro concluído, boneco em mãos, fomos ao Rio de Janeiro, levá-lo à Lélia, para que ela, com tempo e tranquilidade, pudesse pensar e escrever o texto que o fecharia com chave de ouro.

Uma semana após, fomos surpreendidos com "uma pedra no caminho". Lélia sucumbira à doença contra qual lutara bravamente. No dia 7 de maio de 2010, enviara a Hermínio, um curto e-mail, no qual comentava sua poesia e sugeria novo almoço:

> Querido Hermínio, como é bom ver sua poesia reunida.
> Aparecem a coesão e a coerência da sua fala poética,
> formando um extraordinário bloco de uma expressão livre,
> única, que é a sua, e só sua.
> Vamos combinar para breve novo almoço,
> aproveitar do tempo que nos é dado.
> Beijo, admiração e abraço da Lélia

Esta edição é também resultado do tempo que nos é dado, e bem usufruído. Hora de rendermos nossas homenagens à Lélia Coelho Frota e a tantos brasileiros que como ela constroem cotidianamente nossa cultura e *avenir*.

São Paulo, 31 de maio, 2010

FOTOGRAMA DO DOCUMENTÁRIO *ENCONTRO MARCADO COM O CINEMA DE FERNANDO SABINO E*

ÍNDICE ONOMÁSTICO

Abreu, Rodrigues de, 211
Agnaldo Timóteo, 284
Aleijadinho, 198
Alencar Pinto, Aloísio, 219
Almeida, Aracy de, 14, 17, 19, 46, 47, 66, 67, 105, 144, 292
Almeida, Guilherme de, 56
Alvarenga, Oneyda, 151, 153, 155, 158, 166, 175, 176, 177, 184, 201, 211, 212, 217
Alves, Chico (Alves, Francisco de Morais), 17
Alves Pinto, Ziraldo, 218, 321
Amado, Jorge, 113
Amaral, Odete, 67
Amaral, Tarsila do, 186, 204
Amorim, Otília, 15, 16
Andrade, Carlos Drummond de, 8, 12, 13, 14, 15, 16, 17, 18, 35, 46, 54, 55, 56, 57, 65, 66, 68, 70, 71, 73, 74, 75, 76, 77, 78, 86, 87, 95, 100, 101, 102, 103, 104, 105, 106, 107, 108, 109, 110, 111, 112, 113, 114, 115, 116, 117, 130, 131, 133, 136, 137, 138, 139, 142, 144, 145, 146, 147, 148, 149, 150, 151, 154, 155, 156, 157, 158, 159, 160, 161, 162, 163, 164, 165, 167, 168, 170, 173, 175, 184, 185, 186, 202, 203, 204, 212, 214, 217, 219, 232, 238, 284, 286, 287, 288, 290, 291, 292, 297, 301, 304, 306, 310, 311, 312, 321, 324, 325, 327, 329, 330, 331
Andrade, Dolores Morais Drummond de, 35, 321, 331
Andrade, J. P., 212
Andrade, Maria Julieta Drummond de, 35, 302, 310, 321, 331
Andrade, Mário (Raul de Moraes) de, 8, 9, 13, 19, 54, 142, 143, 146, 147, 149, 151, 152, 153, 155, 158, 159, 160, 163, 168, 169, 170, 171, 172, 173, 174, 175, 178, 179, 183, 185, 186, 187, 189, 192, 198, 199, 201, 202, 204, 207, 208, 209, 211, 212, 214, 215, 216, 217, 218, 219, 230, 233, 235, 238, 275, 288, 292
Andreato, Elifas, 76, 158, 218
Anescarzinho do Salgueiro (Pereira Filho, Anescar), 67
Antonio Candido ver Mello e Souza, Antonio Candido,
Antunes Filho, José Alves, 212
Araújo, Mozart de, 54, 219
Armstrong, Louis, 17
Arroyo, Leonardo, 56
Arsenian, Arsene, 15
Ataíde, Manoel da Costa, 198
Avancini, José Augusto, 212
Azedo, Maurício, 18, 42

Balbino, Efigênia do, 304
Bandeira, Manuel, 12, 13, 54, 55, 101, 102, 142, 288, 292, 293, 324, 326, 329
Barbosa, Marília Trindade, 66, 87, 302

Barnabé, Arrigo, 174
Barroso, Ary, 16, 18, 146, 304
Bastos, Othon, 100
Batista, Linda (pseudônimo de Oliveira, Florinda Grandino de), 14, 33, 320
Bergman, Ingrid, 12
Bilac, Olavo, 15
Bira do Ponto, 306
Blanc, Aldir, 310
Boal, Augusto, 67
Bocchino, Alceu, 77
Botezelli, J.C., 68
Braga, Nei, 339
Braga, Rubem, 143
Brando, Marlon, 17
Brecht, Bertold, 320
Bruno, Lenita,153, 159, 160, 163, 172, 173, 219

Cabral, Mário, 144
Cabral, Sérgio, 76
Cáceres, Oscar, 113, 170
Caetano, Pedro, 66, 68
Calazans, Teca (Calazans, Terezinha João), 153, 219
Caldas, Silvio, 17, 303
Calheiros, Augusto, 303
Camargo, Carlos Augusto de Andrade, 149, 151, 156, 157, 158, 173, 212, 217
Campofiorito, Italo, 160, 163
Campofiorito, Quirino, 165
Canabrava, Luiz, 14, 16, 17, 18, 58, 119
Canhoto da Paraíba (pseudônimo de Araújo, Francisco Soares de), 340
Capanema, Gustavo, 13, 157, 285
Cardoso, Elizeth, 18, 84, 87, 100, 102
Cardoso, Lúcio, 17
Cardoso, Régis, 311
Cardoso, Silvio Túlio, 76
Carlos Cachaça (pseudônimo de Castro, Carlos Moreira de), 67, 87, 113, 136, 302, 304
Cartola, 47, 54, 65, 66, 67, 68, 69, 72, 86, 87, 89, 92, 95, 96, 106, 288, 302, 303, 304, 305, 312
Caruso, Chico, 109, 123, 158, 218, 288
Carvalho, Beth, 87
Carvalho, Eraldo Bello de, 15
Carvalho, Hermínio Bello de, 9, 12, 13, 15, 17, 33, 36, 40, 42, 56, 57, 67, 68, 70, 72, 73, 74, 75, 76, 77, 78, 80, 81, 83, 84, 86, 89, 104, 106, 107, 109, 110, 111, 112, 113, 114, 115, 116, 117, 130, 133, 138, 145, 147, 148, 149, 150, 153, 154, 155, 156, 157, 159, 161, 162, 163, 164, 165, 166, 167, 169, 170, 171, 172, 173, 176, 177, 178, 181, 182, 183, 187, 191, 210, 217, 221, 223, 241, 284, 285, 286, 287, 290, 291, 292, 293, 297, 314, 316, 324, 325, 330, 331, 339
Carvalho, Ignácio Bello de, 144

361

Castro Alves, Antônio Frederico de, 15
Caymmi, Dorival, 47
Celestino, Vicente, 16, 303
Celso Antonio ver Menezes, Celso Antonio Silveira
Chagall, Marc, 17, 18, 46, 137
Chaplin, Charles, 17, 20
Chaves, Alice, 16
Claudino, Marcelino José, 304
Coelho, Heron, 8, 9
Coli, Jorge, 211, 218
Collor de Mello, Fernando, 340
Condé, José, 56
Cordovani, Roberto, 212
Correia, Felisbela Pinto, 103, 105, 324, 326, 331
Cortes, Aracy, 66, 67, 101, 102, 125
Costa, Armando, 68
Costa, Carmem, 144
Costa, Haroldo, 331
Cotrim, Álvaro, 284, 297
Couto e Silva, Golbery, general, 339
Cruz, José, 120

Dean, James, 17
Deslys, Gaby (pseudônimo de Caire, Marie-Elise Gabrielle), 100
Di Cavalcanti, Emiliano, 14, 18, 46, 67, 78, 186, 204, 292
Dietrich, Marlene, 17
Diniz, Antônio Lopes de Amorim, 100 ver também Duque
Disney, Walt, 304
Donga (pseudônimo de Santos, Ernesto Joaquim Maria dos), 304
Duque, 100

Efegê, Jota, 8, 15, 66, 67, 68, 72, 77, 82, 87, 100, 101, 103, 105, 106, 107, 109, 113, 133, 152, 262, 284, 297, 324, 326, 327, 329, 331, 341
Eisenstein, Sergei Mikhailovitch, 17
Ellis, Myriam, 151
Eneida ver Moraes, Eneida de
Eraldo ver Carvalho, Eraldo Bello de
Escorel, Eduardo, 212

Faggin, Dorothy, 18
Falcão, Aluizio, 68
Falcão, Armando, 339
Faustino, Mário, 17
Feliciano, Túlio, 219
Felisbela ver Correia, Felisbela Pinto
Fernandes, Millor, 218, 288
Fernandes, Vera, 76
Fernando, do Lamas, 18
Ferraz, José Bento Faria, 175, 184, 191, 192, 197, 207, 208, 209, 219
Ferreira Gullar, 67

Figner, Fred, 14
Figueira Júnior, Joaquim Lopes, 186, 204
Figueiredo, Guilherme, 143, 144, 149, 157, 158, 160, 166, 170, 175, 181, 182, 183, 212, 217
Figueiredo, João, 112
Fitzgerald, Ella, 12
Fonseca, Ademilde, 40, 137
Fonseca, Hermes da, marechal, 15, 54
Freire, Paulo, 304
Freitas, Érico de, 76
Freyre, Gilberto, 186, 204
Frota, Lélia Coelho, 211, 217, 305
Furtado, Celso, 292, 293

Gabriel, o Pensador, 16
Gaby ver Deslys, Gaby
Galhardo, Carlos, 35
Gallet, Luciano, 211
Garbo, Greta, 17
Gardner, Ava, 12
Geada, Secundino Augusto, 214
Geisel, Ernesto, general, 339
Gesse, Gessy, 100
Gil, Gilberto, 340
Giorgi, Bruno, 143, 144, 163, 168, 186, 204, 214, 238
Gnatalli, Radamés, 137
Godard, Jean-Luc, 293
Godoy, Maria Lúcia, 77, 84
Golbery ver Couto e Silva, Golbery, general
Gomes, João Ferreira, 100, 326, 331 ver também Jota Efegê
Gonçalves Dias, Antonio, 15
Gonçalves, Saturnino, 303
Gonzaga, Chiquinha (Gonzaga, Francisca Edwiges Neves), 54
Gonzaga, Luiz, 113
Gonzaga, Zezé (Gonzaga, Maria José), 137
Grande Otelo (pseudônimo de Prata, Sebastião Bernardes de Souza), 14, 33, 320
Guarnieri, Camargo, 153, 157, 160, 163, 166, 172, 173, 175, 184, 189, 212, 219
Guimarães Filho, Luiz, 16

Händel, Georg Friedrich, 144
Henfil (pseudônimo de Sousa Filho, Henrique de), 218
Herencia, José Luiz, 8
Herkenhoff Filho, Paulo Estellita, 166, 181, 211, 217
Herzog, Vladimir, 339
Hirszman, Leon, 67
Hollanda, Chico Buarque de, 311, 312, 314, 339
Homem, Homero, 66
Horta, Kiko, 305

Ignácio ver Carvalho, Ignácio Bello de
Inojosa, Joaquim, 186, 204

Jacob do Bandolim (Bittencourt, Jacob Pick), 100, 101, 137
Jafa, Van, 16, 19
Jaguar (pseudônimo de Jaguaribe, Sérgio de Magalhães Gomes), 218
Jair do Cavaquinho, 67
J. Carlos, (Cunha, José Carlos de Brito e), 152, 304
Jamelão (pseudônimo de Santos, José Bispo Clementino dos), 306, 311
Jesus, Carlinhos de, 310
Jesus, Clementina de, 67, 76, 77, 84, 85, 102, 103, 144, 146, 288, 305
Jesus, Teresa de, 174
João Alphonsus, 186, 204
João do Rio, 321
João Paulo II, papa, 293
João Pernambuco (Guimarães, João Teixeira), 168
Jobim, Antonio Carlos (Tom), 13, 35, 67, 288, 292

Kazan, Elia, 17
Klee, Paul, 17
Klein, Jacques, 77
Knoll, Victor, 178, 179, 211
Kubitschek de Oliveira, Juscelino, 235

Lafetá, João Luís, 211
Lan (pseudônimo de Lanfranco, Aldo Ricardo Vaselli Cortellini Rossi Rossini,), 66, 320, 334, 335
Lara, Ivone, 153, 166, 171, 174
Lara, Monge de, 14
Leão, Nara, 68, 102, 320
Leite, Luisa Barreto, 17
Leléo (pseudônimo de Santana, Sebastião Pereira de), 305
Leoni, Anilza, 18, 31
Lerner, Jayme, 228
Lerner, Julio, 158, 211
Lima, Alceu Amoroso, 149, 212, 217
Lima, Yone Soares de, 151, 212, 218
Linda Flor, 102 ver também Cortes, Aracy
Linhares, Yeda, 169
Lisboa, Antônio Francisco, 198 ver também Aleijadinho
Loredano, Cássio, 158, 218
Lyra, Carlos, 67
Lutcher, Nellie, 17, 47

Machado, Carlos, 18
Machado de Assis, Joaquim Maria, 77, 208
Machado, Losita Paula, 214
Machado, Mário, 288
Maçu, 305 ver também Claudino, Marcelino José
Marco Aurélio, 85
Maria Bethania, 68
Maria Zilda, 102
Marinho, Mary, 331

Marques, Paulo, 16
Martinho da Vila (Ferreira, Martinho José), 153, 166, 174
Martins, Heriveito, 66, 69
Marx, Karl, 19
Massarani, Renzo, 76, 77
Máximo, João, 12
Medeiros, Elton, 67, 87
Mello e Souza, Antonio Candido, 156, 157, 158, 208, 211, 219
Mello e Souza, Gilda de, 156, 157, 158, 211
Menezes, Celso Antonio Silveira de, 186, 204
Menezes, Mello, 86, 92, 310, 311, 313, 314
Menininha (pseudônimo de Silva, Clotilde da), 136, 304
Meyer, Augusto, 184, 204
Michalski, Yan, 76
Mignone, Francisco, 77, 143, 144, 149, 153, 157, 158, 159, 160, 163, 166, 172, 173, 212, 217, 288
Miller, Sidney, 76
Milliet, Sérgio, 56
Mindlin, José Ephim, 151, 152, 153, 158, 160, 161, 162, 163, 167, 219
Miran (Miranda, Oswaldo), 218
Miranda, Carmen, 102, 144, 303
Modigliani, Amadeo, 17
Monarco, (pseudônimo de Diniz, Hildemar), 284
Mondrian, Pieter, 17
Monroe, Marilyn, 17
Montenegro, Fernanda, 321
Moraes, Conchita de, 16
Moraes, Dulcina de, 16
Moraes, Eneida de, 17, 232, 292
Moraes, Prudente de, 211
Moraes, Vinicius de, 100, 103, 104, 106, 137, 186, 204, 331
Moreyra, Álvaro, 56, 142
Moniz, Heitor, 46, 50
Muniz, Maria, 57, 67, 89
Murcy, Andrade, 76

Nascimento, Aizita, 66
Nascimento, Milton, 77, 84, 288
Nássara, Antônio Gabriel, 284, 297, 332
Nava, Pedro, 15, 113, 142, 143, 146, 153, 155, 158, 169, 174, 175, 184, 187, 204, 205, 216, 219
Nazareth, Ernesto, 54
Nelson Cavaquinho, 67, 302, 305
Nery, Ismael, 186, 204
Neuma, d. ver Silva, Neuma Gonçalves da,
Neves, Wilson das, 18, 43
Niemeyer, Oscar, 136, 210, 221, 223, 237, 238, 293, 332
Nix, H. Keith, 83, 84
Nobre, Marlos, 77
Nunes, Clara, 174

Odilon, Odir, 16
Oliveira, Alberto de, 211
Oliveira, Angenor de, 54 *ver também* Cartola
Oliveira Filho, Arthur L.de, 66, 87, 302
Oliveira, José Aparecido de, 210, 223, 237
Oliveira, Simone Bittencourt, 81
Otília, d. *ver* Amorim, Otília
Ovalle, Jayme, 142

Padeirinho (pseudônimo de Oliveira, Osvaldo Vitalino de), 305
Palma Neto, João, 100
Parreira, Roberto, 339
Paulão 7 Cordas, 305
Paulinho da Viola (pseudônimo de Faria, Paulo César Batista de) 18, 67, 340
Pavan, Alexandre, 9, 293
Pé Grande, Albino (Silva, Albino Correia da), 84, 102, 305
Pelão, 68 *ver também* Botezelli, J.C.
Pena, Jurema, 100
Pequena Notável, 102 *ver também* Miranda, Carmen
Peregrino, Julia, 66, 163
Peres, Fernando da Rocha, 143
Pessanha, Luiz, 78, 218
Picasso, Pablo, 17, 109, 152, 288
Pinheiro, Albino, 339
Pimentel Pinto, Edith, 212
Piolin-Carequinha, 285
Pio X, papa, 100
Pires, Alcyr, 66, 68
Pitanga, Antônio, 100
Pixinguinha (pseudônimo de Viana Filho, Alfredo da Rocha), 15, 40, 46, 100, 102, 103, 104, 106, 137, 146, 168, 292, 293, 304
Poe, Edgar Allan, 16
Ponte Preta, Stanislaw, 66
Pontes, Paulo, 68
Portinari, Candido, 101, 186, 204
Porto Lopez, Telê Ancona, 151, 152, 158, 178, 211, 219
Porto, Sérgio, 47, 66, 68, 76 *ver também* Ponte Preta, Stanislaw
Preto Rico, 305
Prestes, Luis Carlos, 12
Prévert, Jacques, 18, 46, 50

Queiroz Filho, Álvaro, 100
Queiroz, Rachel de, 186, 204
Quelé, 76, 77, 84 *ver também* Jesus, Clementina de,

Ramos, Graciliano, 186, 204
Rangel, Lúcio, 12, 76, 106, 144, 233
Rego, José Lins do, 186, 204
Rey, Geraldo d'el, 100
Resende, Otto Lara, 77

Rian, 54 *ver também* Teffé, Nair de
Ribeiro, Alice, 144
Ribeiro, Carlos, 17
Ribeiro, Darcy, 77, 144, 159, 160, 163, 165, 166, 168, 238
Robert, Édouard, 129
Rocha, Glauce, 100
Rodrigues, Nelson, 77
Rody (pseudônimo de Pereira, Rodemir Rodrigues), 306
Roosevelt, Franklin Delano, 303
Rosa, Noel, 17, 303
Rossetti Batista, Marta, 151, 212
Ruça (Caniné, Maria Lúcia), 174

Sabino, Fernando, 47, 142, 144, 160, 161, 175, 285, 290, 305, 310
Saladini, Mário, 67
Sant'Anna, Affonso Romano de, 15, 46, 186, 204, 311
Santos, Ruy, 100
Santos, Turíbio, 67, 77, 113
Sargento, Nelson, 67, 305
Sarney, José, 293
Scliar, Carlos, 158, 175, 184, 198, 199
Segall, Lasar, 198
Senna, Homero, 56
Sérgio Ricardo, 293, 339
Severiano, Jairo, 102
Severino Filho, 18, 43
Shaw, Bernard, 12
Silva, Chica da, 198
Silva, Ismael, 144
Silva, Moreira da, 113
Silva, Neuma Gonçalves da, 13, 136, 137, 302, 303, 304, 305, 310, 312
Silva, Orlando, 17
Silva, Vera Lúcia da, 306
Silveira, Nilse da, 17
Simone *ver* Oliveira, Simone Bittencourt
Sinhô, 101
Siqueira, José, 144
Soares, Claudette, 18, 43
Soares, Elza, 16
Souza Lima, João de, 219
Stokowski, Leopold, 303

Tagliaferro, Magda (Tagliaferro, Magdalena Maria Yvonne), 219
Tapajós, Maurício, 18, 54, 288, 292
Tapajós, Paulo, 303
Teffé, Barão de (Von Hoonholtz, Antônio Luiz), 15
Teffé, Nair de, 15, 54
Teran, Tomás, 219
Teresa *ver* Jesus, Teresa de

Tereza Raquel (pseudônimo de Brandwain de La Sierra, Teresinha), 100
Toni, Flávia Camargo, 151, 175, 211, 217, 218, 219
Torres, Fernando, 321
Torres, Miguel, 100
Toscanini, Arturo, 304

Vale, João do, 68
Vargas, Getúlio Dornelles, 13
Vasconcelos, Eliane, 14
Veloso, Caetano, 77
Verinha *ver* Silva, Vera Lúcia da
Veríssimo, Paulo, 158, 211
Vianna Filho, Oduvaldo, 67, 68
Vianinha, 67 *ver também* Vianna Filho, Oduvaldo,
Viany, Alex, 100, 102, 105, 107
Villa-Lobos, Heitor, 13, 57, 77, 113, 186, 204, 211, 219, 303
Villar, Leonardo, 17
Von Stroheim, Erich, 17

Wagner, Richard, 179
Waldemar Henrique, 77
Warchavichik, Gregori, 158, 211
Welfort, Francisco, 210, 223
Welles, Orson, 303
Wendhausen, Walter, 14, 15, 16, 17, 18, 19, 47
Werneck de Castro, Moacir, 144
Wisnik, José Miguel, 77, 211

Yupanqui, Atahualpa, 74, 80, 81

Zagaia, Jorge, 305
Zani, Amedeo, 186, 204
Zé Bento/Bentinho, 8, 144, 158, 166, 175, 179 *ver também* Ferraz, José Bento Faria
Zé Espinguela, 303, 304
Zé Kéti (pseudônimo de Jesus, José Flores de), 68
Zica, d., (pseudônimo de Oliveira, Eusébia Silva de), 66, 67, 89, 95, 136, 302, 304
Ziraldo *ver* Alves Pinto, Ziraldo

© HERMÍNIO BELLO DE CARVALHO, 2011
CARLOS DRUMMOND DE ANDRADE © GRAÑA
DRUMMOND, 2011
www.carlosdrummond.com.br

FOI FEITO O DEPÓSITO LEGAL
NA BIBLIOTECA NACIONAL
(LEI Nº 10.994, DE 14.12.2004)
PROIBIDA A REPRODUÇÃO TOTAL
OU PARCIAL SEM A AUTORIZAÇÃO
PRÉVIA DOS EDITORES
DIREITOS RESERVADOS
E PROTEGIDOS
(LEI Nº 9.610, DE 19.02.1998)

IMPRESSO NO BRASIL 2011

IMPRENSA OFICIAL
DO ESTADO DE SÃO PAULO
RUA DA MOOCA 1921 MOOCA
03103 902 SÃO PAULO SP BRASIL
SAC 0800 0123 401
SAC@IMPRENSAOFICIAL.COM.BR
LIVROS@IMPRENSAOFICIAL.COM.BR
WWW.IMPRENSAOFICIAL.COM.BR

CAPA: PERFIL DE CARLOS DRUMMOND DE
ANDRADE DESENHADO POR BEATRIX SHERMAN,
EM 1923. PUBLICADO NO CADERNO *DRUMMOND
80 ANOS*, DO *JORNAL DO BRASIL*, RIO DE JANEIRO,
26 OUT. 1982, P. 4

A DESPEITO DOS ESFORÇOS DE PESQUISA
EMPREENDIDOS PELA EDITORA PARA
IDENTIFICAR A AUTORIA DAS FOTOS
EXPOSTAS NESTA OBRA, PARTE DELAS
NÃO É DE AUTORIA CONHECIDA DE SEUS
ORGANIZADORES

AGRADECEMOS O ENVIO DE COMUNICAÇÃO
DE TODA INFORMAÇÃO RELATIVA À AUTORIA
E/OU A OUTROS DADOS QUE PORVENTURA
ESTEJAM INCOMPLETOS, PARA QUE SEJAM
DEVIDAMENTE CREDITADOS

AGRADECIMENTOS DO EDITOR:

BERNARDO SABINO
CLAUDETTE SOARES
CHICO BUARQUE
CHICO CARUSO
CRISTINA ANTUNES
DANIEL HALBOUTIE
EDUARDO COELHO
GEORGINA STANECK
GLÓRIA REGINA DO NASCIMENTO NOGUEIRA
HERMÍNIO BELLO DE CARVALHO
JANICE PIAZZA
JESSÉ FERNANDES
JULIANA SAVIANI
JULIA PEREGRINO
LAN
LILLIAN AIDAR
LINDSAY GOIS
LUCIA RIFF
LUCYANNE MANO
LUIS MAURICIO GRAÑA DRUMMOND
LUIZ PESSANHA
MÁRCIA CLAUDIA FIGUEIREDO
MAURÍCIO AZEDO
MELLO MENEZES
NILCEMAR NOGUEIRA
PAULO S. CARNEIRO
PAULO MOTTA
PATRICIA LIMA
PEDRO AUGUSTO GRAÑA DRUMMOND
PEDRO DOMINGOS VALLADARES SABINO
SEVERINO FILHO
SIMONE BITTENCOURT
VALÉRIA DE SÁ
VANDERLEY LOPES
WILSON DAS NEVES

BEM-TE-VI FILMES E PROJETOS LITERÁRIOS
BIBLIOTECA JOSÉ E GUITA MINDLIN
CANAL BRASIL
CASA DA FUNDAÇÃO DE RUI BARBOSA
CEDOC-FUNARTE
CEDOC-TV CULTURA
CPDOC-JORNAL DO BRASIL
CENTRO CULTURAL CARTOLA
JOBIM MUSIC
TV BRASIL

NOSSOS AGRADECIMENTOS ESPECIAIS A ALEXANDRE
PAVAN QUE, CONHECEDOR DA OBRA DE HERMÍNIO
BELLO DE CARVALHO, NOS ACOMPANHOU NA
EDIÇÃO DOS TEXTOS E NA ESTRUTURAÇÃO
DESTE LIVRO.

Biblioteca da Imprensa Oficial do Estado de São Paulo

Carvalho, Hermínio Bello de
   Áporo itabirano : epistolografia à beira do acaso / Hermínio
Bello de Carvalho e Carlos Drummond de Andrade – [São Paulo] :
Imprensa Oficial do Estado de São Paulo, [2011].
   368p. : il.

   ISBN 978- 85-7060-686-0

   1. Andrade, Carlos Drummond de, 1902-1987 – Correspondência 2. Carvalho, Hermínio Bello de, 1935 – Correspondência
3. Cartas brasileiras I. Título. II. Título: Epistolografia à beira
do acaso.

CDD 869.965

Índices para catálogo sistemático:
1. Correspondência : Literatura brasileira 869.965
2. Cartas : Literatura brasileira 869.965

FORMATO 18 x 25,5 cm TIPOLOGIA electra/ klavika PAPEL MIOLO offset 120g/m² PÁGINAS 368 TIRAGEM 1000

COORDENAÇÃO EDITORIAL
CECÍLIA SCHARLACH

ASSISTÊNCIA EDITORIAL
BIA LOPES

SUPERVISÃO E
ACOMPANHAMENTO GRÁFICO
EDSON LEMOS

PROJETO GRÁFICO E DIAGRAMAÇÃO
WARRAKLOUREIRO

TRATAMENTO DE IMAGENS
LEANDRO ALVES BRANCO

ASSISTÊNCIA À EDITORAÇÃO
TERESA LUCINDA FERREIRA DE ANDRADE

PRODUÇÃO GRÁFICA
LAÍS CERULLO

CTP, IMPRESSÃO E ACABAMENTO
IMPRENSA OFICIAL
DO ESTADO DE SÃO PAULO

GOVERNO DO ESTADO
DE SÃO PAULO

GOVERNADOR
GERALDO ALCKMIN

CASA CIVIL

SECRETÁRIO-CHEFE
SIDNEY BERALDO

IMPRENSA OFICIAL
DO ESTADO DE SÃO PAULO

DIRETOR-PRESIDENTE
MARCOS ANTONIO MONTEIRO